双頭の沖縄

アイデンティティー危機《クライシス》

伊高浩昭

現代企画室

双頭の沖縄

アイデンティティー危機

OKINAWA BICEFALA
Crisis de Identidad
por
IDAKA Hiroaki
BICEPHALOUS OKINAWA
Identity Crisis
by
IDAKA Hiroaki
Abril (April), 2001
Gendaikikakushitsu Ltda. Tókio, Japón
Gendaikikakushitsu Publishers, Tokyo, Japan

目次■双頭の沖縄　アイデンティティー危機

第二章　稲嶺県政で右旋回

第三章　大田昌秀は語る

第四章　宴のあと――299

プロローグ　アイデンティティー分裂症

なぜ沖縄にこだわり、沖縄に関わるのか。

私は、この個人的な命題をずっと考えつづけてきた。沖縄の人間と風土と文化が好きであるという率直かつ基本的な理由を除いて理由を考えてみると、私を含む日本人と日本国と日本史の醜さと嫌らしさが小さな沖縄に集約されて存在し、それから目を背けてはならないからということになるだろうか。その集約された存在は、世紀替わりのいま顕著になっている。その存在に起因するところが大きい諸問題の本質を指摘し、問題解決の必要性を世論に訴えるのは、まぎれもなくジャーナリストの職務である。

沖縄との出合い

私が沖縄と出合ったのは、勤務している通信社の那覇支局員として一九七七年から七九年まで二年一〇カ月記者活動をしたときのことである。私は、ラテンアメリカ情勢に関わった八年余りのジャーナリスト生活を終えて七〇年代半ばメキシコから東京に戻り、社の外信部という部署に一年半ばかり所属していたのだが、そのときに沖縄に行く機会が訪れた。ある日、横浜、名古屋、広島、那覇のいずれか一カ所の支局に行けと言われたのだ。私の体内の羅針盤の針はすばやく反応し、南の沖縄を指し示した。メキシコから戻って一年半後に、日本の南西の端・沖縄に赴任できるとは！この幸運を心から喜んだ。私は七七年初め、琉球海運の貨客船で二泊三日をかけて那覇に向かった。あえて船旅を選んだのは、東京と沖縄の距離を感じ味わうためだった。

那覇は「日本の一部」という点では、すべてが新鮮だった。だが熱帯の一歩手前に位置し熱帯性もしくは亜熱帯性気候につつまれた南の地域という点では、ラテンアメリカでなじんだ熱帯地域とよく似ている。私は到着した瞬間から、沖縄が好きになっていた。何よりも素晴らしいと思ったのは、人々が生き生きとした人間同士として真っ正面から向き合い、ユーモアと直言をまじえながら誠実な会話を交わしていることだった。こういう風土ならば、私も仲間に入れてもらえそうだと直感した。

新鮮だったのは文化や風土にとどまらず、政治と社会の状況もしかりだった。市民団体、労組、左翼政党の抗議行動が頻繁に行われていた。多くの国々では、政府当局や権力者が不正をしたり、国民の意思に反した決定をするような場合、必ずと言っていいほど大規模な抗議行動、民衆決起が生まれる。選挙や国民・住民投票のほかに、ストライキやデモ行進という政治を変える手段が日常的に用いられている。そんな社会の在り方は、世界の多くの地域では普通のことである。だが東京ではストもデモ行進も労組の賃上げ闘争を除いては、めったにお目にかかれなくなっていた。日本は人道問題や社会正義の問題では国内でも国際的にも連帯しにくい社会だ、という思いを私は強くいだいていた。［民衆決起は沖縄では一九六七年二月の那覇市での「教公二法」反対闘争、七〇年末のコザ反米暴動が記憶に新しい。世界では二〇〇〇年九月以降だけでも、フジモリ・モンテシノス一蓮托生《いちれんたくしょう》ペルー政権退陣要求の民衆行動（大統領アルベルト・フジモリは一一月一九日東京で辞意をペルー国会に伝えたが、二一一日国会は辞表を受理せず大統領を罷免した)、ユーゴスラヴィアのミロシェヴィッチ政権を打倒した民衆蜂起、腐敗し愛人醜聞にまみれたJ・エストラーダ比国大統領を退陣に追い込んだ民衆行動などがある。」

だから沖縄での街頭や広場での抗議行動は新鮮だった。思えば、施政権返還[★1]から五年たった沖縄は、米軍統治時代から明るみに出ていた矛盾の数々が現実になって、社会全体が抗議せざるをえない状況だったのだ。日本本土の原則的非武装化を基盤とした平和憲法と引き替えに沖縄を核兵器付きの米軍植民地にしたからくりが暴露され、返還された施政権の上位に安保条約が君臨しているのがだれの目にも明らかになっていた。そんな状況の下で沖縄タイムスと琉球新報はニュース報道だけでなく、生き生きとした言論ジャーナリズムを展開していた。

私は沖縄でさまざまな出来事に、取材し報道する立場から関わった。那覇地裁と高裁支部で展開された政治的裁判の数々。なかでも刑特法裁判や「海の哲学者」安里清信から薫陶を受けた反CTS（石油備蓄基地）裁判は忘れがたい。車の通行を米国式の右側から日本式の左側に変えた日本同化策の一環「7・30（ナナ・サンマル）」、中国の武装船と漁船団が尖閣諸島を包囲した事件、沖縄戦戦没者の三三回忌、琉球処分一〇〇周年、米軍による連鎖的な事件・事故、自衛隊の欲求不満と存在の高まり。政府の一部基地の使用権限（権原）が消滅して日米安保体制に風穴があいた「安保

★1　日本政府が強調した「復帰」よりも、米国が握っていた施政権が日本に返還されたという意味で「施政権返還」が用語としてふさわしい。だが本書では、広く用いられている「復帰」を使用する。復帰を「日本再併合」と捉える人々もいる。なお「本土復帰」は日本が施政権を失っていた事実をぼかすための用語であり不正確だ。

空白の四日間」は、最も緊張した日々だった。暴力団の台頭、平良革新県政から西銘保守県政への移行、最後のイザイホー[★2]、文化行事の数々。考えなくても、思い出そうと努めなくても、枚挙にいとまのないほどの出来事が脳裡に浮かんでくる。

那覇支局時代が終わって半年後、韓国で光州事件[★3]が起きた。私はソウル支局の応援要員として短期間派遣された。韓国側の短期取材許可の関係で、航空切符は成田―ソウル―香港―那覇―羽田と周遊型にしなければならなかった。帰途、半年ぶりに訪れた那覇での一泊をどう過ごしたかは記憶にない。だがこの束の間の那覇滞在が私の長い沖縄不在の始まりだった。

沖縄との再会

その後、私は『沖縄アイデンティティー』(八六年、マルジュ社)という本を書き、自分の「沖縄時代」にひとまず区切りをつけて東京、南アフリカ、南米で勤務したのだが、いつになったら沖縄と再会できるのだろうかと考えつづけていた。それはブラジルから東京に帰り、バルセローナ五輪の仕事を終えると、かなうことになる。一九九四年三月、企画取材で一四年ぶりに那覇の地を踏むことができたのである。

支局時代に苦楽をともにした沖縄の記者たちは、みな編集幹部になっていたが、那覇・栄町の酒場で盛大な歓迎会を開いてくれた。私は、沖縄を大いに書けと発破をかけられたように思った。彼らが示してくれた篤い友情から、そう勝手に受け止めたのだ。

再会した沖縄、とりわけ那覇市や観光地は見違えるように現代化していた。都市計画が進み、街は輝いている。県庁、県議会、県警本部はいずれ劣らぬ豪壮な建物に変わっていた。那覇市内では、これまた豪壮な新築の空港から首里まで一三キロの区間で、二〇〇三年の開通を目指してモノレールの建設工事が進んでいる。貧しさはどこかに追いやられ隠されたのかもしれないが、明らかに人々の生活は豊かになっていた。

日本のなかの「南」の沖縄には違いないが、世界の「南」の諸国と比べれば格段に豊かな地域である。もはや本土との比較で「経済格差」を持ち出すことは、沖縄人にとって理にかなうことではあるまい。「日本からたくさんのお金をもらって、そしてありがとうございました、琉球に戻してくださいといって独立する」（九七年五月那覇市民会館「沖縄独立の可能性をめぐる激論会」での会場発言。『激論・沖縄「独立」の可能性』同年、紫翠会出版）という深慮遠謀作戦をとっているのであれば、話は別だが！

軍事基地が数多くあるとはいえ、沖縄は経済強国日本の最も風光明媚な海浜リゾートであり、そこで二〇〇〇年七月、G８首脳会議（サミット）が開かれたことに外国人は何の不思議も感じていない。沖縄サミットは、普天間代替基地の県内建設実現をはじめとする在沖米軍基地の安定強化策を促進するための沖縄世論懐柔を主目的として、〇〇年七月二一日から二三日まで名護市を中心に開かれた。

在沖基地の重要性は、東西冷戦が欧州をはじめ世界の広汎な地域で終結したにもかかわらず、日

★２　新しい神女を祭祀ヒエラルキーに組み込む儀式。久高島で七八年まで一二年ごとに行なわれていた。
★３　七九年の朴正熙暗殺後の混乱に乗じて全斗煥少将が八〇年五月政権を奪取。これに抗議する反政府蜂起が光州市を中心に起き、当局発表で二〇〇人近い死者が出た事件。

米軍事同盟によっていっそう強調され、沖縄は、太平洋からアジアの果ての中東、さらにアフリカ・インド洋岸まで展開する米軍の最大拠点になっている。また日本は、アジア太平洋地域での権益を米国と協調して守るため、米軍の戦時即応支援と自衛隊の増強を押し進めてきた。自衛隊はいまや米軍の友軍になった。ジャーナリズムにとって、沖縄報道の緊急性は以前にも増して高まっている。

だが沖縄が基地の重圧と、それ故に政府から投下される巨額の補助金漬けになった経済の健全化で難渋し、自立への道がおぼつかない点では、以前と変わっていない。逆に見れば、日米安保体制を根底で支える在沖米軍基地は、沖縄にとって政府から膨大な補助金を引き出す最大安定収入源であり、この意味で基地は皮肉にも「沖縄最大の安定産業」となっている。沖縄は依然、日米安保体制の軍事メカニズムが極端に集中すべく制度化された「安保の吹き溜まり」であり、日米合作の「軍事植民地」である。

物質的な豊かさも、その大きな部分は安保および自然破壊、人心破壊との引き替えで得られたのに違いない。問題は安保、すなわち米軍基地と経済を取り引きする「基地安定産業主義」が大手を振って歩き、有権者の過半数がこれを認めていることだ。保守は、利権をかたくなに守るだけの、理念なき守旧勢力であるにすぎない。だが「反戦平和」といった操を必要とせず、安易に離合集散できるため、人々は固まりやすい。

その大きな原因は、安保の吹き溜まりという長期に及ぶ動かしがたい現実が、沖縄人を落胆させ、その心を実利的に変えたからだろう。物質的豊かさを追求するがため、基地の存在を容認する。軍用地の所有権は、投資と投機のための重要な物件となっている。建設業者は選挙のたびに集票活動で威力を発揮し、基地建設を含む土木工事をもたらす政治を強引に生みだそうとする。かけがえのない環境は破壊され人心は荒廃し、基地問題はますます環境問題、人権問題と重なる。だが自民党政府は腐敗と閉塞の極にあり、そう遠くない将来、これに頼りつづける沖縄保守は肩透かしをくらって右往左往するだろう。

一方、革新陣営や積極的に平和を望む人々は、基地の存在に対し反基地・反戦・反安保というアンチテーゼを掲げ、それを拠り所にしてきた。ただし反米主義には容易には向かわない。二七年間の米軍支配時代に培われた沖縄人と米国人の交流の遺産や、多くの沖縄人がもつ天性の異邦人歓迎心から、さらには戦前・戦時中からつづく嫌日感情から、沖縄人は軍事面で反対しても反米にはなりにくく嫌米にさえなりにくい。

だが革新は九八年以来、選挙での退潮が著しく、自己革新できないまま迷路にはまり込んでいる。この点では、やはり「守旧派」なのだ。労働者層が中産層ないし中間層に「上昇」し、革新アイデンティティーを大幅かつ急激に失いつつある日本では、沖縄も例外ではありえず、「革新」の言葉はますます意味を失っていく。二〇〇〇年は、この看板を降ろし、新しい多数派形成に挑戦すべき好機だった。だが古い看板を掲げたまま、新世紀にもつれ込んだ。自己生存のため保守陣営に鞍替えした公明党の支持票を上回る「進歩派票」を、「頑迷なアパシー（政治的無関心）層」を除く棄権者層・浮動票層（無党派層）から掘り起こすことが、「革新」否、「進歩派」の当面の急務だろう。日本共産党は〇〇年一一月の第二二回党大会で無党派層の支持獲得などを目指して党規約を改定し、自衛隊の一定の役割を認めた。

沖縄人のほぼ全体が、意識するとしないとにかかわらず安保に翻弄されている。そこから、操を捨てたか、どこかに置き忘れたかした後ろめたさを覆い隠すのに便利な「現実主義」という宣伝文句が横行し、この隠れ蓑をまとった保守県政が生まれた。本来、現実主義とは現実のなかに理想を見出し、これを追求することで現実を変革していく思想なのだが、沖縄では現状維持派の利益を追求する実利路線をもっぱら意味している。低成長時代（長期的「不況」）に入った日本経済が、「射倖心」を一層増幅させる。実利主義が前面にすっかり出てしまったこと、つまり実利主義面でも本土化したことで、心が機械のように冷たい沖縄人が増え、以前と比べて沖縄の魅力は変質したと感じざるをえない。

衣食住がまずまず満たされ強烈な不満がなくなると、精神もハングリー状態からこぼれ落ち、気怠い肉体とともに眠ってしまうのだろうか。とくに失業率が高い若者たちの怒りは、政治や社会の変革を求めるエネルギーにならず、アパシーと享楽に吸い込まれてしまう。この面でも、本土並みになりつつある。いまのところ沖縄の若者たちがまだ、本土ほどには暴力と退廃に陥っていないのが救いである。（だが〇一年の那覇市の「成人式」で新成人たちがやった暴飲・破壊行動は、彼らが本土の若者並に幼獣化したことを示した。）

沖縄人の未来への鍵は、対本土経済格差是正論に見切りをつけ、（困窮者救済政策の継続が必要なことはもちろんのことだが）、生活水準向上を従来のようには追求することなく、心と自然の固有の豊かさを再現させるべく努力することではなかろうか。本土流の開発・発展モデルを捨てて、次元の異なる幸を求めることだろう。

アイデンティティーの変化

沖縄の最大の持ち味であるアイデンティティーも変化した。私の那覇支局時代の前半分は、沖縄は平良幸市知事の二代目革新県政の下にあり、復帰後の幻滅と反動からか、歴史的近親憎悪の表れとも言うべき「ヤマト嫌い」[★4]の感情が沖縄全体に渦巻いていた。時は東西冷戦のさなかで、対立する両陣営の狭間で「非同盟」や「第三世界」がかなり存在感をもっていた。多くのヤマトンチュ（日本人・本土人）にとって、敗戦から復帰まで米軍植民地として謎のベールに包まれていた沖縄は復帰によって、「日本の内なる第三世界」としてデビューした。ウチナーンチュがヤマトンチュに向けた憎しみの新たな刃は、沖縄の「異族性」を象徴的に際立たせていた。

復帰後の沖縄は「日米合作の軍事植民地」であり、復帰前の米軍植民地としての状況に自衛隊基地が加わって、実質的に軍事色が一層濃くなった。復帰当時、基地の状況が東西対決の厳しさを象徴した一方で、沖縄・本土間の経済社会格差は大きかった。復帰直後の基地・経済両面での不満に沖縄戦の悪夢が絡んで、反天皇制を含む嫌日感情が渦巻いていたのも当然で、この感情がアイデンティティーを彩り、沖縄にもともとある「非日本」思想を独立論や自立論という形で際立たせていた。かくして「第三世界」的空気が沖縄には漂っていた。

ヤマトから数多くの左翼知識人や若者たちが、沖縄に充満していた嫌日感情に引きつけられ、あるいは沖縄に対する歴史的な「原罪意識」から贖罪を求めて沖縄に馳せ参じ、沖縄人が展開してい

★4　ヤマトは日本ないし本土。ウチナーンチュ（沖縄人）はウチナーグチ（沖縄語・沖縄弁）で「ヤマトゥ」と発音。

た自然環境を守る住民運動、反基地闘争、琉球弧という概念をもつ文化運動などに関わった。これが復帰後に本土人に広まった思想的な意味での「沖縄病」だった。

県内の政治状況は、基地と引き替えの陳情経済とは様相を異にしていた。ヤマトの「一九五五年体制」という固定化され惰性的だった左右両翼の対抗構造と違って、はるかに鮮烈な形で、東西冷戦の縮小版さながらに保革対決という図式を際立たせていた。まさに東西両勢力が陣取り合戦を繰り広げていた「第三世界」を彷彿させるものであり、だからこそヤマト左翼は沖縄に生き生きとした「代理闘争」の場を見出していたのだ。ジャーナリズムは、状況にもまれつつ、状況に一定の影響を及ぼしていた。

だが西銘《にしめ》順治知事の自民党保守県政が七八年登場すると、沖縄は本土のバブル経済隆盛期の流れと一致して、復帰後の高度成長期に入り、革新勢力の長い退潮の道程がはじまった。自民党代議士だった西銘は田中角栄の「土建国家主義」の系譜にあって、日米安保体制を支える沖縄の米軍基地過重負担の代償として巨額の補助金を政府から堂々ともらい受ける姿勢をとった。沖縄県政は、安保・基地問題に関して政府との一種の「共犯関係」を意図的に結んだわけだ。かくして軍事基地は、補助金という巨万の富を生み出す「沖縄最大の安定産業」の地位を一層確かなものにした。

長期的な理念追求の努力を怠り、短期的な実利の獲得を重んじる保守県政は、自民党政府直結を口にしてはばからず、強引な利益誘導政治で離島の果てまで攻め込んだ。その荒業は、「ヤマト嫌い」を含む沖縄のアイデンティティーを希薄にし風化させ破壊する効果を必然的に伴った。それは裏返せば、ヤマトへの同化が急激に進んだことを意味する。

そんな形ではあったが、消費生活は向上し、ヤマトとの格差が縮まり不満が少なくなって、ヤマトとの対等意識が広がっていく。そんな流れと比例するように、沖縄の浜辺には廃油ボールの黒いあばたが刻まれ、珊瑚礁の海は赤土で赤茶色に染まっていった。

沖縄人第一号の芥川賞作家で、四〇年にわたり小説・戯曲・評論を書いてきた大城立裕は、西銘保守県政一二年間に、「ヤマト対ウチナー」(日本対沖縄)という言葉に象徴された「沖縄側の歴史的な対本土コンプレックス(特殊観念)に根差す伝統的対立構造が、沖縄側の経済生活向上と沖縄・本土間のコミュニケーション拡大で急激に弱まり、沖縄側に対等意識が広がり、ヤマト(日本本土)との融合を阻む抵抗心が薄れた」と分析する。この過程で、復帰闘争の延長線上で闘っていた「革新」は、土台を浸食されていく。

大田県政

だが、なりふり構わず強引な施策にでた西銘県政は、三期目がベルリンの壁崩壊に象徴される東側世界の崩壊の時期と重なった。冷戦期型、右翼型の西銘県政は存在理由を失って、滅び去った。代わって、革新勢力に支えられた「中道理念型」の大田昌秀知事(琉球大教授出身)の県政が登場した。冷戦終結後の「九〇年代型」県政のはしりだが、時代が八〇年代からつづく対日同化の奔流のなかにあることは変わらず、革新を標榜しながらも是々非々主義であって、「安保体制の存在」を認め、その枠内で基地問題解決を図ろうとしていた。大田知事をはじめ革新勢力に打撃だったのは、社会党(現・社民党)が九四年に自衛隊合憲、日米安保堅持へと、政策転換したこと。「反省した社民党は〇〇年、自衛隊を「限りなく違憲に近い」とし、安保を将来的に「北東アジア総合安全保障機構」で代替する新政策を固めた。」

私は大田県政の第一期の末期に沖縄と再会し、沖縄情勢に新たに取り組むことになるのだが、もはや沖縄では「第三世界」的な政治状況は支配的でなくなっていた。米ソ核超大国の対立を軸とした東西冷戦の主流が消えてしまったことから、国際社会では「第三世界」という問題意識の存続自体に疑問が投げ掛けられていた。九〇年代型の政治・思想状況に入っていた沖縄には、軍事植民地である実態から生じる「植民地解放問題」が依然あり、差別やまだ残る経済格差の問題と絡んで「日本の内なる南北問題」も存続していたが、それらは極めて不鮮明になっており、「第三世界」的状況は沖縄人の意識変化とともに過去に沈んでいた。[★5]

大田県政は、中央で非自民党もしくは自民党万能でない細川・羽田・村山・橋本の四政権がつづいたことと相まって、八〇年代までのような鮮明な対立軸のないまま政策を模索することになる。とくに基地問題では「基地安定産業主義」の西銘流と異なり、二一世紀を見据えた返還計画を打ち出したのだが、それが日米両政府に受け入れられるはずはなく、実効ある政策をとれないまま復帰前からつづく陳情経済に依存しつつ、県政は蛇行し漂流して二期八年で幕を閉じることになる。公明党を敵陣に回したのが致命傷だったが、同党の変節の背景には、もともとの保守的体質に加え、経済生活の向上によって支持者の階層意識が「労働者」から「中流」に移行する過程が進んで保守化するという状況がある。

アイデンティティーの弱体化は、選挙戦術をも変化させた。稲嶺はポスト冷戦型戦術にのっとり中立的な印象を与える「県民党」を標榜して、知事選に勝った。保守側は、「冷戦終結後の状況が深化し、沖縄の保革冷戦が安保過重負担の現実があるが故に存続するにしても、保革は実際問題として、基地安定産業主義において安保・基地に賛成して補助金をもらう積極派か、反対してもやってくる補助金の恩恵に浴する消極派かの違いになってしまった」と捉えた。両者の立場は、二者択一ができない渾然としたものになったという判断だ。ただし、保守には政府という味方がある。政府の自公路線は沖縄にも不可避的に導入され、稲嶺は勝った。

歴史改竄事件

大田県政は西銘県政と同じく経済向上路線を継続させたが、同時に反基地・平和主義を強調した。稲嶺現県政は、本土との対等意識に悪乗りした。反基地・平和主義こそ「沖縄人の被害者史観・自虐史観に基づくもので、対本土コンプレックスの基盤になっていた」とみて、本土と「対等」の時代には「衣食足って真の礼節を知る」となるべきところ、そうならずに、日本の保守支配層を喜ば

★5　立命館大講師・徐勝は「朝鮮は南北に分断されてはいるが、今日独立しているからこそ、日本の妄言（朝鮮併合は合法だったとか、植民地支配はなかったといった日本政府の公式見解）に強烈な反発をすることもできる。独立という位相から、過去の（日本の）誤りを自明なものと見ている。沖縄には、その位相はまだない。日本は、沖縄が併合・植民地化というタブーに触れない限り、沖縄を日本の中にもっと深く取り込もうとするだろうが、沖縄問題をアジアとの根本的な和解という歴史的な脈絡のなかで位置づけるつもりは毛頭ない。つまり日本対アジア・沖縄の対立構造を、日本・沖縄対アジアの対立構造に転化させ、維持していこうとするだろう」と鋭く指摘する（前出『激論・沖縄「独立」の可能性』）。

せる「歴史の共有という礼節」が必要として、発足後三カ月にして沖縄史の改竄《かいざん》に走る。むろん知事の陰には、歴史認識の強引な変更を進言する本土日本への同化主義の学者らがいる。こうした傾向は、沖縄に琉球処分以来存続する日主沖従主義の現代版であって、珍しいことではない。ただし復帰後では際立った現象であり、冷戦終結後の日本および日沖関係の状況と密接に関係する。

稲嶺自公保守県政は、政府を味方につけた必然的結果として、「土建国家主義」に基づく利権誘導政治にほかならない米海兵隊普天間航空基地の将来の返還に伴う代替基地[★6]の県内建設を受け入れてしまう。その言い訳として、理念の欠けた「現実主義」をかざしている。

県政にぽっかり空いた「理念の空き部屋」には、そんな「現実主義」を理屈づけるため日本同化強化や安保体制支持を主張する「ブレーン」たちが住みついた。国家主義的政策を進めた小渕政権や、密室談合から生まれた無能の森喜朗首相を心地よい後背地として、彼らは繁殖した。その扇動イデオロギーは本土の保守化と沖縄革新の弱体化・中道化の流れに乗って、何か行動原理を求める大衆に、あたかも信仰宗教の教理のように易々と浸透していく。こうして稲嶺県政は政府と協力しつつ、独立論を含む沖縄アイデンティティーつぶしという同化戦術に身を投じている。

小渕恵三という首相は人生最後の一年間に大それたことをした。その政権は九九年、新ガイドライン[★7]の関連法（五月二四日）、地方分権整備法（七月八日）、憲法調査会設置のための国会法改定（七月二九日）、国旗国歌法（八月九日）、通信傍受法（同一二日。通称・盗聴法）、住民基本台帳法（住民票にコード番号を付けて一元的に管理する法）の改定（同日）など、民主色が乏しく国家主義的色彩の濃い諸法の立法化や改定を相次いでやってのけた。

にもかかわらず本土のジャーナリズムは、沖縄サミット開催と関連させて、故人となった小渕を感傷的に讃えた。いつの時代も反権力・非権力を基本とすべきジャーナリズムの、明らかな堕落である。沖縄のジャーナリズムも小渕政権の「暗部」への批判は鈍かった。「マスメディア・ジャーナリズムは国家の補完機関となって久しく、堕落でなく当然の姿だ」という見方に立てば別だが、私は現役記者として堕落だと指摘せざるをえない。

小渕政権こそ、九八年末の稲嶺保守県政登場を、日米安保体制の要である沖縄に沈殿し堆積している反安保・反国家主義の思想を希薄にする好機と捉え、諸法成立・改定の動きと並行させて沖縄サミット開催を決定し、普天間代替新基地の県内建設計画を促進して、沖縄の平和勢力への攻勢をかけはじめた政府だった。だが稲嶺県政は、小渕政権を最大限に評価した。自県の置かれた運命を的確に見抜けない者たちの倒錯であろう。

稲嶺知事は政府支援で誕生した負い目もあってか、そしておそらく沖縄民族主義と日本主義を体内で融合させて生きた父親稲嶺一郎の影響もあってか、政府の思想面の攻勢と呼応して、県立新平和祈念資料館の展示改竄で明確に示されたように、長らく沖縄県政の禁じ手だった歴史改竄に着手

★6　普天間基地は第一海兵航空団第三六海兵航空群の本拠地で、滑走路は二八〇〇メートル。CH53、CH46、CH1、AH1の各ヘリコプターや空中給油機KC135などが駐機。面積四八〇ヘクタールで宜野湾市面積の二五%を占める。うち九二%は民有地で、九九年現在地主数は二五六三人、年間賃貸料計五五億二五〇〇万円。

★7　日米防衛協力新指針。七八年策定の旧ガイドラインに替わるもので九七年九月策定。

した。「日本は、中国をはじめアジア諸国の信頼を得るには、過去をすべて白日の下にさらす必要があり、過去の問題をきっぱり清算するため、すべての記録を公開しなければならない」（エズラ・ヴォーゲル「教育改革と人材育成を急げ」『潮』〇〇年一一月号）のだが、改竄は完全な逆行を意味する。稲嶺の沖縄は、歴史を平気で改竄する現代日本の最も悪い部分に同化し、史実と社会科学としての歴史を踏みにじる点で、本土ではやっている「自由主義史観」と同様の立場に自らを貶めたのである。

この改竄事件は、戦前の皇民化教育の流れを汲む精神面の同化策として、沖縄の知識人や、沖縄の平和構築思想を拠り所とする本土知識人に強い警戒心を喚起した。歴史改竄は普天間代替基地受け入れとともに、沖縄の評価を深く傷つけた。政府の意向を受けているとはいえ、沖縄人の知事が自発的にこのような同化策、いわば「自虐的事大主義」をとるようになった背景にはどんな変化があったのだろうか。

また稲嶺知事は財界人であって、沖縄経済の将来的な自立ためには本土からの強力な経済援助が当分不可欠だという、米軍支配時代、とりわけ対沖援助を増大させた六〇年発足の池田政権以降四一年つづく認識がある。稲嶺は、西銘と比べ線が細く、西銘ほど厚顔ではないが、「基地安定産業主義」に堂々と乗る点では両者は同じである。個人的にも、政府や保守政党の「歴史認識」に反するような歴史解釈は廃棄するのが実利面からも得策だと考えるに至ったのだろう。

腐った同盟

代替基地建設地をかかえる名護市の市長選でも、県会議員選でも、那覇の市長選でも保守が勝ったのだが、いずれの選挙戦でも保守党色を薄める「市民党」などの胡散臭《うさん》い旗印が横行した。これらの勝者たちは、ほぼ例外なく「基地安定産業主義」にしがみついている。那覇市長選は〇〇年一一月実施され、自公路線の翁長雄志が革新の堀川美智子を七二〇〇票差で破り、保守は復帰前の六八年以来三二年ぶりに県都の市政を奪回した。翁長市長の就任初仕事は、復帰後一貫して同市が拒否していた自衛官募集業務受託の発表だった。

「歴史の過度の説明責任は負わない」と言ってはばからない、知事の「ブレーン」たちの土俵に立てば、沖縄について心を痛めているヤマトンチュも、沖縄観光を楽しむ無邪気な本土人観光客よろしく、「薩摩支配に続く琉球処分以降の日本の対沖縄政策の結果、沖縄戦と今日につづく軍事植民地状況を招いた責任を、自覚しなくてもかまわない」ということになりはしまいか。

さらに、「基地安定産業主義は、日本のため、あるいは沖縄を含む日本全体のために外国の軍事基地をなくしたいと願う払税者たちの利益を明確に損なうものであると同時に、国・地方合わせて六六六兆円という巨額の借金（〇一年初め現在）が日本経済の最大の問題であるときに、なかんずく普天間代替基地建設は、そんな払税者から集められた血税を吸い上げるとんでもない浪費政策だ」と、沖縄県政や財界や自治体を堂々と非難するのが、ヤマトンチュにとってじゅうぶん理にかなった行為ということとなってしまう。

本土人が「腐《くさ》れヤマト」（腐った本土人）としばしば非難されたあの七〇年代の沖縄の潮流に照らせば、いまや「腐れヤマト」だけでなく、「腐れウチナーンチュ」も数多くいて、両者が一体化しつつあるのが、世紀替わりのいまの状況ということになるのだろう。両者が「腐った同盟」として一体化する過程で、沖縄に異なる選択肢を与えたかもしれない「第三世界」性は滅亡の坂道を転がり落ちていったのだろう。沖縄アイデンティティーは文化面でなく政治面で見るかぎり、今日、「腐れヤマト」の「腐れ」を感知する能力を喪失してしまったほどに、沖縄と本土との共犯関係によって毒され陰ってしまっていると言えまいか。川満信一は「沖縄問題に対する視点と並行して、韓国、台湾、中国との関係を視野に置き、その複次元的な関係について同時的な取り組みをしていったならば、沖縄問題の位置づけも異なったものになり、佐藤内閣ペースの無様《ぶざま》な結末を避けることも可能だった」と指摘する（『沖縄・自立と共生の思想』八七年、海風社）。

薩摩の琉球侵略以降四〇〇年にわたって沖縄に覆いかぶさってきた日本はしばしば、覇権主義と差別主義と自己欺瞞という、日本の最も悪い部分をもって沖縄に影響を及ぼしてきた。その結果、たとえば「土建国家主義」に毒された人々が復帰前から今日まで目立ちつづけていたり、都合の悪い史実を隠したがる歴史改竄主義者が跋扈《ばっこ》していたりするように、少なからぬ沖縄人の心に、本土人並みの醜さと嫌らしさが形取られてしまい、八〇〜九〇年代の同化状況の下地《したじ》として成長していたのだろう。

沖縄アイデンティティーの風化進行と日本同化深化に伴う実利主義によって、ヤマトンチュと同じ種類の醜さ、嫌らしさは増殖する。そんな沖縄の醜い部分を鏡として、日本・沖縄関係上の歴史的主体の一人としての私自身に根差す醜さ、嫌らしさをはっきりと映しだすこと。これが冒頭に掲げた命題を解く鍵だと思う。私はこの本を書きながら文章のなかで語りつつ、私自身にメスを当てて、脳裡を占める命題を考えつづけている。

利権食う恐竜

稲嶺知事と岸本建男名護市長が、日米政府の意向を受け、日本政府の書いた筋書きにそっくり従って、九九年の秋から冬にかけて普天間代替基地の県内建設受け入れを決めたとき、沖縄人は「自発的基地誘致」という禁断の領域についにのめり込んだ。歴史的な日沖関係、とりわけ日本政府の日米安保条約至上主義がかけた強い圧力に沖縄が屈した結果であり、そのことに関連して、ジャーナリストである前に歴史的主体にして有権者である日本人が背負うべき責任が、私にももちろんあるにしても、沖縄人の最高権力者と、実際に代替基地建設用地を提供する名護市の首長が新基地建設を容認した事実はあまりにも重い。

知事・市長の次回選挙を打算する政治生命大事の保身、知事・首長の命令に従って実務を進める幹部公務員たちの「行政」、中央政府の圧力と利権を沖縄につなぐ役目に熱心な県選出の保守派国会議員たちや、その下部にある保守派県議・市議たちの惰性、そして環境破壊という大自然の価値喪失を畏れず経済第一主義で邁進する建設業者ら利権狙いの財界恐竜たちのすさまじい利己主義、さらには日本同化推進派の宣伝活動、加えてジャーナリズムの非力も与《あずか》って、新基地建設受け入れという安っぽくもおぞましい「苦渋の決断」はなされた。歴史改竄につづく、誤った判断によって、沖縄に伝統的な平和主義の操は裏切られ、傷付き、変質した。

「いまの沖縄人は無気力で、心は保守なのだ。怒りがなくなったのは、日本人に同化してしまったからだ。だが根のところは違う。それを見つけだせば、県民を引き寄せられると思う。私は沖縄人である前に琉球人であり、日本に組み込まれた沖縄と戦おうとしているのだ。沖縄は日本に侵されたが、琉球人は日本民族にまだ完全には侵されていない。これから先、完全に侵そうとしてくるだろうが、その行為が県民に琉球人であることを呼び覚まさせてくれないものか」(十貫瀬和生《じっかんじ・かずお》『死者たちの切り札』〇〇年八月、ボーダーインク社。「死者」は沖縄人を指す。著者は本名糸数和雄。元沖縄タイムス記者で、いまは那覇・十貫瀬入り口にある「缶詰ハウス」という酒場の亭主)

これは、沖縄アイデンティティー派の悲痛な叫びである。

だが一方には、嘉手納空軍基地[★8]を「人間の鎖」で包囲するような行動を厭わない正統派の平和主義者たちがいまも厳然と存在する。

二〇世紀末から二一世紀の初頭にかけての沖縄は、禁断の領域に踏み込んだ沖縄人と、反基地・平和主義の操を守ろうとする沖縄人の「二つの頭」を持って、重いアイデンティティー分裂症に陥っている。本書の題名に「双頭の沖縄」を選んだ所以《ゆえん》である。分裂症は二一世紀初頭以降もしばらくつづくだろう。分裂が昇華されて新しいアイデンティティーを生み出すのか、それとも薩摩の琉球支配開始四〇〇周年の二〇〇九年に向けて日本同化が完成していくのだろうか。

〇〇年一一月末、ユネスコ世界遺産に「琉球王国のグスク(城)および関連遺産群」が登録されることが決まった。沖縄人はほとんど異論を示すことなく「人類共通の宝になる」と、決定を歓迎した。沖縄人が、「過去の栄華」への憧憬という点では、アイデンティティーを共有していることを浮き彫りにした。この世界遺産登録決定は日本で一一番目、沖縄では初めて。対象は、首里城《しゅり》

跡・今帰仁《なきじん》城跡・座喜味《ざきみ》城跡・勝連《かつれん》城跡・中城《なかぐすく》城跡・園比屋武御嶽《そのひゃんうたき》石門（首里城一部）・玉陵《たまうどん》（王家の陵墓）・識名園・斎場御嶽《せーふあうたき》。

対中橋頭保

世界は折から米国が主導する「世界化」（グローバル化、全球化）という国際社会の曖昧にして強引な「普遍主義」の状況の下にあって、万人を、皆こうあらねばならないといった画一的な「架空の現実」（バーチャルリアリティー）への思い込みに誘う。「ブレーン」の影響で稲嶺知事には「日沖新時代」を築くという思い込みが強く、その分、沖縄アイデンティティーの主張は薄まっていく。それがたとえ沖縄の「主体的選択」あろうと、日主沖従主義の目的完遂を狙う者たちに荷担することになるのが落ちだろう。

稲嶺県政を利用している政府の狙いは、知事の思惑を超え、単に「沖縄の心」のヤマト化[★9]を図るだけではない。

政府の最も重要な狙いは、日米が潜在的敵国とみなす中国[★10]が二一世紀に超大国として台頭する可

★8　嘉手納基地は在沖米軍の最重要基地。面積二〇〇〇ヘクタールで、沖縄市・嘉手納町・北谷町にまたがる。滑走路は三七〇〇メートルのが二本。第五空軍第一八航空団の本拠地。戦闘爆撃機Ｆ15、ＡＷＡＣＳ機Ｅ3Ａ、ＲＣ135、ＫＣ135、Ｃ5Ａ・Ｃ130・ＭＣ130・Ｃ141の各輸送機などが常駐。Ｆ16、ＡＶ8Ｂハリアーなどさまざまな軍用機が飛来。嘉手納弾薬貯蔵施設に隣接する。

★9　川満信一は、ウチナーンチュ（沖縄人）のヤマトウチナーンチュ（日本人的沖縄人）化と捉える。

能性に備え、対中橋頭堡《きょうとうほ》・沖縄の歴史的な対中親近感[★11]を極度に希薄にすることではないだろうか。橋頭堡強化の構想は、将来ありうる改憲や在日米軍撤退という方向性と無関係ではないだろう。沖縄で戦時中残虐行為を働いた旧日本軍の流れを汲む自衛隊への、沖縄人の強いアレルギーをなくし、米軍に代わっての自衛隊プレゼンスを拡大するための心理的地ならしの狙いをも必然的にもつだろう。沖縄はいま再び、日本の支配勢力にとって戦略的要衝となったわけだ。

そしてもう一つの狙いは、沖縄アイデンティティーの意識的・無意識的な源である「独立思想」をつぶすことであろう。

沖縄サミットは、首脳会議開始に先立ちビル・クリントン大統領が「平和の礎《いしじ》[★12]」で沖縄・日本と世界に向けて発信した「在沖米軍基地堅持」のメッセージがすべてのような行事だった。沖縄人と日本人は植民地住民よろしく、宗主国の国王の「お言葉」を聴くように米国大統領の演説を一喜一憂しながら「拝聴」したのである。

ただし沖縄人は前日の二〇日、二万七〇〇〇人が手をつなぎ合う「人間の鎖」で嘉手納空軍基地を包囲した。この人間の鎖は、クリントン演説に見事に対峙して、軍事万能に抗議し平和醸成への積極的意思を表示する民衆の決意の塊だった。人間の鎖がなかったならば、沖縄サミットへの内外の注目度はずっと小さなものになっていただろう。

サミットが終わると、政府とともに沖縄県政は極東情勢の変化とは裏腹に、普天間代替基地建設をめぐる細部決定の段階に入った。人間の鎖を実現した側の民衆は、建設計画を葬ることができるか否かの厳しい闘争の段階を迎えた。計画が実施段階に近づけば、一波瀾も二波瀾も起きるだろう。

日本の自民党中心の議会制民主制度は、〇〇年一一月の加藤紘一主演の大茶番劇に象徴されるように退廃の極に達しており、敗戦による第一の民主化から五六年たった二一世紀開始のいま、第二の民主化が不可欠となっている。沖縄にも同じことが言えるが、代替基地建設を阻止できるか否かが鍵となる。

一五世紀以降の沖縄史は琉球王朝（一四二五〜一八七九）・薩摩支配、琉球処分、ヤマト天皇制軍国主義支配、米軍支配、ヤマト支配復活とつづいた。共同体民主制でなく国・地域単位の政治制度としての民主時代は、曲がりなりにも復帰後のヤマト支配の二九年しかない。戦後日本の短い民主時代の、半分強にすぎない。御上《おかみ》に弱い日本人の事大主義とは少し異なる事大主義が、沖縄人の第二の天性になっている。本土人もそうだが、ウチナーンチュも事大主義を克服しないかぎり、前

★10　日米両政府を刺激する中国政府の軍拡政策、嫌日政策、強圧的な対台湾姿勢などは、必ずしも覇権主義だけに基づくものではなく、市場経済制度を拡大しながら大版図・大人口を統治しつづけるために不可欠な民族主義政策の性格が強い。憎悪の対象を明確にした民族主義は、たががゆるむ一方の社会主義規範を補完するカンフル剤なのだ。

★11　日清戦争後の沖縄の段階的なヤマト化で、対中親近感は幻想化したと言えなくもないのだが。

★12　「平和の礎」は沖縄戦後半世紀の九五年、糸満市摩文仁丘の激戦地跡に大田県政によって建立された。国籍を問わず全戦没者の名を刻み込むことを目指し、三八の刻銘碑が「平和の火」に向かって放射状に並ぶ。「平和の火」はギーザバンタと呼ばれる断崖に面した「平和の広場」の中央にともりつづけている。阿嘉島で採取された「沖縄戦の火」、広島の「平和の火」、長崎の「誓いの火」を合わせた火。一帯は沖縄戦を記念する最重要の施設が並ぶ。刻銘碑には〇〇年六月現在、二三万七七七九人の名前が刻まれている。内訳は沖縄県出身者一四万八二七二、本土七万五〇七八、米国一万四〇〇六、韓国二三一、英国八二、北朝鮮八二、台湾二八。沖縄県人の一部は軍人。本土と米英出身者のほとんどは軍人。南北朝鮮出身者は強制連行された軍属ら。

2000年７月21日、摩文仁丘の「平和の礎」前で演説するビル・クリントン米大統領。右は稲嶺恵一知事、左は川満町華さん（写真提供：琉球新報社）。

2001年２月８日、県庁を訪ね「間抜け・腰抜け事件」で謝罪したアール・ヘイルストン中将と握手もせず、さっさと背を向けて去る稲嶺知事（写真提供：琉球新報社）。

途は多難だろう。

沖縄はいま、目的地も航法も定かでないまま、二一世紀の荒波に乗りだした。

私は九四年の再会から六年あまりの間に十五回以上、沖縄を訪れる機会に恵まれて、かなりの量の新聞記事を書いた。それを基に沖縄について二冊目の本を書く気が徐々に起きてきた。確実に沖縄と再会でき、沖縄の状況をまずまず把握することができたと思えたからだ。その把握とは、冒頭の「命題」に沿いつつ、本土人有権者としての私自身が、日沖関係史の結末として沖縄が軍事植民地に陥っていることに関する責任について、新たに自問自戒したことを意味する。私はその責任を、職業である報道と言論をもって果たせるだけ果たそうと思う。

この本には、私自身の思いとは別に、沖縄サミット開催後半年あまりの出来事を含む、沖縄の世紀末から新世紀初頭にかけての状況の断片が収められている。この本が沖縄に関心をもつ人々の目に触れることを願う。

第一章　大田県政の盛衰

1

少女暴行事件

一九九五年九月四日、沖縄本島北部で米兵三人（ジョージア州出身の海兵隊上等兵ケンドリック・レデト（20）、同ロドリコ・ハープ（21）、テキサス州出身の海軍兵卒マーカス・ギル（22）。いずれもキャンプ・ハンセン駐留）による女子小学生強姦事件（以下、少女暴行事件ないし少女事件）が起きて、日沖・日米関係を震撼《しんかん》させた。敗戦から半世紀たった年に沖縄の人々は、悲惨を極めた沖縄地上戦から二七年間つづいた米軍統治時代の軍事植民地状況の悪夢のなかに再び放り込まれた。

とっさに浮かんだのは、ジラード事件★1だった。中学生だった私は日本人として、実刑無しに犯罪者を出国させた屈辱的差別の殺人事件に怒りとやりきれなさを覚えたものだ。本土の日本人は、安保の吹き溜まり・沖縄の状況が本質的に戦後本土の状況とまったく変わっていない事実を、少女事件で再認識させられたのだ。

敗戦一〇年後の五五年九月には、米兵に六歳の少女が強姦され殺害される「由美子ちゃん事件」が起きた。犯人は逮捕されたが身柄は米国に送還されて、どのような処罰があったのか不明のままに終わってしまった。大田昌秀知事（大田は本書執筆時点では前知事であるが、大田県政時代の記述部分では便宜上、知事とする）は、二期目の最初の一年が四分の三終わったところで、少女暴行事件に直面した。由美子ちゃん事件の無念さが頭をよぎった知事は、日米安保条約に付随する在日米軍地位協定★2（SOFA《ソウファ》）の、米兵の身柄引き渡しに関する一七条の改正を政府に要求しなければならないと、すぐに思った。在日米軍地位協定は、容疑者が米軍人ならば、起訴されるまでの間、米当局に容疑者の身柄を拘束する権利を認めていたからだ。その拘束期間中に米当局が容疑者の身柄を本国に移送すれば、犯罪が迷宮入りになる恐れはじゅうぶんにあった。

大田知事は上京し、米大使や在日米軍司令官らに事件で抗議し、謝罪と善処の約束をとりつけた。河野洋平外相にも会い、米軍地位協定の見直しを求めたところ、外相の口からは「議論が走りすぎている」と、冷淡な反応が返ってきた。「政治家名門」と呼ばれる家系の二世であるこの外相は、人道的判断力も真の国際感覚も持ち合わせていないことを見事に露呈した。政府は結局、殺人と強姦の犯人の起訴前の引き渡しを柱とする一七条「運用改善」を米側に認めさせただけだった。

知事は少女事件から二四日後の九月二八日、米軍基地への所有地提供を拒否する反戦地主に代わって土地・物件の賃貸借契約の裁決申請書の公告・縦覧代行（代理署名）をし反戦地主の土地の使用を可能にする職務遂行を、拒否した。大田は一期目の九一年五月、政府の第三次沖縄振興開発計

★1　ジラード事件は一九五七年一月三〇日群馬県の相馬ケ原米軍演習場で薬莢拾いをしていた坂井なかという女性を、米陸軍三等特技兵ウィリアム・ジラードが故意に射殺した事件。世論は激高し日本での裁判が決まり、同年一一月前橋地裁で懲役三年・施行猶予四年の判決が出たが、ジラードは翌月帰国した。沖縄でも六〇年末にキャンプ・ハンセンでの薬莢拾いの女性射殺、糸満市米須海岸での女性射殺という米兵による事件が相次いで発生した（福地曠昭『沖縄史を駆け抜けた男』二〇〇〇年、同時代社）。米軍支配下の沖縄には闇から闇へと葬られた住民射殺事件は数多くあったに違いない。

★2　日本政府は「日米地位協定」と訳しているが、これは「米軍の地位」（ステイタス・オブ・フォーシズ）という肝心の部分を欠落させ本来の意味を意図的に曖昧にした訳語。本書では在日米軍地位協定ないし米軍地位協定と訳す。韓国では在韓米軍地位協定と正しく訳されている。ＳＯＦＡは、安保条約の不平等性を象徴する。

画（九二年実施）策定と引き替えに代理署名に応じながら、その後、基地問題などについて望んでいたような政府の対応がなく、苦い思いをした経験がある。知事は、「東アジア戦略報告」[★3]によって沖縄の米軍基地が恒久化される恐れがあることに危機感を抱いていたこともあって、次回は代理署名を拒否しようと決意し、九五年八月の段階で村山富市首相に拒否の意向を伝えていた。そこに少女事件が起きた。知事の代理署名拒否で、沖縄・政府間の「冷戦」がはじまった。

代理署名が拒否された状態で反戦地主所有地の強制使用期限が切れれば、七七年の「安保空白の四日間」のような事態が再び現実のものになりかねない。政府と本土世論は、少女事件の衝撃が消えないところに輪をかけるように沖縄から発せられた拒絶の意思に驚愕《きょうがく》した。沖縄世論は知事を中心に固まり、宜野湾《ぎのわん》海浜公園で一〇月二一日開かれた県民総決起大会には復帰後最大の動員とされる八万五〇〇〇人が集結した。

沖縄の人々は、少女を「日米安保体制の犠牲者」と捉えた。半世紀にわたってマグマのようにたまっていた怒りが沖縄人の魂を揺さぶり突き動かし、新しい噴火口を見つけて爆発したのだ。知事は、少女事件発生を防ぐことができなかった責任を全県民に向けて陳謝し、広い共感を呼んだ。後に吉元政矩元副知事は、「大田県政の存在意義は、復帰運動が果たせなかった『質』の面を実現できるかどうかという問題だった」と述懐（〇〇年五月二五日那覇市内で開かれた新聞労連研修会議）した。だからこそ、大田は無念だった。

同様の決起集会は同じ日に宮古、八重山でも開かれた。事件の反応の大きさに米大統領ビル・クリントンは、日本政府と合意のうえで予定していた訪日を中止した。「思いやり予算」（シンパシー・バジェット）に安住していた米軍も慌てふためいた。

SA《サ》CO《コ》発足

クリントン政権は、沖縄の怒りを安保体制が直面した復帰後最大の危機と捉え、軍用私有地使用期限の短縮から、アジア太平洋地域での兵力一〇万人展開戦略の見直し、さらには最悪の事態である安保体制の解消にさえ至りかねないと恐れていた。これはオーストラリア国立大の戦略・防衛研究センターが九八年の春まとめた「新時代における米日安保関係」という報告で明るみに出た（中央大教授伊藤成彦「冷戦終結後の沖縄」お茶の水書房、二〇〇〇年四月、雑誌『アソシエ』第二号所収。伊藤論文によると、この報告は、少女事件の数週間後、在日米軍への日本政府の支援額増大が日米間で決まったという驚くべき事実をも指摘している）。

さらに報告の中の「沖縄問題解決のクリントン方式」の項には、「在日米軍基地全体を日本に返還するとしても米軍戦力は現在の水準に維持する」として、さしあたり在沖米軍基地の整理縮小問題を扱う日米特別行動委員会（SACO。外務・防衛次官級、米側は国務・国防次官補級）で海兵隊普天間航空基地の移設条件付き返還などを決め、「さらに必要ならば海兵隊を五年以内にグアム、ハワイあるいは米本土に移動させる」という内容まで含まれていたという。

★3　九五年二月二七日、米国防省（DOD。国防総省と敢えて拡大的な「意訳」をする必要はない）が議会に提出した文書。骨子は、アジア太平洋地域に米軍を合計一〇万人展開させること。起草者のジョゼフ・ナイ国防次官補の名前から通称「ナイ報告」。この報告登場の過程を学者宮里政玄は次のように分析する：アサヒビール会長樋口廣太郎が九四年八月まとめ村山政権に提出した「日本の安全保障と防衛力のあり方」（樋口報告）が、日本政府に国際的秩序形成に取り組むよう政策の大転換を促し、日米安保を多角的協力の中核と位置づけたことから、米政府は日本が安保体制を離れアジアに目を向けると警戒し、ナイ報告を策定した。

少女事件で爆発した沖縄の怒りと知事の代理署名拒否は相乗効果を生んで、政府に復帰後初めて在沖基地問題の見直しを決意させた。米軍側が、見直しはやむを得ないと意思表示したのも、政府の重い腰を上げさせた理由であり、協議機関SACOの設置となった。大田知事と村山首相は九五年一一月四日東京で五時間あまり会談し、SACO設置、沖縄米軍基地問題協議会（官房長官・外相・防衛庁長官と沖縄県知事）設置、その下の協議会幹事会（官房副長官・内閣外政審議室長・外務省北米局長・防衛施設庁長官・那覇防衛施設局長と沖縄県副知事・県政策調整監）設置が決まった。

SACOの第一回会合は九五年一二月下旬に開かれた。これに先立ち村山首相は、代理署名を拒否した大田知事に対する職務執行命令の訴訟を福岡高裁那覇支部で起こした。［その数日後、社会主義キューバのフィデル・カストロ国家評議会議長が成田空港に立ち寄った。議長は中越両国歴訪からの帰途、「社会主義を信奉する村山首相に会いたい」との強い希望で、非公式ながら半ば強引に来日したのだ。首相は議長を東京で迎えて、キューバと冷戦状態を継続している米国政府を少なからず刺激した。だが、「意外な日本外交」として内外で評価された。］

村山政権がSACO会合に際し、豪州国立大の報告にあるような米国側の危機感と対応策をどれほどつかんでいたかは不明だが、もし情報を的確につかんでいて、それを交渉カードとして使う「意外な交渉戦術」に出ていたならば、移設条件を米軍側に持ち出させずに普天間基地を返還させることができたかもしれない。だが交渉に臨む日本側官僚は、仮に米側情報を把握していたとしても、それをカードとして使う意思はまったく持ち合わせていなかったに違いない。このことは、少女事件後の河野外相の発言や「思いやり予算」などを増額することにした事実一つをとっても明らかだろう。

日沖の確執

沖縄の基地問題を考えるとき、避けて通れないのは「琉球処分」の歴史である。少女事件の扱いや、事件に端を発した在沖基地見直し問題の背後にも沖縄人は、長い差別の歴史をみている。沖縄人は九州以北の日本を「ヤマト」と呼び、沖縄と相対化して捉える。国籍上、日本国民であっても「日本人」意識は弱く、民族的にはあくまで琉球民族・沖縄人だというのが顕在かつ潜在的な基本的立場である。アイヌ民族が、日本国民だが日本人ではなくアイヌ民族だというのと同じ考え方だ。日本を複数民族国家だと捉えれば、ごく当たり前の考え方である。沖縄人のこの立場は沖縄・ヤマト関係史、とりわけ琉球処分と深く関わっている。沖縄人の民族意識の存在と、本土同化の深化による民族意識の希薄化は、世代によって大きく異なる。

沖縄を代表するミュージシャン喜納昌吉《きなしょうきち》は「少女事件で日本人は米国を責めているが、日本にも責任がある。沖縄を統治していた日本が米国と戦争をはじめた結果として、いま沖縄に基地問題がある。日本人はこのことを忘れてはならない」と語る。彼も、問題の本質は歴史に根差すと指摘しているのだ。

沖縄は一五世紀前半までは独立状態の島国で、中国に朝貢していたが、一四四一年足利幕府が薩摩に琉球を「恩賞として与えた」ことから、日中両属的な複雑な立場に置かれる。薩摩は一六〇九年琉球を征服し、尚《しょう》家の琉球政府を通じて琉球を属領とした。このときから薩摩は、沖縄を苦しめるヤマトとして現実の存在となった。薩摩は琉球を植民地とし、沖縄の物産および、琉球・中国貿易で得られた富を収奪して、明治維新で主役の一角を担うまでの力を蓄積した。

明治維新後の一八七二年、沖縄は琉球藩として明治政府の直轄地（日本併合）となり、わずかに残されていた外交権を失う。次いで一八七九年の廃藩置県によって琉球は沖縄県となり、尚家の琉球王政は消え去った。中国・清《しん》は激怒したが一八八〇年、明治政府提案の琉球諸島分割案に一度は同意した。これは宮古・八重山地方を清に譲り、代償として日本が清国内で欧米列強並の通商権を得るというものだった。清はその後提案を拒否、諸島分割は行なわれなかった。だが、この出来事は日清戦争の遠因となる。

琉球藩設置から諸島分割交渉までは、沖縄史のなかで琉球処分[★4]と呼ばれ、明治以後のヤマト（日本）による沖縄差別を象徴する出来事とされている。以後、沖縄人はヤマトからの差別制度を琉球処分と関連付けて考えるようになる。

沖縄人はウチナーグチ（沖縄方言）使用を禁止され、ヤマトでさまざまな差別を受けた。旧日本軍は第二次大戦で、沖縄を本土防衛のための「捨て石」とした。沖縄は広島・長崎の被爆に先立つ三カ月間、米軍との地上戦の場になった。その結果、沖縄は与論島から奄美大島までの旧琉球版図を切り離されて米軍支配化に置かれ、米国の世界戦略に組み込まれた。さらに日本復帰後は、安保継続のため、新たな捨て石とされてきた。

このように足利時代以来五世紀半、薩摩侵略以来四〇〇年にわたり日本によって翻弄されつづけた沖縄人の心には、ヤマト不信感が定着した。「ヤマトンチュ（日本人）になりたくてもなりきれないのがウチナーンチュ（沖縄人）だ」との西銘順治（大田の前の知事）の言葉は、沖縄人の心情を見事に言い表している。

アイヌ民族の権利回復を求める街頭デモ行進に参加し、連帯のエイサーを演じる沖縄青年たち（93年８月、札幌市内にて）。

冷笑する利権

沖縄人は七二年の日本復帰時、平和憲法の下というよりも、超憲法的な日米安保条約下に置かれ、在日米軍基地の大部分を背負わされた受難者として、基地のもたらす害悪に苦しみつづけることになる。冷戦時代には、沖縄の問題はもっぱら日米間で安全保障問題として扱われたが、沖縄では一貫して基地問題であり人権問題であった。少女事件は安保の陰に隠されていた基地・人権問題の実態を暴き、基地と背後の安保体制の在り方をめぐる広汎な世論を喚起した。

日米関係の専門家である米国人研究者チャルマーズ・ジョンソンは、「東アジアの冷戦体制は、欧州冷戦終結から六年後の少女事件をもって終わりの始まりを迎えた」という見方をしている（同氏編集の九九年の論文集『冷戦の島・沖縄』。だがより明確な終わりの始まりは、〇〇年六月の南北朝鮮首脳会談の基盤をつくった九二年の中韓国交樹立だろう）。在日四万三〇〇〇人（うち在沖二万七〇〇〇人）、在韓三万七〇〇〇人の米軍を基盤として「安全保障」という名の冷戦構造を東アジアで維持している米国が、軍事基地のかかえる矛盾から冷戦基盤の崩壊を余儀なくされる過程に入ったという意味である。

韓国でも沖縄と同じような深刻な米兵犯罪や「基地公害」が続いている。反基地世論が高まり在韓米軍地位協定は〇〇年一二月の米韓交渉で、重要犯罪人引き渡し（裁判管轄権）の条項が在日米軍並みに改定され、基地から出る汚染物資の浄化義務を定める「環境条項」も新設された。合意議事録は〇一年一月、クリントン政権末期に調印された。

「復帰後、沖縄の苦しみにヤマトの人たちが少女事件後のような強い連帯を示したことはなく、戸惑っている。冷戦が過ぎ去り敗戦後五〇年たって日本人の心に辺境を思いやる余裕が生まれたのか。願わくは、あらゆる不正義に対し今回のような強烈な反応を見せてほしい」。私は、沖縄の親しいジャーナリストから言われた。

在沖米軍基地の縮小をめぐる日米間の話し合いが行なわれたが、日本の世論に応えて話し合いのイニシアティヴを取ったのは米政府だった。「米国は沖縄にいた二七年間に日本政府の何倍も沖縄について学んだのではないか。日本人の反応は素晴らしかったが、政府はまだ琉球処分の発想から解放されていないようだ。日本は沖縄の苦しみをよそに、冷戦によって利益を得てきた。築かれた権益が冷戦終結後のいま、利権喪失を恐れ、安保にしがみつき安保を強化しようとしている。だから政府や財界は緊張緩和の動きを冷笑する」。そのジャーナリストのヤマトに対する見方は厳しかった。

縦割りの悲哀

少女事件を契機に、在沖米軍基地縮小問題から日米安保体制の見直し論議へと世論は高まっていった。だが沖縄人が基地問題に長期的にどう対応しようとしているのかは、把握しにくかった。一

★4　明治政府は、宮古島の年貢運搬船一隻が一八七一年台湾に漂着し乗組員のうち五四人が現地住民に殺害された「宮古島民遭難事件」後、報復行動を琉球諸島の日本領有を諸外国に認めさせる一大契機にしようと考え、一八七四年西郷従道麾下の軍隊を台湾に送り先住民族を征服した。この台湾出兵は日本帝国主義の対外膨張主義政策の先駆けであり、琉球処分の原動力になった。琉球処分の言葉は明治政府の用語であり、松田道之処分官が処分を実施した。

沖縄の民族政党・社大党の本部。

人の少女の尊い犠牲が超憲法的な安保体制を揺さぶりつづけているときに、将来にかけての沖縄の意思が明確に示されない。沖縄と本土の世論が熱いときにこそ、沖縄人は自らの代表である国会議員たちを含め団結して、沖縄の最大多数の意思を本土と米国に突きつけてしかるべきだった。だが、それはかなわぬ夢である。

反基地の「島ぐるみ闘争」を経た復帰から少女事件まで二三年余り、沖縄、とくに政界は政党が本土の諸政党に系列化される「事大主義」(保身のため強者に従うこと)が一層進み、本来最大政党であるべき地元の沖縄社会大衆党(社大党)が力をそがれて、沖縄人の考えや希望、とりわけ平和主義を的確に本土に伝えることができなくなっていた。こうして沖縄は、復帰闘争で蓄積したエネルギーを浪費してしまっていた。七七年の「安保空白の四日間」から政府が

「沖縄管理強化の必要」を教訓として引き出したのに対し、縦割り政党雑居の沖縄は、それを変革への好機として生かすことができなかった。自民党政府による公共事業や補助金による利益誘導の地方支配は復帰前から沖縄政界を分断し、復帰後、分断状況は一層顕著になって、沖縄の与野党国会議員の団結は構造的に難しい状況になっていたのだ（沖縄県〇一年度一般会計予算当初案六四七一億円の歳入の約七〇％は国に依存）。

さらに言えば、沖縄人有権者の多くは、野党性の強い「沖縄党」であることを望んでいない。彼らは、米軍基地の過重負担を、本意・不本意にかかわらず、安保上やむなしと是認し、基地から引き出される実利を求める。沖縄人が少女事件当時のように全県民的な自発性をもって立ち上がるときにかぎって、野党支持者に同調するような立場を示すだけである。沖縄人の政治的意思の統合は、復帰前から幻想にすぎない。

少女事件後、基地縮小問題で沖縄選出の国会議員はそろって地元世論に呼応した。これはあくまで一時的な団結や連帯であって、所詮、線香花火のようなものでしかなく、ぱっと光って消えてしまった。チャルマーズ・ジョンソンの言葉を借りれば、「沖縄は新たな強姦事件を待つことになった」。この言葉は、沖縄市内で〇〇年七月三日未明起きた、普天間基地所属の一九歳の海兵隊員による住居侵入・女子中学生準強制猥褻事件として半ば現実のものになる。だが、この猥褻事件の政治的影響は政府の必死の鎮静化工作によって、少女暴行事件と比べてはるかに小さいものになった。

カタルーニャの理想

沖縄人にとっての理想型は、基地問題をはじめ対本土問題で長期的政策を共有するため、地元の国会議員たちが沖縄独自の一つの政党に所属し政府との緊張関係を保つことだろう。国際社会を見渡せば、参考とすべきモデルはいくつもある。カナダ・ケベック州のように独立の一歩手前まで迫ったこともある例はさておき、スペインのカタルーニャ、バスク両州に注目したい。両州にはそれぞれ独自の言語と文化があり、地元の民族政党主体の州政府があって、住民は広汎な自治を享受している。

とくにカタルーニャの政党は国会で政府の多数派工作に欠かせない票（キャスティングボート）を握ることもあり、政府政策決定に強い影響力をもつ。両州の民族主義は民族のるつぼ欧州で歴史的に鍛えられたうえ、七五年まで三六年半つづいたフランコ独裁の厳しい弾圧の下で成熟し、民主時代に開花した。それは、一部の武闘独立派を除いては、自己のアイデンティティーを守ったうえでの他民族との融和・共存を是とする自由な民族主義である。カタルーニャとバスクは、スペインが加盟する欧州連合（EU）が政治統合にまで進んだ場合、スペインの国境線がさらに薄くなることによって、スペインの一員であることから解放されて統一欧州の一員に移行し、それによって自立を果たすという理想と戦略をもっている。（カタルーニャ、バスクなどスペイン国内の自立の動きについては、拙著『イベリアの道』九五年、マルジュ社参照）

それならば、日中両国のはざまで五六〇年にわたりもまれつづけ、戦火を経て二七年間も米軍支配下にあった沖縄では、カタルーニャのような政治状況がなぜ生まれなかったのだろうか。私は、フランコ独裁時代末期からカタルーニャやバスクの情勢を現地でながめてきた。だから政党が本土と縦割りで系列化している沖縄の状況を、もったいないと思いつづけてきた。スペイン両州に共通するのは、民族的・言語的独自意識と経済力であり、それぞれ地元政党が最大勢力を誇っていることだ。

沖縄では、寄らば大樹の陰とばかり、本土政党ににじり寄る姿勢が目立つ。沖縄の最大政党は民族政党の社大党でなく、本土の長期政権党である自民党なのだ。ここに沖縄が自己主張できない弱さがある。沖縄人がそんな政治的態度を選んだ理由の一つは、亜熱帯の島社会で培われた沖縄人の心が飛び切りやさしく、かつ状況判断に不慣れであったがため、事大主義や本土政権党の働きかけにつけ込まれやすかったことかもしれない。「強者への服従」は何世紀にもわたって培われた「生存の知恵」なのだろうか。

沖縄人が日本（本土）を相対的にながめる特質は文化面では生かされているが[★5]、政治面では生かされていない。生かされていれば、縦割り政党の隆盛はなかっただろう。また沖縄の経済自立がまならないことも、自民党のような利権政党が力を持つようになった原因だろう。

冷戦が終わり日本が政策転換を迫られ、アジア太平洋経済協力会議（ＡＰＥＣ）やＡＲＦ[★6]のよう

★５　沖縄の芥川賞作家・目取真俊が指摘するように、独自性を持つ沖縄文化は商業化され本土でもてはやされ、さらに逆手にとられて沖縄文化は本土の沖縄懐柔手段に取り込まれてしまったという面もある。

★６　安保上の信頼醸成のための機関であるＡＳＥＡＮ地域フォーラム。二〇〇〇年加盟の北朝鮮を含む二二カ国と欧州連合（ＥＵ）で構成。

な広域安保に結びつく可能性のある国際機構が軌道に乗りつつあるいま、沖縄は独自性を打ち出すべき絶好の秋《とき》を迎えている。沖縄の「自立」は、東アジアの融和的な将来に沖縄が一体化する形で実現の道を探るのが望ましいのではなかろうか。

だが、沖縄が本土との関係で、捨て石でありつづけるのをやめ、双方が尊敬し合える関係を築くにも、東アジアと融合していくにも、沖縄人の最大多数が結集して、まず沖縄の政治的立場を鮮明に打ち出す以外に近道はない。少なくともカタルーニャ人のような気概をもたなければ、沖縄自立の道は遠く暗い。沖縄は復帰以来、遠く暗い不確かな回り道をしているようだ。この回り道は少なくとも二一世紀の半ばまではつづくかもしれない。(琉大助教授島袋純は、英国スコットランドを自立の一つの型として挙げる。『ピープルズ・プラン研究』〇一年一月刊の第三巻六号)

沖縄人は、沖縄があまりにも「楽土」であるためなのか、内向きにすぎる。外向きの場合でも、「世界のウチナーンチュ」というふうに沖縄の延長で外界をながめるのが主流だ。沖縄人に必要不可欠なのは、国際社会に目配りし国際情勢に精通して、自立や基地の問題を解決するのに役立つ知識や方策を獲得していくことだろう。こうした視点を備えないかぎり、「御用学者」と非難されている一群の自民党政府寄りの沖縄人世論形成者たちに翻弄されつけ込まれやすくなるばかりだろう。

国際都市形成構想

九六年一月、首相は社会民主主義者の村山富市[★7]から保守鷹派で名高い橋本竜太郎に代わった。この月、大田県政は「基地返還行動計画[★8]」を打ち出した。二一世紀に向けた沖縄初の大計画(グランドデザイン）である「国際都市形成構想」★9と行動計画は、大田県政の中長期政策の「車の両輪」だった。

行動計画は、二〇一五年（大田は、ナイ報告のうたう米軍一〇万人駐留体制が二〇一五年には不要になるとみていた。同年までに朝鮮半島問題が決着し、米台・米中関係も収まると展望していたからだ。実際、〇一年一月の米国防報告から「一〇万人体制」の言葉が削除された）をめどに、在沖米軍基地四〇カ所全部の段階的返還（キャンプ桑江は二次に分けて返還）を目指すという野心的な計画である。計画遂行の第一期は普天間基地、那覇軍港など一〇カ所で、期限は第三次沖縄振興開発計画が終了する二〇〇一年。第二期は牧港補給地区、キャンプ瑞慶覧《ずけらん》など一四カ所（キャンプ桑江第二次を含む）で、政府が策定していた次期全国総合開発計画の目標年次の二〇一〇年。第三期は嘉手納基地、キャンプ・シュワブ、キャンプ・ハンセンなど一七カ所で、構想の目標最終年次二〇一五年とされていた。

軍事基地の返還なしに沖縄経済の正常な建設や経済自立はありえない。この考えを基盤とする行動計画は、三次に分けての米軍基地返還の手順を具体的に決め、基地ごとの軍用地主数や、彼らがもらっている地代額まで細かく記していた。

★7　村山は九四年六月の首相就任に際し国会で自衛隊合憲、日米安保体制堅持、日の丸・君が代尊重を打ち出したが、これが沖縄の革新陣営や知識人に強烈な打撃となった。
★8　県政は米政府・軍部に訴える目的もあって、行動計画を「アクション・プログラム」と呼んだ。
★9　琉球王国時代からの平和・自立・共生思想に立ち近隣諸国・地域との友好関係を強化することを理念とした政策。九五年一一月半ばに本格的に策定開始。基地撤廃と経済建設という沖縄の二大問題への取り組みを支える基本的な思想。

2

大番頭吉元政矩

橋本首相は九六年二月クリントン大統領と初の首脳会談に臨み、海兵隊普天間航空基地返還という沖縄の希望を伝えた。大田知事は、行動計画の優先順位の筆頭にあった普天間返還を、訪米前の首相に伝えていたのだ。福岡高裁那覇支部は三月、代理署名訴訟の判決として、大田知事に三日以内に代理署名をするよう命令したが、知事は最高裁に上告する。

首相は四月、普天間基地を五〜七年内に返還する日米合意を発表した。だが代替基地確保、すなわち県内確保しか具体的打開の道がないという、沖縄には最初から重すぎる条件が付いていた。当初は嘉手納空軍基地への統合案が有力と見なされていたのだが、政府の消極的姿勢と、空軍と地元・嘉手納町の反対が相まって立ち消えになる。

政府は、少女事件後の反基地世論の高まりという追い風を生かすどころか、積年の対米遠慮、弱腰がここでも出て、無条件で返還をかちとってしかるべきところを、特別に厳しい条件を呑んでしまったのだ。沖縄に一瞬光った希望は、すぐさま消えてしまった。

その直後の五月、私は、沖縄問題(したがって日本の最重要問題の一つ)に熱心な同僚たちと東京で吉元政矩副知事(現・沖縄地方自治研究センター理事長)と会合し、基地返還行動計画策定の背景を取材した。大田県政の大番頭で、対政府交渉の全権大使のような役割を果たしていた吉元は、県政首脳部と首相官邸とを直結させ大活躍したのだが、頭を飛び越えられた各省高級官僚らは吉元を憎んでいた。それだけに大番頭の話は興味深かった。大田県政がつづく間はオフ・ザ・レコード（取材源を明らかにした報道の禁止）という約束だったが、いまや県政は交代している。吉元の話は、将来にわたって重要な内容を含むため、ここに詳しく紹介する。

台湾は周辺

――安保をどのように捉えていますか。

「復帰後、革新は安保体制に風穴を開けようと考えていたのですが、将来なくなる安保ならば、沖縄から計画的になくしていこうと決め、普天間基地をまずどかし、最後に嘉手納基地をどかすという三段階の計画を策定しました。本心では、在沖米軍専用基地面積（二三〇平方キロ。県土の一〇・五％。沖縄本島の一九％。とくに強制使用の対象となる民有地は三三％。基地は本島二〇市町村と離島五市村にまたがる）の七〇％、兵力の六〇％を占める海兵隊を第一期にいっぺんにどかしたいのですが。いずれにせよ安保体制はアジア集団安保体制ができるまでは過渡的に必要です。それは米軍駐留無き安保でいいはずです。沖縄の財界も、二〇一五年には駐留無き安保がありうると考えています」

――米国の普天間返還の意図は何だったのでしょうか。

「海兵隊は以前から普天間基地を返還しようと考えていたのですが、橋本政権が功を急いで、あたかも自分がかちとったかのように食いついてしまいました。海兵隊は橋本が普天間返還に無条件で飛びついたのでびっくりすると同時に、もうけものとほくそ笑んでいます。米国は普天間返還という餌を出して、極東有事の際の日米安保上の展開権限の拡大という実を取ることを狙っているのでしょう。橋本首相には確固たる思想がなく、事を急いで自分の首を絞める結果になるかもしれません」。［「米政府がいつ普天間返還を発想したかについて議論があるが、吉元は「九五年六月大田知事が訪米し、米側に三事案＝二四八頁参照＝に次ぐ新たな要求として普天間飛行場を返せと突き付けた」と明らかにした（吉元政矩講演「基地問題と県政の対応」九五年一二月二日、ゆうな荘）。同年五月一四日には「人間の鎖」による普天間基地包囲があり、知事の対米要求は包囲行動を受けた形で行なわれた。」］

——嘉手納基地への統合はどうして駄目なのですか。

「普天間が県外に移せないとすれば嘉手納への統合が望ましいのですが、米空軍は、自分たちは滑走路をタッチ・アンド・ゴー（離着陸連動訓練）に使っており、そこに垂直離着陸をするヘリコプターやハリアー（垂直離着陸式戦闘爆撃機）、さらにはオスプレイ（配備前の実験段階にある傾斜式回転翼付き輸送ヘリコプターMV22。「オスプリ」とも発音）が来てもらっては困ると主張しています。海兵隊の本心は、思いやり予算におんぶにだっこで世界一快適な沖縄に居つづけたいということであり、棚ぼた式に橋本が呑んだ県内移設でしめしめというところです」

——橋本政権はナイーヴ（うぶ）だったのでしょうか。

「米国は細川政権時代に防衛協力強化への線路を敷きましたが、村山政権でその線路工事が停止しました。そこに橋本政権が登場し、線路工事を復活させようと考えました。橋本は普天間返還合意前の三月東京で大田に対し、新しいガイドラインが想定することになる極東の範囲に触れて、中台間の緊張（この九六年三月中国は台湾総統選挙牽制のため台湾近海でミサイル発射を含む軍事演習をした）があったため普天間基地は還らないと言っていました。つまり米軍は台湾も周辺地域に含んでいるのだと、首相は示唆したのです。中国が、在沖米軍は台湾を守るためにあると考えているのは明らかです。もちろん北京には、安保が日本軍国主義の復活に対する瓶の蓋の役割を果たしているという認識もあります」。［自民党安保調査会長・久間章生《きゆうま・ふみお》（元防衛庁長官）は〇〇年一〇月三一日、福岡市内で講演し、「沖縄の安全上、台湾が人民解放軍によって占拠され、その基地ができた場合と現在の状態とどちらがいいか考えると、いまの方がまし」と述べ、沖縄は米海兵隊駐留を受け入れるべきだとの考えを示した。これに対し陳健駐日・中国大使は同年一一月八日那覇市内で講演し、「中台平和統一が実現して初めて台湾海峡、ひいてはアジア太平洋地域の恒久的な平和と安定が実現する」、「沖縄が中国内政への軍事的介入基地にならないよう願う」と述べた。］

――対台湾外交に熱心な沖縄としては気になるところですね。

「私は与那国島に生まれ、台湾育ちです。そこで台湾政府は私を通じて、大田知事を台湾に招待したいと言ってきたことがあります。私は、知事だけでなく三役級の派遣はまずいと考え、部長級の職員たちを代わりに派遣しました。沖縄は蓬萊《ほうらい》経済圏構想（蓬萊は台湾の異称）に基づいて台湾と観光、農業技術協力などの関係を結んでいますし、那覇の自由貿易地域（ＦＴＺ）に台湾の電脳工場を入れて成功しています。二〇〇〇年以降、沖縄人が台湾に出稼ぎに行くことにもなるでしょう。しかし中国は沖縄に、台湾の旗（青天白日満地紅旗）は絶対に掲げてくれるなと言っています」。［〇〇年一二月名護市で日台間の第二八回東亜経済人会議が開かれた。七三年からつづく会議で、沖縄開催は初めて。］

――尖閣諸島問題はどう位置づけていますか。

「中国の出方は、尖閣諸島をめぐる態度でわかります。領土問題を棚上げし尖閣海底油田をどのように国際的に開発していくかが、大きな課題です。中国は米資本に尖閣油田の大規模な開発権を与えています。これは一種の米中安保です。日本は近視眼的で、本当の意味の安全保障を考えることができないのです。一沖縄人としては、日米中が尖閣油田を共同開発するようになれば、東シナ海は平和な海になると思っています」

「極東には南北朝鮮、朝鮮半島・米国、中台、米中、日中、日朝、日露、日韓、日米という九つの問題があります。このうち日中関係の一部分は、中国と六〇〇年もの歴史的つながりがあって福建省に拠点をもつ沖縄に任せてほしい。米国も油田開発の利権もあって、損はしないでしょう」

自衛隊の野心

——沖縄問題と北方領土問題が絡むという話がありますが。

「日露関係の最大の懸案は北方領土返還問題ですが、外務省は、返還の際、ロシア人居住とロシア軍基地の存続を認めるという沖縄返還方式をも考えています」

——大田知事の訪米外交は成果を挙げていますか。

「大田知事はこれまでの五年間に四回訪米（全任期八年で七回）し、各方面と話し合いました。米政府当局者は聞く耳はもちませんが、話に興味は示します」

——安保に基づき本土では基地撤去の密約がありましたが。

「沖縄は国家を認めている以上、国防を否定しません。しかし沖縄だけがなぜ過重負担をしなければならないのかと、いつも不満です。安保には、東京周辺の米軍基地を早期撤去するという関東計画と呼ばれる密約があり、そのように事が運びました。将来、米軍が去った後、在沖基地はどうなるのかという問題もあります。自衛隊は、日米合意で復帰時の沖縄駐留が決まったわけです。自衛隊は本土では市民権を得たかもしれませんが、沖縄は、米軍が去った後に自衛隊が本格的に進出してくるのではないかと警戒しています。彼らは以前から沖縄人だけでなく、本土出身の沖縄二世を入隊させ沖縄に派遣する政策をとっています。そんな隊員たちが沖縄女性と結婚すれば、沖縄に根づくことになります」

——自衛隊はどんな将来構想をもっているのですか。

「自衛隊は広大な本島北部方面に進出したがっており、自分たちの新規の基地を造ろうとしています。たとえば海自は、本部町《もとぶ》にP3C（対潜哨戒機）用の送信基地を建設しようと狙っています。彼らは日本軍として独自の基地をもちたがっているかのようです。自衛隊が米軍基地を共同使用したがらない理由であり、制服組の本音が表れていると、だれしも思うでしょう。さらに陸自はキャンプ・ハンセン、海自はホワイト・ビーチ、空自は嘉手納基地★10の跡利用をそれぞれ狙っているようです。尖閣では、対中関係に配慮して、海上保安庁が自衛隊の代役を務めています」［那覇基地の海上自衛隊司令は〇一年一月、那覇軍港の米軍との共同使用が認められないため、那覇港への護衛艦寄港などの許可を保守の翁長《おなが》雄志市長に求めた。市長は即答を避けた。］

——経済外交面はいかがですか。

「日本の四大島は橋と海底トンネルで地続きですが、沖縄だけが遠く離れています。沖縄の課題

★10　那覇空港を使っている空自南西航空混成団は九〇年代半ば、無用の長物となっている下地島飛行士訓練飛行場への全面的移転を望み拒否されたことがある。伊良部町は〇一年三月、同飛行場への自衛隊飛行訓練の誘致方針を打ち出した。

は、この地政学的位置をいかに生かすかです。安全保障政策で決定的に遅れているのは、日本です。日本はかつて自分が生き延びるために、昭和天皇の明確な意志で沖縄を米国に渡しました。現在から未来にかけては、日本は自分たちが生きるため、沖縄を手離そうとしません。政府は、沖縄が大事ならば規制をやめ、沖縄に大胆な一国二制度を認めるべきです。そうなれば初めて沖縄開発庁や各種の特別法が生きてきます。沖縄は政府に対し、一地方、一県としてでなく、日本を後背地としアジアに開けた国際的な自治体として認めるよう迫っているのです」。［自治労は八一年「特別県制構想」を打ち出したが、九七年二月「自治労沖縄プロジェクト」を設け、一年後「琉球諸島特別自治制構想」とこれに伴う「法律案要綱」を発表した。］

——米国は経済面でどんな戦略をもっていると考えますか。

「米国は安保強化の一方で必死になって、APECを活用しながら経済進出を図ろうとしています。血を流さずに影響力を行使するという戦略★11です。日本はガイドラインでなぜ焦るのでしょう。防衛庁の制服組でさえ、事態の急展開に驚いています。米国は米軍が駐留している間は、その必要性を強調するため脅威をつくるのです。日本はそれに乗せられています」

——基地の民間共用の話がありますが。

「沖縄は米軍に基地の共同使用を求めていきます。米国もこの点で沖縄とうまくやろうとしています。ところが沖米の仲を裂こうとしているのが日本政府なのです。有事（敗走を転進、敗戦を終戦としたように「戦時」を言い換えた政府用語）の際、民間施設を軍用に使うのですから、平和時に軍事施設を民間用に使ってもいいのです。政府や本土人の多くは、冷戦時代の発想から抜け出していません」。［米政府は軍事基地と地元の融和を図るための政策の一環として必要に応じて民間との基地共用を促進している。この政策を基に大田県政は共用を検討したが、この発想の流れを汲む形で稲嶺現県政の普天間代替基地の民・軍共用案が出ている。」

――沖縄は冷戦の発想から抜け出したのですか。

「沖縄は冷戦終結で新しい発想を得ました。それは基地問題の解決は跡利用だけを考えていたのではだめで、将来の発展に向けての飛躍という戦略が不可欠だということです。行動計画は、この発想に立っています。基地労働者の問題は、たとえば二〇〇一年には二〇〇〇人強が定年退職することなどの事実を把握し、馘首《かくしゅ》といった人道上問題あるやり方をせず、かつ計画的に、基地完全撤廃が実現する将来の時点を終点に見立てて、推進していきます。基地労働者は技術者として優秀で、基地外でも仕事はあります。米軍基地の日常の機能を維持しているのは、彼ら基地労働者です。彼らの組合、全駐労（全軍労の後身の全駐留軍労組沖縄地区本部）は基地機能を麻痺させる力を握っています。全軍労・全駐労出身の上原康助[★12]は、沖縄世論でなく全駐労の意見を国会で述べてきたのです」。［沖縄県はSACO合意にある「SACO関連技術教育訓練」（米軍基地返還に伴う日本人従業員の転職に備えた措置）を政府と組んで〇一年開始。］

最高裁判決に従う

――軍用地主にはどう対処しますか。

★11 これには国防省（DOD＝通称ペンタゴン）を柱とする軍産複合体の兵器輸出政策も大きく絡んでいる。

★12 復帰前の七〇年から一貫して社会・社民党所属の代議士だったが、民主党から出馬した〇〇年六月の総選挙で初めて敗北。同年末、政界から引退した。

「地代として大金をもらっている大口の軍用地主たちは、日本政府が巨額の資金を出して安保体制と米軍基地を支えているのだから、自分たちは国防に貢献しているのだと開き直っています。軍用地主の組織である土地連（沖縄市町村軍用地等地主会連合会、会員三万三〇〇〇人）は、沖縄の思想状況のなかで最も右翼に位置しています。彼らは、御国の政策（国防）に貢献するという建前を掲げ、本音では基地を経済と雇用の問題だと捉えています。その一つの証拠として、軍用地の地権の売買が投機的に盛んです」

——反戦地主側はどうなんですか。

「反基地運動には明確な哲学がなく、屋良・平良二代の革新県政は平和思想に立つ政策を示せなかったのです。ところが革新三代目の大田県政が二一世紀に向かう大構想を打ち出したため、軍用地主たちは困ってしまいました。行政側は初めて、軍用地主たちに県の将来のために働けと言えるようになりました。二一世紀初めには沖縄の財界指導部は世代交代し、軍用地主も高齢者が去って若返り、考え方が変わるでしょう」

——基地問題をめぐる県民投票はいつになりますか。

「九月にやります。伊江村以外は、首長が実施に賛成しています。一種の踏み絵ですね。連合が県民投票運動の推進母体です。連合は沖縄の思想状況では平均的、中道的です。その左側に社民党、社大党、共産党の順に三党が並びます。しかし共産党はむしろ柔軟で、姿勢が固いのは五五年体制の発想から抜けきれない社大党です」

——代理署名拒否の裁判はどうなるのでしょうか。

「大田知事は、最高裁判断に従います」

3 県政の分水嶺

九六年三月、私は一七カ月ぶりで沖縄に行った。吉元副知事と東京で会う二カ月前のことである。大田知事が敗れた代理署名裁判の福岡高裁那覇支部での判決を、記者席で見守った。そのころ読谷《よみたん》村の米海軍楚辺《そべ》通信所（通称・象の檻）の民有地の一部二三六平方メートルの使用期限が切れ、これを所有する反戦地主知花《ちばな》昌一（現読谷村議）は所有地への立ち入りと返還を要求して、意気軒昂だった。当時、知花は大田知事とともに、沖縄を代表する「時の人」になっていた。

知花昌一の闘い

私は知花らの闘争を見に象の檻の現場に出かけたのだが、象の檻の外側の芝生の外周には、以前なかった鉄柵が取り付けられていた。抗議する知花らの言動から、あの「安保空白の四日間」にあったような熱気をかすかに感じることができた。知花は、八七年の「海邦国体」のさなかに日の丸を焼いた人物で、日の丸事件後、右翼らの迫害に遭った。彼に意見を求めた。

「昨年の少女暴行事件後の県民総決起大会は、沖縄が自立を宣言した日です。いま象の檻で展開されているように基地への怒りが燃え上がり、来世紀への沖縄の希望へとつながっていきます」

いつも闘争の最前線に顔を出す宜保《ぎぼ》幸男（元沖縄高教組委員長）は、伝統的な安保廃棄論と結びつけて語った。「沖縄の基地を他の地に移すのは、痛みを他人に転嫁することになります。そんな醜い沖縄人になってはいけません。ヤマトンチュ（本土人）自身も醜くならないため、基地問題を本質的に解決する安保廃棄に向けて協調してください」

代案のない絶対的廃棄論だが、これを沖縄人が唱えつづけるところに、彼らの深い痛みを感じないわけにはいかない。東西冷戦終結後、権力と距離を置く基本的立場を忘れたジャーナリストや「学問の中立性」を離れた学者らが群をなすように政府の内側に入って、民衆を洗脳する役割を得意然として果たしている。彼らは、日米軍事当局者や軍産複合体のスポークスマンよろしく、一つ覚えのように米軍戦略に沿った「国際軍事環境」を挙げて在沖米軍基地の早期縮小が困難だと説く。裏返せば、沖縄の犠牲はやむを得ないという傲慢な立場だ。宜保は、そのような傲慢さを見抜きながらもなお、丁重にヤマトに問いかけているのである。

画家の儀間《ぎま》比呂志とも久々に会った。記者たちのように熱心に取材していたので、わけを尋ねると、戦後の沖縄の重要な出来事を絵に描いて本にするのをライフワークにしようと思っているから現場に来た、と言っていた。堺市に住む沖縄人の儀間は、「あんた方、沖縄に来て報道したり連帯したりしようというのなら、ヤマト各地で沖縄の基地問題を軽くするためヤマトンチュを説得すべきだ」と言う。だが、私たちヤマトンチュが沖縄にいて報道しなければ、ヤマトでの沖縄問題の認識はますますしぼんでしまうのだ。

沖縄の対等参加を

楚辺通信所の一部用地の使用権限は、賃貸契約切れに伴い九六年四月一日なくなり、日本政府は

「象の檻」闘争の主役・知花昌一さん（中央）。

不法使用状態となった。にもかかわらず政府は、その土地の所有者で反戦地主の知花昌一の立ち入りを、日米安保条約上の「土地提供義務」や「米軍の土地管理権」を盾に拒否した。だが、その法的根拠はきわめて弱い。軍用地の提供や管理は、地主と国の賃貸契約があってはじめて成り立つものだからだ。

沖縄人は今回にかぎらず、こうした政府の安保至上主義に強く反発する。在日米軍専用基地の多くを背負わされた沖縄人にとって安保とは、九州以北の日本本土と本土人を守るため「沖縄に強制された犠牲」と同義語である。開発と交通の妨害になっている広大な軍事基地の存在は、「戦後」が沖縄では終わっていないこと、言い換えれば、日本の敗戦が招いた苦難を沖縄が極端に重く担わされていることを意味する。

立ち入りを拒否した政府は、沖縄県（土地等）収用委員会に申し出ている「緊急使用」が承認されるのを待つ構えだった。知花は、所有地の「立ち入り・使用の妨害禁止」と「土地明け渡し」を求めて、那覇地裁に仮処分を申請した。政府に対し、一時しのぎ策をやめ主張を正面から受け止めて対話するよう、知花は求めたのだ。その第一回口頭弁論は〇一年一月下旬、那覇地裁で行なわれた。（那覇防衛施設局は〇一年二月一日、同年中に象の檻をキャンプ・ハンセンに移設する工事を開始すると発表した。）

在沖米軍基地全体の運営については、識者らが提唱するように、日米両国政府に沖縄県を加えた三者対等の場を設定して、沖縄の意思をじゅうぶん尊重しつつ事を運ぶべきだろう。とくに中台間の緊張を理由に在沖米軍の重要性をうんぬんしたり、在沖米軍の展開範囲を日米が拡大するような場合、沖縄人がその「重要性」や基地の役割拡大をどう考えているかを真っ先に確かめる配慮が不可欠だ[★13]。

「有事」つまり戦時となれば、沖縄は真っ先に攻撃の対象になりうる。地元の主人公の声を聞いたならば、その意思を制度的に取り入れてしかるべきであり、そのためにも三者対等の機関の設置が必要だ。

悲惨な地上戦の場となった体験から、「軍用地があるかぎり戦争と無縁ではいられない」という認識に立つ平和主義と反軍事の思想が生まれた。この沖縄の論理は、日米双方や沖縄人自身によって踏みにじられてきたが、東アジア情勢の変化によって、いずれ論理への回答が迫られることになるだろう。

「沖縄人」の不評

私は、那覇に行けば必ず沖縄タイムスと琉球新報の編集局を訪ねて旧交を温めたり、情報を交換したりするのだが、このころ、私より一〇歳前後若い地元の中堅記者たちから、私の書く記事に注文がついた。私が書く記事に「沖縄人」という言葉が頻繁に出すぎて違和感をもつから「沖縄県民」という言葉に置き換えてほしい、というのだ。私は、ウチナーンチュへの深い敬意をもって、

★13　日米は九六年四月一七日の日米安保共同宣言で、安保の目的を「アジア太平洋地域の紛争抑制」へと拡大させる再定義（米側は「再確認」と言った）をした。その二日前、日米物品・役務相互提供協定（ACSA）（アクサ）が結ばれ、同年一〇月発効した。ガイドライン見直し作業は九六年四月、日米安全保障協議委員会（2プラス2）＝日米の外務・国防閣僚同士の協議機関＝で開始され、九七年九月二三日ニューヨークでの会合で「周辺事態」「武力攻撃への日米共同対処」などを盛り込んだ新ガイドラインが策定された。

沖縄県民とは区別して沖縄人の用語を使う。ところが彼らは、過去の琉球人時代からあった被差別意識がよみがえるようで嫌だと言う。

沖縄人は日本国民であるが、厳密に言えば民族的に日本人ではなく琉球民族だという捉え方（詩人高良勉らの立場）がある。沖縄人は沖縄県民の大多数を占めるが、沖縄県民は日本人を含むため即沖縄人ではない。沖縄人とは、先祖代々の沖縄の血を受け継いでいる人々のことであって、住民登録をした一時的な沖縄居住者や、沖縄に移住した本土人とは違うのだ。沖縄のアイデンティティーを血を通してもつ人々、いわば多数派にして狭義の県民を沖縄人と呼ぶ。本書では、その意味で沖縄人の用語を使う。大田知事らが沖縄県民と言うとき、それは沖縄県人の語調に近く、沖縄人を指しているのは疑いない。政治的理由から沖縄県民と言うにすぎないのだ。私は、ヤマト系を含む県民の場合は、沖縄県民を使う。

別の中堅記者は、私が旧正月の行事の話を持ちかけると、「やっぱり日本人には新正月ですよ。元日からの普通の正月です」と言った。これも、沖縄人のアイデンティティーの変化を象徴するようで興味深い。だが沖縄人はとくに沖縄の地に生きるかぎり誇りをもって、自らを広義の沖縄県民と峻別して考えるのが自然の姿ではないかと思う。ちなみに横浜市鶴見区の沖縄県人会で聞いた話だが、同地の二世・三世らは「浜っ子」意識が強く、沖縄系意識は薄いという。

軍転法と普天間

橋本首相は九六年四月一二日普天間基地返還の日米合意を発表し、その勢いに乗って、東京での日米首脳会談に臨み一七日、新ガイドライン策定を決定づける「日米安保共同宣言」に踏み込んだ。

安保は「再定義」され、射程距離と守備範囲は日本周辺からアジア太平洋地域へと拡大された。そのため七八年策定の旧指針に代わる新しい指針作りが本格化する。普天間返還合意の発表は、安保体制の拡大強化に対する国民の感覚を麻痺させる麻酔薬としての効力を発揮するよう演出されていたのだ。

普天間返還が決まった裏には、最新鋭機MV22オスプレイなどを配備するため危険度の少ない海上基地を望む米軍と、前年九五年五月の軍用地転用特別措置法（軍転法）成立を受けた政府や一部地主の思惑の一致があった。軍転法は、軍用地返還後、地籍が明確化され民間に転用されるまでに年数がかさむため、政府が地主に土地賃貸料を返還後三年間は継続して支払うという内容だ。大田県政が村山政権に働きかけて成立したのだが、同法は屋良県政時代に発想され、平良県政が七八年に正式要請して以来の懸案だった。

軍用地主たちは、支払い継続期間を七年に延長することと、返還される軍用地の環境浄化の責任明確化を新たにかちとろうと努めている。米軍基地では、地中深い汚染が深刻化しており、基地から出た有毒物質ＰＣＢ（ポリ塩化ビフェニール）を含む廃棄物は捨て場のない厄介物になっている。恩納《おんな》通信所跡地のように汚染された土地は、返還されても民間利用は難しい。この点に関しては、地主たちの訴えは当然だろう。（在日米軍のＰＣＢ問題は、下嶋哲朗「在日米軍のＰＣＢ廃棄物はなぜ漂流するのか」『世界』〇一年二月号に詳しい。）

戦時招かぬ対応

日米安保共同宣言で新安保体制が事実上発足し、「いかに有事（戦時）に備えるか」という議論がさかんに展開されるようになった。だが「いかに有事を招かないか」という発想が大きく欠落している。地震ならば発生は防ぎようがない。だが有事は人知を生かせば、防ぐことが可能だ。当時の安保論議は、有事をあたかも地震のように、防ぎようがないかのように取り扱っていた。この種の議論となると、日本人は集団ヒステリー状態に陥って、架空の迷路に取り込まれ、強引に出口をつくってしまう。情けないことに、集団ヒステリー状態に真っ先に乗せられ、あるいは意図的にそれを煽るのがメディアである。

冷戦時代には、核兵器を頂点とする軍備によって敵対勢力間に力の均衡を保ち、戦争を発生させないようにする抑止戦略が一定の説得力をもっていた。だが冷戦が終わり、国際社会の大掛かりな敵対関係がおおかたなくなった今日は、外交で地域的な軍事紛争発生の可能性を封じ込めるべき絶好の時代だ。平和憲法をもつ日本にとって、独自の平和外交を展開しうる良き時代であると言わねばなるまい。にもかかわらず政府は新安保体制をほとんどためらいなく受け入れ、新体制に存在理由を与えるため有事を探し求めているかのような印象を与える。日米双方の政・官・産・軍の利害が、有事という架空の迷路を常に維持することによって権益と地位を保とうとする点で一致していることを物語る。

沖縄人の多くは、「平和の配当」であるはずだった普天間基地返還決定の喜びも束の間、その基地機能の県内移転と新ガイドライン体制を知って「だまされた」と、日本政府への不信感を募らた。「有事」や「沖縄の安保過重負担維持」をはじめ問題多い新体制が、国会でほとんど議論されることなく日米首脳会談ですんなり決まってしまったのは、共産党など一部を除く諸政党総与党化による「翼賛的状況」と「普天間効果」によるところが大きかった。九五年秋、大田知事が代理署名を拒否した後の一時期、沖縄は一つの「野党」のように連帯して基地問題に警鐘を打ち鳴らし、基地縮小を求める世論を喚起した。その結果決まった普天間基地返還だったのだが、盛り上がった世論は巧みに取り込まれ安保新体制の『安産』を促すエネルギーに転換され、沖縄はまたしても足元をすくわれる形になった。

安保問題をめぐる健全な世論を維持するためには強力な野党の存在が必要だが、それが本土にないため、沖縄はとくに革新県政である場合は、一定の「野党性」を期待されることになる。沖縄に安保の「過重負担」を強いながら、野党的役割をも求めるとすれば、本土人はあまりにも身勝手だと言わねばならないのだが、これが本土の左翼知識人の抱く矛盾に富んだ「沖縄幻想」である。しかし政府は沖縄が革新県政ならば、本気でつぶしにかかる。大田県政もその標的になってゆく。

本土人の課題は、新体制が想定する「有事」とは何かを検証し、その「有事」を招かないための非軍事政策の実行を政府に要求するため、理解し合える沖縄人とともに独自案策定のため努力していくことだろう。そうした努力によってのみ、東アジア地域で多国間の安保上の信頼を醸成でき、安保と米軍基地の存在理由が減り、沖縄の過重負担を軽くするための道が開かれることになる。これは努力次第では可能なことである。

五月になると、読谷村の山内徳信村長は、象の檻の知花昌一の土地を国が強制使用するのに必要な書類の公告・縦覧を拒否した。知花一家は、支援者たちと象の檻の所有地に入り車座になって宴を催し、三線を弾き泡盛を飲みカチャーシーを乱舞した。支援者のなかには、沖縄と縁の深い作家下嶋哲朗やミュージシャン喜納昌吉がいた。私は、鉄柵越しに彼らの束の間の宴を見守った。

内なる国境線

沖縄本島には、日本領土のなかの国境線が明確に現れている。鉄条網と「許可なく入域すれば刑事特別法で罰せられる」という意味の看板があちこちに付いた長い鉄柵こそ、沖縄あるいは日本と事実上の米国領である米軍基地を隔てる国境線なのだ。日本は島国であって、国境は領海線だと教え込まれた日本人に、悲しい光景を見せつけるのが、沖縄である。そして沖縄の海も空も、米軍の国境線で仕切られているのだ。

基地の中の生活環境は、おおかたの日本人が一生味わうことのできないような緑や芝生の豊かな広い空間である。主権はここでは在民ならず、在・米軍人だ。それは、主権在民を保障する日本国憲法の上位に立つ日米安保条約と、付随する在日米軍地位協定によって認定されている「治外法権」の軍事租界の現実だ。沖縄本島は米軍に占領されて以来、日本復帰を経ながらも、じつに五六年間も米軍優先の社会になってきたのだ。演習場にされている伊江島などいくつかの島々も同じである。

戦前の軍国主義日本のような侵略の野望をもつ国々が近くにあるとすれば、防衛態勢を整えることは必要だろう。かといって安保体制を維持するため永続的に主権が制限され、巨額の血税が投入されつづけていいわけがない。常に国際情勢に見合った軍備の縮小や外交戦略の変化があってしかるべきだ。こうした努力を怠って、思いやり予算に象徴されるような、金ですむことならば黙って金を出してやろうという長年の事なかれ主義が、安保体制を支える日本政府の恒常的な姿勢になってきた。

東西冷戦時代、極寒のソ連の兵士たちは、熱帯カリブの島国キューバに駐在するのを特権としていた。沖縄では、「気前のいい受け入れ国日本」のおかげで、米兵たちが同じような特権を依然味わいつづけている。

キャンプ・バトラー

沖縄の基地には在日米軍四万三〇〇〇人（このほか常駐ではないが第七艦隊所属の海軍洋上要員が二万人弱いる）のうちの二万七〇〇〇人が駐留する。その六三％の一万七〇〇〇人は海兵隊で、その多くは第三海兵師団[★14]に所属する。海兵隊は在沖米軍基地・演習場の七割を使っている。

海兵隊の管理上の中枢は、キャンプ・バトラー海兵隊基地司令部（海兵隊基地キャンプ・フォースター内の北中城村地域にある）である。九六年七月、久々にここを訪ねた。ハワイ生まれの沖縄系二世ハーバート仲吉の懐かしい顔があった。仲吉は軍属として通訳・翻訳を担当していたが、定年後も嘱託として仕事をしているとのことだった。だが諜報と紙一重の仕事を長年していた仲吉の瞳は以前と変わらず鋭く、笑顔を見せても、瞳は笑っていなかった。

支局時代、この司令部で将官たちと何度もインタビューや会見をした。将軍たちはみな、テレビの「水戸黄門」が大好きだと言っていた。印籠を悪人たちに見せた瞬間、小さな老人がスーパーマ

★14　司令部は具志川市にあるキャンプ・コートニー。普天間基地の第一海兵航空団第三六海兵航空群、牧港の第三海兵役務支援群などとともに機動展開部隊である第三一海兵遠征部隊に編成される。その上部に第三海兵遠征軍がある。E・ヘイルストン中将は同遠征軍の司令官。

ンになる。この単純明快な変身が、絶対的な強さを重んじる彼らに好まれるようだ。今回は将官の都合がつかないということで、広報の最高責任者スチュアート・ワグナー大佐にインタビューした。大佐ともなれば、将官の一階級手前なわけで、軍事以外の教養をも備えた紳士である。だが骨の髄まで軍人だ。

大佐との会見

——少女暴行事件後の対応を聞かせてください。

「海兵隊員や海軍水兵に対し、沖縄に来る前に教育することが重要だと認識しています。彼らに異国、異文化の国に行くということを理解させ、感受性を高めないといけません。これは恒常的な必要性に基づいていますから、一時的な問題ではありません。私は、仲間たちに行動にじゅうぶん気をつけるよう言っています」

「沖縄にいる海兵隊員と水兵の九九%は、よき隣人としての行動の在り方を理解しています。少女暴行事件は恐ろしい犯罪でした。しかし、大多数の兵士たちの行為を代表するものではありません。他の米軍駐留地域と比べれば、沖縄での犯罪発生率は低いのです」

「少女事件後、私たちはまず反省しました。沖縄の文化、米国との考え方の違い、いかに行動すべきかなどについて、長い時間をかけて話し合ってきました。その結果、基地内のコンビニエンスストアーでは夜九時以降の酒類の販売をやめました。一部地域ではＭＰ（憲兵＝軍内警察）による取り締まりを強化し、諸見《もろみ》地区では夜間外出禁止令をだしました。はじめは午前零時から六時まで、次いで午前一時から五時までとしてきました」

米兵ルックの品物を売る那覇市内の店。

「機関紙でも、教育キャンペーンをしてきました。最近では、運転の規制もしています。つまり新参兵たちを米国と沖縄の道路交通上の違いに慣れさせるための期間を設けたわけです。ホームページでも情報を伝えています。今後とも教育を継続しますが、違反者は厳しく罰していきます」

「少女事件以降、一〇〇件ものインタビュー、一〇〇〇件もの問い合わせに応じました。海兵隊と地域社会との関係を重視し、開放的で正直であるよう、広報官として努めています」

――在沖海兵隊の任務、存在（プレゼンス）の狙いを説明してください。

「太平洋地域は、きわめて不安定な地域です。この地域の人々は平和と安定を維持することを願っており、米国はそれを確保するのに関与してきました。なぜなら、この地域の長期的な安定をだれもが望んでいるからです」

「二一世紀には、世界で最も発展した一〇の経済大国のうちの七カ国（日・韓・中・豪・墨・米・加。墨はメキシコ）が太平洋地域に存在することになります。しかし、この地域にNATOはありません。そしてこの地域には、大きく相違する国々がたくさんあります。米国は平和を与える国として、物理的な存在を維持しています」

「それはなぜでしょうか。第一に、地域が広大であることです。米本国から距離が遠く、有事の際、すぐに駆けつけるのが困難だからです。そこで地域に居ることが必要ということになるわけです。私たちが友人同士であるとしましょう。あなたが電話で呼ばれて駆けつけて来るよりも、ここに私と一緒にいる方がより友人らしいではありませんか」

「第二には、二一世紀に太平洋地域で問題が生じた場合、素早く強力かつ柔軟に事態に対応するには、戦力を域内に維持しておく必要があるということです。これが私たちが沖縄に居る理由です」

「マリーン（海兵隊）は即応性があります。海軍と行動をともにし、海伝いにどんな場所でも展開できます。世界各国の首都の八〇％は、海岸から一〇〇マイル（一六〇キロ）以内にあります。世界の人口の七五％は、海岸から三〇〇マイル（四八〇キロ）以内に住んでいます。海兵隊があれば、陸上部隊に頼らずに、海から駆けつけることができるのです」

「海兵隊は、空、海、陸、兵站《へいたん》をパッケージ（一体）としたコンビネーション展開（連動的な作戦）によって強大な力をもちます。沖縄は、いろいろな場所に行くことのできる戦略的重要性があります。さらに日米間には安保条約があります」

普天間問題

──普天間航空基地の返還問題について、現場としてどう考えますか。

「普天間はヘリコプターのステーション（駐機拠点）、チョパー★15の修理施設、KC130（空中給油機）のステーションを兼ねています。ですから私たちは普天間をベース（基地）とは呼ばず、ステーションと呼んでいます」

「先ほどコンビネーション展開の重要性をお話ししましたが、海兵隊の地上部隊はチョパーで展開します。したがってチョパーと兵員を分離すれば、力がそがれることになります。水夫は船から切り離されたいとは思いません。普天間は海兵隊にとって、艦船のようなものなのです」

★15　ヘリコプターの略語コプターの俗称。「ヘリ」は和製の略語で日本人の間でしか用いられない。

「普天間返還が決まったので、地上とチョパーの連携演習ができる代替基地が必要です。しかし私の立場では、代替基地について言及するのは適切ではありません。ことし（九六年）一一月までにSACO最終報告をまとめるのため、現在作業中としか言えません」

――いくつかの選択肢があると聞いていますが。

「私たちは日本政府が特定の場所を選べば、作戦上の必要条件を伝えます。現在、私たちは伝えるべき条件を検討中ですが、作戦上の必要からだけでなく、政治的、経済的、兵站的と、あらゆる角度から検討しなければなりません。日米両政府、さらに沖縄にとっていちばん重要な案件ですから」

――海兵隊の重要性の減少と、米国などへの撤退の可能性はいかがでしょう。

「重要性の減少という考え方は、すでに私が述べたこととも関連して、正しくありません。太平洋地域は、呼ばれてから駆けつけるにはあまりにも広大なのです。域内にいて、地元の軍と合同演習したりすることが重要です。私たちは、地域の安定を維持するための兵力なのです」

「もしも撤退すれば、誤解したり、事態を悪用する者が現れます。米国は太平洋地域を重視していないとか、有事に即応する意思がないのだとかと言われます。撤退すれば空白が生じ、そこを埋めようとする者が現れるのです。現在、日米が居るから空白が埋まっているのです。米軍は平和と安定のための軍事力ですが、他国の軍は別の目的をいだいているかもしれません。その点を、日米は懸念しているわけです」

「北朝鮮（朝鮮民主主義人民共和国）[★16]はいま、とても不安定な国で、南朝鮮（韓国）との軍事境界線の一〇〇キロ以内に一〇〇万人もの兵力を維持しています。私たち同盟諸国は、北朝鮮の核問題を懸念し、それを凍結させるよう努力してきました」

「総じて私たちが沖縄にいる理由は、安保条約に基づきます。日米は太平洋地域の安定と繁栄という共通の利害関係をもつからこそ、安保体制から互いに利益を得ています。日米が同盟関係にあるのは、共通の利害関係をもっているからです。だれが敵かと、敵を見定めようとするのは近視眼的なことで、どのような敵やテロリストが現れるかわからないのが今日の状況です。両国が共通の利益を守るため協力していけば、明日もまた強い立場を維持していくことができます」

――太平洋地域にNATO型の防衛体制はできないものでしょうか。

「個人的な見解ですが、それができれば有益だと思います。二一世紀の七経済大国が環太平洋地域にそろうわけですから、互いの違いや問題を乗り越えて未来に進もうとするならば、日米はともに集団体制★17の仲間になるでしょう」

――NATO型には仮想敵国があるものですが。

「日米が共通の利益のために協調すれば、軍事均衡は維持できるでしょう」

――日本には海兵隊がないため、陸上自衛隊が米陸軍・海兵隊と連絡をとっていますが、陸自との沖縄での合同演習計画はありますか。

「日米政府間の協議や、沖縄県政を含む当事者間の協議で決まれば、合同演習は有益なものになると思います」

★16　W・コーエン米国防長官はこの兵力について〇〇年九月「八〇万人」と言明。
★17　コーエン長官は〇〇年九月、日米中を含むアジア太平洋多国間軍事演習構想を打ち出した。だがこの時点でも米政府は東アジアでは日米・日韓の軍事同盟を柱とし、集団防衛体制は補完的なものとしか考えていないとされた。

――日米間でガイドライン見直し作業中（九七年九月策定）ですが、これについて。

「情勢の変化に応じて、共通の利益を確保しつづけていくためには、実際的な変化が必要です。日本が二一世紀の太平洋地域の指導者であるためには、日本自体の変化が重要となります」

――沖縄から中東方面への軍事展開について話してください。

「中東、ペルシャ湾に展開したことはあります。しかし私たちは太平洋地域を重点にしています。年間二〇もの演習★18をしますが、すべてこの地域でやっています。日本、韓国、タイ、インドネシア、豪州と、沿岸諸国が重点です。もちろん米国としては六〇もの同盟関係を維持していますから、それらのいずれかに対応すべきときはあります」

――基地内には多くのウタキ（御嶽＝礼拝所）がありますが、保存への配慮は。

「それが日本人とオキナワン（沖縄人）にとって大切なものであることをじゅうぶん理解しています。ウタキだけでなく墓地や考古学的な価値のある場所についても、いま所在の確認を急いでいます。まず地図上で確認し、実際に保存して守ります。場所次第では、復元したり、返還したりすることも可能です。発掘物も返還します。これらの仕事は、地元の考古学者と協力してやっています。資料を作成中です。仕事を広げ早めるため、ウタキなどの情報を募っています」

金武の街

司令部の将校たちの顔は見えても、実戦部隊の無数の兵士たち顔は見えない。そこで、その顔を見に北部に脚を伸ばした。

海兵隊基地キャンプ・ハンセンのゲート正面には、金武《きん》町の米兵用の歓楽街が広がる。折から同基地内・喜瀬武原《きせんばる》での榴弾砲の県道越しの砲撃演習★19の最中で、彼方の緑のない地肌むき出しの着弾地の山腹に、重い砲撃音がする度に土煙が上がる。夕方、近くの海岸での演習を終えた海兵隊員を満載した軍用トラックが街の通りを走る。

沖縄本島では、米軍の軍用車とすれ違うことは珍しくもなんでもないことだが、私はそれを見るたびに、子どものころ東京で見ていた米軍の軍用車や戦車が行き交う光景を思い出す。朝鮮戦争がはじまると、その往来は激しくなり、道路には戦車の通過した傷跡が幾重にも刻まれていた。子どもたちは真鍮《しんちゅう》（銅と亜鉛の合金）や赤（銅）を拾い集めては屑鉄屋に売って、小遣い銭を稼いでいた。私も例外でなく、稼いだ小銭を紙芝居や駄菓子屋で使った。日本が占領されていた時代の異様な光景だったが、沖縄ではいまも日常の風物のようになっていて、異常さが隠されてしまっている。だが沖縄人が異常さを肯定しているわけではない。

金武の街は円高や、フィリピン人ら若い踊り子が数少なくなって閑古鳥が鳴いている。砲撃音が収まり日が暮れて八時を回ったころ、まあまあ客の入るたった一軒の店といわれるナイトクラブに、若い海兵隊員たちがやってきた。酒類は何でも五百円もしくは五ドル。彼らはたいがい五ドル紙幣を払ってビールを飲む。

★18　最近のものでは〇〇年一〇月の日米韓シンガポールの四カ国海軍・海自合同の「西太平洋潜水艦救難訓練」、一一月の日米共同統合演習（周辺事態法に基づく非戦闘員退避活動訓練など「後方地域捜索救助活動」を含む）がある。

★19　演習反対の歌「喜瀬武原」の作者であるシンガーソング・ライター海勢頭豊《うみせどゆたか》は「喜瀬武原の地形は朝鮮半島の三八度線付近の地形に似ている」と指摘する。県道越し砲撃演習は九六年末に本土の陸上自衛隊演習場五カ所（北海道・矢臼別、宮城県・王城寺原、山梨県・北富士、静岡県・東富士、大分県・日出生台）への移転が決まり、九七年三月末で打ち切られた。復帰後の喜瀬武原での同演習は計一八〇回実施された。

金武町の社交街。

「沖縄は海と人情と文化が素晴らしくて、大好きです。あと数カ月で米国に戻りますが、できれば駐留を延長したいのです」

　プエルトリコ出身のホセ・バスケスという新兵がスペイン語で言った。彼の呑み仲間はアフリカ系、欧州系、アジア系と肌色がさまざまだが、みな沖縄好きと口をそろえる。除隊後のよりよい社会生活を求め、一種の「資格」を取るため入隊した志願兵ばかりだ。

　県が基地撤去政策の中で、まず海兵隊基地に的を絞っていることについて意見を求めると、バスケスは、私たちはこの地域の平和と安定のため駐留していると答えた。それはワグナー大佐の言葉とまさに同じだった。

県議伊波洋一

七月の沖縄の状況は、ガイドライン見直

し交渉と大田知事の代理署名裁判で緊迫しつつあり、文字通り暑く熱く長い沖縄の夏だった。前月六月の県議選の後、在日米軍地位協定の見直しと、基地の整理縮小についての意思を明らかにするための県民投票の九月実施が決まっていた。県議選では、四〇代半ばの伊波洋一という気鋭の若手が初当選した。知事の新しい側近の一人となったが、政党には所属せず、他の二議員と「結《ゆい》の会」を結成した。これを基盤に、県民に開かれた議会づくりに邁進するという。

自信家で、その発言は、米国民各層と意見を交換してきた経験や、インターネットで米国の最新の政治軍事情報を入手する日常的努力（〇〇年、創史社から著書『米軍基地を押しつけられて』を出版）によって裏打ちされている。琉大で物理学を専攻し、県議になるまで二二年間勤務した宜野湾市役所では電脳システムを担当した。支持者たちは「理念堅固、発想柔軟で、電脳に強い沖縄のニューリーダー」と礼賛する。この伊波にインタビューした。

――普天間移設の展望は。

「代替基地の県内での建設は実現しません。しかし普天間返還の決定が消えてしまうことはありません。いずれ米国政府は海兵隊を撤退させる政策を出してくるはずです。撤退によって返還が成就できるのです」

――県民投票の意義は。

「県民投票は、米国民と政府に強い影響を与えるでしょう。投票は民主主義国民の最高の意思表示であり、米国は尊重せざるを得ないのです。冷戦終結後、沖縄の基地問題は、県民にとって安保ではなく正義・不正義の問題であり、人権と環境の問題です。この立場から、米国人に沖縄に居つづけてはいけないという認識を呼び起こします。日本政府と異なりキリスト教徒の米国人は、原則、倫理、普遍性を重んじます。だから米世論に訴えるのが問題打開の早道なのです」

──自衛隊基地について意見がありますか。

「たとえば、海上自衛隊のP3C（対潜哨戒機）態勢は、冷戦時代に欧州とアジア太平洋の二正面戦略[20]を柱とした米国の世界戦略に基づいていました。それならば冷戦終結後のいま、どんな存在理由があるのでしょうか。真っ先にこういう検証が必要です。結果は必然的に軍縮でしょう」

──昨今盛んな独立論をどう捉えますか。

「外国に行くと、沖縄はなぜ独立しないのかと尋ねられます。私は、独立とは言わないが自立はしたいと答えます。できるかぎり民族自決をしたい。沖縄人は、このように主張する自信を獲得するのに戦後半世紀もかかったのです」

──大田県政の基地撤廃計画について。

「大田知事の政策は自決を願う精神に立脚しています。沖縄は基地依存のままでは、経済も心も貧しいのです。大田県政は、基地反対を唱えながら具体的政策を示せなかった復帰後二〇年間の三知事の県政と違い、基地撤廃の理想を政策として打ち出しました。だから評価が高いのです」

知事の敗訴

最高裁は八月、代理署名裁判での大田知事の上告を棄却し、知事は敗訴した。沖縄対日本国家という対決状況が浮き彫りになるなかで、九月八日「在日米軍地位協定見直し[21]」と「基地整理縮小[22]」について賛否を問う県民投票が実施された。投票率は六〇％弱だったが、投票者の八九％強が賛成した。

大田に開かれていた道は、県民投票の追い風を受けて代理署名をあくまで拒否して辞任し、県民にあらためて信を問う出直し知事選に打って出るか、それとも最高裁判断を受けて代理署名に応じるかのいずれかだった。だれもが、少女事件から一年間つづいた大田県政と政府の対峙関係が頂点に達したのを悟っていた。私は、この年四度目の沖縄取材をして、県民投票をはさんだ約一週間の状況を取材した。

県民投票は、政府が長らく行政上の錦の御旗にしてきた「国策」に対し、都道府県単位で初めて住民が反対の意思を示す歴史的な直接民主主義の行事となった。ここで俎上に載せられた国策は日米安保条約である。冷戦終結後六年余りたちながら、見直されないどころか強化されるばかりの安保体制の在り方に、国民の間で疑問と不満がくすぶってきた。在日米軍専用基地と在日米軍兵力の大きな部分が集中するという、安保の不公平で過重な負担を強いられてきた沖縄の大田県政は、安保見直しの願いを内外世論に訴えようと県民投票に打って出たのだ。

★20　米国防長官の諮問機関「二一世紀の米安保委員会」は〇〇年四月、多様化する危機・紛争に対処するには時代遅れだとして二正面戦略破棄を提言した。冷戦時代にはソ連が侵略してきた場合、海自はソ連潜水艦攻撃の任務を担わされていた。
★21　安保条約第六条で日本は米軍に基地・施設と区域の使用権を認めている。この使用に関する細目に関するのが二八条から成る在日米軍地位協定。県は不平等性のつよい一〇項目の改正を要求していた。とくに少女事件発生で米軍地位協定見直しは急務になっていた。
★22　沖縄には在日米軍専用基地面積の七五％がある。さらに二九海域、一五空域の訓練海空域がある。この設問は普天間代替基地設置条件への反対意思の表明でもあった。

重要なのは、沖縄が単に基地の整理縮小という「県益」を追求するのではなく、冷戦終結後にふさわしく安保縮小と、安保に代わりうる将来の安全保障の枠組みの構築に道を開くための選択を、日本全体に提示しようとしたことである。沖縄人は、自分たちが果たそうとしている役割は、国会と政府が本来担うべきものだが、両者がそれを怠り最高裁も沖縄の訴えに肩透かしを食らわせたため、一層際立っていると認識していた。換言すれば、国の最高機関が議論し決断し審理すべき最重要の国策の在り方に、国土面積の〇・六％、人口が一％（面積は二二六八平方キロ。沖縄県より小さいのは大阪、香川、東京だけ。人口は一三二万人。沖縄県より少ないのは〇〇年現在、鳥取、島根、高知など一四県）そこそこの沖縄県が正面から取り組んだのだ。

冷戦時代の安保や高度成長期の原子力発電は、国策として「水戸黄門の印籠」のような絶対的な力をもっていた。だが新潟県巻町の人々は、原発建設計画を住民投票で拒否（九六年八月）した。国策の万能神話は、巻町では音を立てて崩壊した。日本には国家公務員が〇一年一月現在八四万人いる。国策とは多くの場合、議会制民主主義がじゅうぶんに機能していない日本では、国家公務員上層部のひと握りの高級官僚が主導し、国民意思と時代の要請に敏感でない国会議員の同意と、利権に与る財界などの意向で決められがちだ。

決定までの論議は公開性に欠け、国会で審議されても深部に至らないまま打ち切られたりすることが少なくない。先の新ガイドライン絡みの「安保再定義」では、国会審議が全くと言っていいほどなかった。こうした真面目な議論の欠如こそが、国策の体質的なもろさとして出てくる。小さな巻町の住民は、重大な決定に自分たちの意思が反映されなかったことから直接民主主義の手法で反逆し、成功した。沖縄人も同じ手法を使った。

沖縄人は県民投票実施に際して、政府各部門の無責任や無策も見据えていた。たとえば、薬害エイズを放置した厚生省、住専や銀行政策で失敗した大蔵省、いじめや歴史教育で抜本的対策がとれない文部省。そして時代の流れ逆らうかのように安保強化を図る外務省と防衛庁。官僚機構への絶望と、そんな「公僕」の立案する「国策」の犠牲にされつづけてはたまらないという思いが感知された。

沖縄人は、少女暴行事件で、安保の存在理由が道義的に失われたと見抜いた。また政府が「安保の公益性」を盾に知花昌一の土地を不法占拠していることから、安保の非順法性を鋭く認識した。ここに県民投票が生まれたわけだ。さらに沖縄人は、米軍砲撃演習の沖縄からの移転先に決まった本土各自治体が強い拒否反応を示し、安保が本土でも厄介者扱いされはじめたのを見極めながら、米国への安保の段階的返上という解決の道を徐々に進もうとしていたのだ。

片側だけの分水嶺

県民投票の二日後、知事は橋本首相と東京で会談した。その日の夜、那覇市内のホテルで琉球新報の宮里昭也社長の就任祝賀会があった。私はその席で、東京から帰着し空港から駆けつけてきた大田知事に会った。知事は、ウイスキーを何杯か飲んで機嫌がよさそうに見えた。私は、知事がどのような選択をするのか、首相とどんな話をしたのかを探った。知事は大きく笑って、近々わかりますよと言うだけだった。そこで別の角度から質問した。

基地問題の解消に向けて闘った過去一年間と、鉄血勤皇師範隊員として沖縄戦の戦場に学徒出陣した体験とどちらが重いか。こう質問した。知事はしばらく口をつぐんでから答えた。

県民投票運動（96年９月、沖縄県庁前）。「象の檻」の模型が設置されている。

県民投票運動に連帯した新潟県巻町から贈られた新米入りの俵。

「それは沖縄戦です。生死の境をかいくぐったあの体験をしのぐものはありません」

その翌日、知事は公告・縦覧代行を受け入れる意向を示し、一三日の記者会見で正式に受け入れを表明した。吉元副知事が三カ月前に言っていたとおりになった。訴訟が最高裁に持ち込まれた段階で「負ければ受諾」の方針は固まっていたわけだが、規定の路線だったとはいえ、実際に受諾するに際し、知事はさすがに悩んだのだろう。私は、受諾発表を耳にした瞬間、山脈の尾根に降った大量の雨が分水嶺の片側にだけ一挙に流れ下っていくような幻覚につつまれた。

その日、知事は県庁で副知事、出納長らを従えて会見した。

「私のすべてが問われることになる最も難しい決断であり、意に反した苦しく厳しい決断でしたが、為政者として活路を開くために決断せざるをえませんでした。昨年は敗戦五〇周年の節目の年で、基地の島という県のイメージを少しでも変えるため、安保体制に県がどの程度関与できるのかを探りつつ、政府に善処を働きかけてきました。沖縄の陸と海と空がこんなにも米軍に使用されるがままになっている状況は、主権国家としてもよくないのです」。知事は、受け入れた理由を説明した。

私は、「結果的には、経済政策を推進するための条件闘争だったのではないか」と質問した。橋本首相は、安保堅持をうたったうえで、沖縄政策協議会（官房長官を含む関係閣僚と沖縄県知事で構成）の設置を決め、沖縄の経済振興策への最大限の支援を約束し、当座の資金として「沖縄振興策のための特別調査費」の名目で五〇億円を沖縄に与えていた。

「違います。二〇一五年行動計画で基地整理縮小政策を優先させつつ、失業対策などに取り組んできました。経済政策には国の協力が必要です。以前は沖縄の開発は基地問題と切り離されて進められていましたが、いまは関連させておこなわれています」

次の別の記者の質問は、反戦地主が知事の決定につよい疑念を表明したことに関するものだった。

「公告・縦覧を拒否しつづけて、どのような展望が開けるのでしょうか。二一世紀には明るい沖縄を県民にもたらしたい。ほかにいい方策があれば教えてください」

知事は、ややむきになって答えた。

友情ある説得

大田知事の代理署名受諾は、基地縮小を通じ日米安保体制を冷戦終結後にふさわしい方向に変えていくことを政府との全面対決を避けながら進めていく県政の立場上からは、「やむをえない妥協」であったろう。このことを吉元副知事の言葉（前出の新聞労連研修会議）がよく説明している。吉元は次のように語った。

「知事は最高裁まで闘いました。沖縄の基地問題への国民的な関心を呼ぶ戦略でした。首相が知事を訴えたのだから、敗訴は覚悟のうえでした。政府は最高裁の判決を八月末に持ってくるという異例に早い手を打ちました。私たちは敗訴したのに機関委任事務（代理署名）拒否をつづけていいのかと悩みました。無理だと判断し、各団体に諮ったところ、拒否継続は無理だという多数意見が出ました」

冷戦終結から六年あまり、冷戦残存地域は中台間、南北朝鮮[★23]、米玖（キューバ）間と少なくなった[★24]。冷戦時代に生まれた安保体制にがんじがらめにされ、近隣諸国との関係が依然ぎくしゃくしているという点で、日本も冷戦構造のなかに取り残されていると言わなければなるまい。その最大の犠牲者が沖縄であろう。

少女暴行事件後の一年間、沖縄が戦後半世紀もつづいてきた「安保体制の犠牲者」の立場への訣別を求めて政府と本土世論、さらには米政府に対して果敢に働きかけてきた訴えの総決算と呼ぶべきものが県民投票だった。沖縄人は「『本土は憲法、沖縄は安保』の一国二制度」という言い回しに象徴される安保の過重負担に長らく耐えた後、県民投票という直接民主主義の手法をとった。背景には、ウチナーンチュが自信をもって本土にものが言えるようになったという意識変化がある。

沖縄人が政府と本土に堂々と異議を唱えつづけていけば、現在の規模のような安保体制は、沖縄では中長期的に永続的でなくなり、じり貧とならざるをえないかもしれない。それは安保体制が皮肉にも、最も堅固なはずだった沖縄から空洞化していくことを意味する。政府と本土がぜひとも安保が必要だと言うのであれば、内外で広く指摘されている対米従属主義をこのへんで打ち払い、米国の世界戦略の下部《しもべ》であるのをやめ、贅肉をそぎ落としたスマートな安保にすることが少なくとも求められる。これが、移設条件なしの普天間基地返還を求めることに象徴される、安保をめぐる沖縄の過渡的な立場である。

本土にまで響くようになった沖縄の声は、安保体制の矯正[★25]を促す「友情ある説得」であるに違いない。沖縄は冷戦時代そのままの安保負担から脱することを望んでおり、「丸腰」がいいと言っているのではない。国力ならぬ「県力」に応分の安保負担をすることは否定していない。安保が沖縄の言うような正常化の過程に入るとき、沖縄の意思をも組み入れた新しいアジア安保の枠組み構築への道が開けてくるだろう。その道がまだまだ遠いにしても。

★23　〇〇年六月平壌での南北首脳会談実現で緊張緩和に向かい始めた。

★24　ユーゴスラヴィアも冷戦残存地域だったが、ミロシェヴィッチ・ユーゴ政権のコソヴォでの横暴と、国連のお墨付きのないＮＡＴＯ（北大西洋条約機構）軍の対ユーゴ爆撃で、この地の冷戦は熱戦になった。〇〇年一〇月ミロシェヴィッチ政権は大統領選不正開票後の人民蜂起で崩壊した。

★25　左翼陣営や有識者には、安保条約を破棄し日米平和友好条約を締結すべきだという意見と運動がある。

4 経済自立を叫ぶ宮城弘岩

沖縄経済は、米軍基地集中と引き替えの巨額の政府補助金で文字通り金縛りになっている。その現状や自立の可能性を探るため、県庁と離れた別棟にある物産公社に宮城弘岩代表を訪ねたのは、九六年三月のことだ。名前に岩がつくのは印象的だが、会ってみると、私より三歳上の話好きの管理職だった。人物についての予備知識がまったくなかったので、すぐに質問を開始した。

復帰尚早論

――経済自立について意見を聞かせてください。

「それは自分で飯を食っていくことです。沖縄が日本のなかにいても、外に出た場合にも永遠につづく課題です。本土人は日本のいまの状況がずっとつづくという前提で考え語りますが、私はそうは思いません。米国はレーガン政権発足からゼロ成長で、日本も三年ぐらい前からそうなっています。欧州は三〇年も前からずっとそうです。このような状態が恒常化するとしたら、日本政府は沖縄を食べさせつづけることができるのでしょうか。日本は困ったときは沖縄を切り捨てる、というのが歴史の示す事実です。いつかまた切り捨てられることを前提に考え、そうされても大丈夫な態勢を整えなければなりません」

――独立論につながりますか。

「経済自立の延長線上に独立があります。しかし自分で飯が食えないのに何が独立だと言われるから、いまは独立論は口にしません。文化人や教師たちが独立論を盛んに言っているわけですが、彼らはまた過ちを冒すかもしれません。日本復帰が間違いだったからです」［前出「沖縄独立の可能性をめぐる激論会」で、徳田虎雄（現衆院議員）は「経済的に暮らしができないから独立しないでおこうというのでは奴隷になってしまう」と述べた（前出『激論・沖縄「独立」の可能性』）。］

「当時の沖縄経済界は復帰尚早論もしくは反対論でした。復帰時に日本に期待したのは経済問題だけで、それがなければ復帰はありえなかったのです。沖縄は日本ではなかったから、日本に復帰するわけがなかったのです。復帰前、労組、教師、文化人も懸命に復帰運動をしました。彼らは公務員で生活が安定していて、復帰すれば生活はずっとよくなると考えていました。なのにいま独立論に傾斜しようとしています」

「自立論はまず、産業界に意見を訊くのがいいのであって、文化人や教師に振り回されないようにするのが得策でしょう。去年、自立論議を興すための市民フォーラムができたとき、私は賛同者として名前を連ねたわけですが、それは経済を知らない人たちのなかに入って、同じテーブルで話し合うためでした。説得力のない自立論、独立論が復帰後四半世紀近いいまも終わっていないという印象でした。経済をどう自立させるか、この問題が将来にわたる最大の課題で、依然解明されていません」

――復帰尚早論、反対論についてもう少し説明願います。

「復帰前に公務員たちを説得できるだけの経済理論があったら、復帰はなかったでしょう。那覇市長から主席選挙（一九六八年の琉球政府行政主席の初の公選。屋良朝苗沖縄教職員会長が当選）に出馬し敗れた保守の西銘順治（後の県知事）は、単純な芋・裸足論[★26]をぶちましたが、その根底には財界の復帰尚早論がありました」

「沖縄は農業経済面から見れば、六〇万人しか食わせられません。しかしこの考え方は、薩摩支配以来四〇〇年の理屈であるにすぎません。薩摩は検地をして、集落単位で経済をつくっていきました。沖縄人は本来、農耕民族ではなく、海洋・漁労民族であって、貿易や漁労で飯を食っていたのですが、薩摩によって、小さな不毛の土地に縛りつけられてしまったのです。芋・裸足論も、そこから発想しているので物足りませんでした」。［私は六七年九月メキシコ市で、訪問中の松岡政保主席を取材したが、主席は「現在の沖縄人口九〇万のうちの四〇％は本土なり外国に移住させるのが望ましい」と語った。］

――復帰しなければ、沖縄はどうなっていたのでしょう。

「米国の実権支配下ながら、国連の信託統治領[★27]となっていたはずです。しかし朝鮮戦争などがあって、米国は沖縄に居座ってしまったのです。それは不法残留であって、蔣介石はいみじくも条約違反だと指摘しました。そのうえ米国は沖縄を勝手に日本に復帰させてしまったのです。私はいまでも承服できません」

――話は変わりますが、中台間の緊張はどう受け止めますか。

「台湾は歴史的に中国のものではないから、中国は強引に取り込もうとしているのです。台湾は明《みん》や清の時代から琉球の範囲に入っています。しかし沖縄の基地の必要性は、中台関係からは見えてきません。中国の経済と国民生活が向上すれば、中国の台湾政策も穏やかなものになるはずです。

いずれにせよ沖縄を守るのに米軍が必要かどうかは沖縄が判断すべきことであって、日本が判断すべきではないのです。日本政府は米国にものが言えないのですから。そのうえ、いざというとき日本が沖縄を守らないのを知っています」

——尖閣諸島問題はどう見ますか。

「日本政府の対応はナンセンスですが、これは琉球の範囲がわかっていないからです。日本は台湾統治もして、琉球の範囲がわからなくなっているのです。尖閣は米軍統治時代までは琉球に属し、復帰後は所属未定です」

ふがいない二世

——大田県政の国際都市形成構想について。

「基地返還を求めるための理屈でしょうが、内容をつくってから発表すべきだったと思います。内容が埋まらないかぎり、興味ありません。県の担当者には政府が内容を策定すべきだと言う者がいますが、自立案は自分で提示すべきであって、他から与えられるものではないのです」

——いまの沖縄財界には人材がありますか。

「指導層は第二世代で、経験不足です。一世は死んだか引退したかです。二世は日米のいい学校

★26　革新の屋良候補が目指すように産業基盤のないまま基地全面撤去を掲げて復帰すれば、沖縄人は昔のように芋を食い裸足で生きる羽目になると主張した。

★27　対日講和条約第三条で、琉球と小笠原は信託統治領とするが、それが決まるまで米国が全面的に施政権を行使すると規定された。

を出ていますが、卒業後すぐに親の会社で役員になります。下積み経験がほとんどないので、汗を流して奮闘するといった自力更生精神に欠けます。現在五七、八歳から上の層ですが、発想がなく、私の考えを理解できず、私を排除しようとします」

「彼らは一〇年前の発想にしがみついています。たとえば輸入代理店になって、海外から安く仕入れた資材を流し、楽してもうけるというやり方です。物を生産して販売するのでなく、仕入れて売ることです。マクドナルドの代理店の権利をとるという具合です。生産の伴わない利権ビジネスなのです。政府との交渉でも権利取得だけを考えます。公共工事に参入する権利を獲得するとか、与えられることに慣れすぎたのですね。炎天下で砂糖キビを育てることよりも、霞ヶ関に行って鉢巻きして陳情し、金をもらおうと考えます。経済が政治にすり替えられており、経済の原点から離れてしまっています」

――自力更生はどうすればよいと考えますか。

「日本政府から補助金をあまりもらわないようにし、同時に基地に頼りすぎないようにすることでしょう。ただし、部分的な経済主権の確立が必要です。自立とは、経済自決ですから。たとえば基地問題では、沖縄が米軍と交渉し、結果を日本政府に報告します。そうすれば基地収入は増えます。軍用地主に基地用地をいったん返還させたうえで、それでもなお米軍が基地が必要だと言うのなら、地主と米軍が直接交渉して貸したければ貸せばいいのです」

「年間の沖縄の軍用地収入（九六年現在）は七〇〇億円、基地関係収入が八〇〇億円あります。基地関係収入のうち、米軍人の給与の関係する部分を差し引いたもの、それは全体の七五％にもなりますが、思いやり予算から出ています。これが自立精神を駄目にするいちばん悪いものかもしれません」

――軍用地料は社会的な不公平の問題につながりますが、いかがでしょう。

「沖縄市のように、基地周辺の街は荒れています。地主が基地周辺にいないからです。地主は、基地公害の及ばない那覇、日本、ブラジルなどに居るのです。だから地元に金が流れません。少なくとも、土地代の半分が地元に落ちるように、制度を改めないといけません。たとえば県が半分を受け取って、地元の開発に回すのです。あるいは県が米軍と直接に交渉して地代を上げ、その部分を開発資金にします。そうでないと、爆音や演習の害に苦しむ基地周辺の非地主受難住民に不公平すぎます」

――かつて「基地作物論」とか「基地産業論」というのがありましたね。

「米軍基地はレジャー産業です。思いやり予算で米兵たちを全部基地という檻の中に入れてしまい、地元社会との折衝が激減し、経済が寂れてしまっています。基地内にはプールありゴルフ場ありで、レジャー産業だとすぐに見抜けます。かれらは沖縄で演習していますが、湾岸戦争の年、沖縄から出兵した兵士たちは、気候風土の違いから役立たずでした。世界で最も平和な地域の一つである沖縄で訓練しても意味がありません。レジャーだけに意味があるのです」。［海兵隊が基地内で数年前までクレー射撃をしていたことが、〇一年二月明らかになった。］

「だから金が取れるものなら、もっと取って開発に回すべきなのです。米軍基地は県民のみなに迷惑をかけているのですから、地代のせめて半分は開発資金にすべきです。これを請求する権利は地主だけでなく、県民全体にあります。基地収入は在り方を変えていかないといけません」

――実際問題として、沖縄と米軍との直接交渉は可能ですか。

「経済主権として最小限必要です。国からの補助金打ち切りと引き替えでもいいから、沖縄が経済関係の独自の法律をもつことが必要です」

「繰り返しますが、産業開発と生活上、大迷惑をこうむっている大多数の県民への迷惑料の取り立てが必要です。地主は、一部の所有権保持者にすぎません。経済主権がなくとも、地代をいったん県が預かって、一部を開発に回すのは可能です」

自立への具体策

――経済自立に必要な具体策をもっと語ってください。

「先ほど挙げた合計一五〇〇億円の基地関係収入のほかに、年間三〇〇〇億円の補助金がありま す。これをどう稼ぐかが、自立への鍵になります。観光産業は三〇〇〇億円強の収入がありますが、純益は三六％だけです。この純益を倍にするのはさほど困難なことではなく、実現すれば一五〇〇億円の収益になります。残る補助金の半分である一五〇〇億円を埋めるには、県の産業振興で一二〇〇億円は稼ぎ、あとの三〇〇億円を米軍から取るようにすればいいでしょう。この案は、日本政府からの補助金が完全に途絶えた場合のことです。実際には、補助金が縮小されながら継続されるわけですから、不足分も減っていき、埋めやすくなります。かくして、現状を整理、整備するだけでも自立への道は開けます。ともかく基地関係収入と補助金を合わせた四五〇〇億円は、基地労働者の賃金部分を除いて不労所得です。これに甘んじている間は、自立はありえません」

――県に現状の修正改善はできるのですか。

「意志と行政指導次第です。沖縄経済を政府管理でなく、いわば民営化することなのです。経済自立は、沖縄財界の義務ですよ。彼らが日本政府におんぶにだっこばかりしているのをやめないと、自立は不可能です。しかし甘やかされ、人材として教育されていない二世世代は依存体質ですから、自立できません。私と同じ三世の世代は私と同じ考えで、しっくりいっています。二世たちが引退するのは、だいたい五年以内ですから時間の問題です。指導層が交代すれば、いただき経済から生産する経済へと転換できるでしょう」

——弘岩さんが県庁に入ったきっかけは何でしたか。

「私は社会に出てから最初の一〇年は東京にいて、次の一六年は台湾や欧米など外地にいました。産業振興の仕事でオランダにいたとき、当時の西銘知事と産業界から引き抜かれたのです。外国生活の経験もあって、いい悪いをはっきりさせますから、エスタブリッシュメントには嫌われます。西銘県政三期目で、私が勤めてから三年目のころ、テレビで持論を述べたりすると、一週間くらい嫌がらせ電話が真夜中に自宅で鳴りつづけました。警戒して、自宅に帰らないこともありました。マスメディアを使った妨害や脚の引っ張りもありました。野党からも嫌われていました。時代は変わって、いまでは嫌がらせはありません」

——根本的な作風の違いは何なんでしょう。

「彼らは、古い考え方にとどまっています。私は現場体験をし、勉強して理論を組み立てます。昔話ばかりやっているような者は駄目です。大田知事は経済を知らないため、私に自由にやらせてくれるからいいのです。前の西銘知事は、振興計画を示すと、それでいくらこっちに入るのかと迫ってくるので、やりにくかったですよ」

——沖縄経済で無視できないインフォーマルセクターの扱いはどうしますか。

「大切です。沖縄社会が多くの失業者を抱えながら浮浪者がいないのは、共同体的相互扶助もありますが、大きいのは酒場などインフォーマル経済のおかげです。復帰当時、沖縄には第三次産業が多すぎると言われていましたが、実態は復帰後、新しい産業がほとんど生まれていないのです。いまある産業は復帰前にできたものがほとんどです。観光産業は、日本経済の延長の一形態にすぎません。観光客は来るなと言っても来ますが、観光は歩留まりの悪い産業です」

――冒頭で文化人批判がありましたが、アイデンティティーの問題をどう考えますか。

「沖縄の文化人には、日本からの情報の洪水で沖縄らしさや独自の文化が消えていくとの恐れがありますが、ここに彼らの自立論の原点があります。アイデンティティーが失われていくことへの恐怖です」

「しかし復帰後世代は、文化的には日本人です。風俗は日本化し、顔さえも日本人になってしまいました。彼らは沖縄の根本的な問題で真剣にはなれません。そんな世代が沖縄の多数派になるとき、独自の文化は失われていくでしょう。奄美地方がその好例です。アイデンティティーの喪失であり、経済問題とは別個です」

「日本の若者たちが沖縄に羨望するのは、まだ残っている独自の文化です。自分たちと変わらない沖縄の若者たちの文化ではありません。そこで沖縄の若い世代は、そうなのかなと気づいて、自分たちの伝統文化を見直しつつあります」

「彼ら復帰後世代は、与えられた消費経済を生きています。だから、もし日本から資金が来なくなれば、最大の試練に直面するでしょう。そのときアイデンティティーはどうなるのか。この点で文化人たちの自立論は意味があるかもしれません。しかし結局は、経済自立の方策が明確でないかぎり、自立論は沖縄人を納得させることはできません」

宮城弘岩は、いわゆるアンテナショップとして県産品を販売する「わしたショップ」の生みの親だ。稲嶺県政になってから一時職位を離れたが、やがて復帰した。代え難い人材なのだろう。台湾経験も長いということで、沖台経済関係強化の懸け橋役を自認している。沖縄の経済建設のため、理想と現況を織り交ぜて熱弁をふるう彼こそ、世紀替わりの沖縄で依然異色の存在である。弘岩の説に従えば、稲嶺恵一は財界二世であるからには、頼りない存在ということになるのだろう。

5 海上に代替基地

大田知事は、公告・縦覧代行に応じた。橋本政権は「特別調査費」の名目で五〇億円のつかみ金を沖縄県に与え、県はこれを失業対策費として使ったという。橋本首相は、九月一七日沖縄に行き、普天間代替基地を海上に建設する案をさりげなく打ち出した。当初あった普天間基地を嘉手納基地に統合する案は、地元自治体や嘉手納基地の主たる米空軍の反対、さらには海兵隊も反対してつぶれていた。統合案がつぶれ、知事が公告・縦覧に応じるのを待って、首相は海上基地建設をもちだしたのだ。海上基地建設ならば、沖縄本島に占める米軍基地面積が普天間基地返還で減る分を（他の陸上基地で）相殺《そうさい》することにならないという論法だった。

だが最低四〇〇〇億円、最高一兆何千億円という巨額の建設費が要る。ここに、海上基地建設という新しい大型の利権創出が日米間で構想されていたことが、だれの目にも明らかになった。政府の沖縄援助は復帰後二八年間に計六兆三九九六億円（年平均二二八五億円）である。海上基地に一兆円が投下されるとすれば、なんと四年分の援助資金に匹敵することになる。

風刺漫画家ならば、利権を取り囲む両国の政府・財界の脂ぎった顔の群を描くだろう。九月末のニューヨークでの日米首脳会談は、海上基地案を年末までにＳＡＣＯで詰めることを決めた。沖縄はまたも、一方的に日米の意思によって翻弄される羽目になった。

橋本政権は大田知事の代理署名受け入れを業績として宣伝し、一〇月の総選挙で勝って政権継続を楽に決めた。大田知事は、これを歓迎した。県民投票結果よりも最高裁判断を重視して公告・縦覧代行を受け入れたからには、橋本と一蓮托生《いちれんたくしょう》で進まざるをえなかった。

一蓮托生の仲

当然のことながら、大田の支持者たちは落胆した。革新県政の存在理由の一つは、反軍事、平和構築、独自文化などをめぐる「思想性」にある。それが薄れたのでは、経済第一主義の保守県政とさほど変わらなくなる。つかみ金五〇億円という、いかにも自民党くさい「決着の祝儀」を県が受け取ったのもまずかっただろう。支持者の間に虚脱感が広がり、大田の政治的求心力は弱まりはじめた。

大田知事が「旧知の仲」の橋本首相に期待をつないだのは、代理署名受け入れで首相に大きな政治的得点を許したことなど、特別の思いがあったからに違いない。橋本自民党は、その得点をもって総選挙に臨み、ずば抜けた一党優位を確立した。だが本土での選挙戦では、沖縄基地問題は全く争点にならなかった。屈辱感と無力感にさいなまれた沖縄人は少なくない。だからこそ知事は「沖縄への借り」を忘れないでほしいと訴えたのだ。

県内には、代理署名を拒否したまま総選挙にもつれ込めば沖縄の基地問題が最大級の争点になったのは疑いなく、大田は政治生命をかけてそうすべきだった、との声が強くあった。知事職を辞任して出直し選挙をやれば、当選は確実だっただろうと。

これに対し大田は、表面では事務手続き上の技術的問題をことさら強調する、空虚としか受け止められない説明を繰り返した。だが、駐留軍用地特別措置法の改悪を恐れて代理署名を受け入れたのだと、後に「本音」を明らかにした。

大田は九一年に最初の代理署名に応じたのだが、当時は首相に自治体首長の罷免権があったのが理由の一つだった。だが沖縄などが、この罷免権規定は民主的でないとして改定を求めたことから九三年改定され、知事が代理署名を拒否しても馘首はされなくなっていた。だが特措法はいずれ、代理署名さえ不必要とし、反戦地主の所有地自由使用権（財産権）をほぼ完全に無視するものに改悪されると予測されていた。政府にとってそれは、大田知事の代理署名の「けなげな受諾」などは完全無視して決行でき、しかも早い機会に実行すべき課題になっていた。本心をなかなか明かさない大田だが、「本音」が本当だったのならば、この点に関して大田はナイーヴだったと言わねばならないだろう。

知事が公告・縦覧代行という代償を払ったのは、政府が国益と強調する安保条約の運営、つまり在沖米軍基地の「安定使用」の要求に応じる代わりに、基地そのものを二〇年かけてなくしたいという「県益」の実現への協力を政府に求めるためには違いなかった。今度は政府が借りを返す番、というのが沖縄の立場だった。

だが興味深い指摘がある。代理署名から一年あまりの九七年一〇月、那覇で大田知事にインタビューした米国人ジャーナリスト、マイク・ミラードは次のように書いている（前出『冷戦の島・沖縄』）。

「米軍基地がなくなれば、沖縄は日本政府に対する政治的駆け引きのカードを失うことになる。そこで大田は、政府からの経済援助を早い機会にもらわねばならず、さもなければ沖縄は小さく美しく、だが貧しい（所得格差があるという意味だろうが）現状のままにとどまることになると考えた。大田は、経済が先細りになるのを座視することよりも、自分が基地反対の世論形成に影響力をもっている間に経済建設をしようと決意したわけだ。これはまさにしたたかな術策だ」

湾岸戦争が発端

沖縄は一一月末のＳＡＣＯの、基地縮小に関する最終報告を待つことになったが、焦点は、海兵隊の普天間代替基地の建設問題だった。沖縄人の多くは、基地問題の大部分を占める海兵隊の撤退を願い、環境破壊を拒否し、働く者たちの血税に基づく巨費を投じることへの疑問から、継続駐留に寄与する代替基地建設を拒否している。ＳＡＣＯ最終報告は一二月、県内の米軍一一施設・区域の返還や米軍地位協定見直しを提言、日米政府に承認された。普天間代替基地については、沖縄本島太平洋岸の海上施設とする案が記されていた。海兵隊はヴェトナム戦争中の六六年、キャンプ・シュワブ沿岸域に航空基地を建設することを計画していた（琉球新報〇〇年六月四日の米国・琉球諸島民政府＝ＵＳＣＡＲ《ユスカー》＝文書報道）。米側はこの廃案となった計画を、新時代に適合させるべくよみがえらせようとしているのだ。

代替施設として最有力視されたのは、海上基地構想だった。米国が主張する「移動式浮体工法」（ポントゥーン＝箱船＝工法）がまずある。だが大規模な防波堤の建設という環境破壊要因があり、さらにこれが建設されれば世界の広範な海域で米戦略に利用されかねない、という懸念がある。次に日本が主張する「浮体桟橋工法」（パイルサポーティッド方式）では七〇〇〇本もの杭《パイル》を海中に打ち込むのが必要で、珊瑚礁など海底の環境が大きく破壊される。もう一つの「半潜水（セミサブマーシブル）工法」による大規模な海上基地の建設は、技術的に不可能とされている。第一、いずれの工法でも毎年沖縄に襲来する強烈な台風から逃れるすべがない。また近くの陸上に新たな関連施設と、それと海上基地を結ぶ海上道路もしくは桟橋の建設が不可欠となる。米軍専門家でさえ、三工法のいずれによる海上基地も機能する保障はないとみている。

　米国防省は、海上基地には通常はヘリコプターとＭＶ22オスプレイが計六六機駐機し、一三〇〇メートルの滑走路が必要としている。ただし気象条件次第では一五〇〇メートルの滑走路が必要になるという。また使用年数四〇年、耐久年数二〇〇年をもつよう設計されるとし、四〇年間の海上基地の維持運営費を総額八〇億ドルと見積もっている。このことから、海上基地の使用開始から半世紀近く海兵隊が居つづける可能性が出てくる。

　海上基地、とくに「移動式浮体工法」による箱船基地建設構想は、「湾岸戦争時、中東諸国が米軍展開に非協力的であったことから、米国防省は米軍の行動の自由を確保するため、洋上基地建設の必要性を認識し検討を開始した」（佐藤守・前南西航空混成団司令『諸君』九八年四月号「沖縄のホンネは『基地存続』」）ことにはじまる。

　日米の大手の鉄鋼、造船、土建、石油、航空機産業などが「特需」となる同構想に群がり、沖縄の業者たち★28も負けじと参入の機会を狙っている。日本企業は落札を期待して巨額の資金を自民党に献金しているが、そんな動きを沖縄世論は苦々しく見守っている。いまや日米の大企業さえも沖縄人の安保反対を逆手にとって、あからさまに甘い利益にありつこうとしている。これでは安保の健全運営政策が国民の信頼を勝ち得るのは難しく、代替基地建設の正当性も薄れ、安保は内側から蝕まれていくだろう。

安保の運営上、現在のような海兵隊の沖縄での大規模駐留は必要ないとの見方は、日米の軍事専門家の間をはじめ、かなりの広がりをみせている。日米両政府は、南北朝鮮首脳会談が実現した後も、その疑問を解くべくじゅうぶんな説明をしていない。この解明を抜きにして、海兵隊の駐留をさらに長引かせる新たな構想が一人歩きするところに、軍事産業の特需や兵器輸出入という利権の臭いが漂いつづける安保体制と安保外交の暗部が象徴されている。

一方、沖縄には沖縄選出の国会議員たちが、基地に反対する多数派意見の真の代表として党派の違いを超えて、基地過重負担の軽減に向け協調するのが求められよう。それなしには「基地問題で沖縄は真剣なのだ」と政府と本土世論を納得させるのは難しい。残念ながら、国会議員たちは本当の意味で真剣ではない。だから沖縄の有権者の半分は基地問題で真剣でなくなっている。

ペルー事件

私は、東京勤務が常態となった九〇年代に入ってからは毎年、数週間から長ければ二カ月ぐらい

★28　法政大教授・金子勝は『世界』〇〇年八月号「切り裂かれる沖縄」で、「国場《こくば》組（沖縄最大の土建会社）は経営が悪化しており、取引銀行の琉球銀行は不良債権を大量に抱え込み、同銀行監査役だった牧野浩隆は稲嶺県政の副知事となっている」と指摘。文脈から、普天間県内移設を主張する必然性が県内土建業界と県政にあることがうかがえる。

外国出張をしてきた。この年は秋が深まってからラテンアメリカを取材旅行したが、ペルーが含まれており、アルベルト・フジモリ大統領と会見した。何度も会見していた人物であり、表情の変化や言葉の言い回しから、本心で何を考えているのかをだいたい判断できる相手である。この日の大統領は疲労の色が濃く、いらだっているように見えた。事実、側近たちの間に対立関係があって、政権にはいつになくすきができているように感じられた。

そのころ（九六年一一月）沖縄を訪れた久間章生防衛庁長官は、海上基地建設地は海兵隊基地キャンプ・シュワブのある名護市辺野古《へのこ》沖が有力と語った。海兵隊の意向が固まり、利権の的も定められたというわけだ。名護の市議会は反対を決議したが、同月再選されたクリントン大統領と橋本首相はマニラで会談し、辺野古沖案推進で一致した。ＳＡＣＯが最終的に同案で合意し、日米政府は一二月承認した。政府の大田知事への執拗な働きかけがはじまった。海上基地建設に不可欠な公用水面使用の認可は知事の権限だからだ。そんなころ、リマの日本大使公邸占拠人質事件が起きた。私がフジモリ大統領と会見してから数週間後のことだった。

私は、この事件の分析に集中したまま、九七年を迎えた。沖縄両紙とも沖縄県系人（沖縄では日系人にならって「県系人」の言葉が用いられる）が多いリマでの大事件とあって、取材に短期間特派員を出していた。琉球新報の山城興勝記者（前文化部長）は取材を終えて元日、成田空港に着いた。私たちは閑散とした東京の街で、何時間もペルー情勢で意見を交換した。橋本政権もペルー事件の「人質状態」になり、沖縄政策の遂行が滞っていた。だが、反戦地主の土地を強制使用するための駐留軍用地特別措置法を手直しする「根回し」だけは怠らなかった。

そうしたさなかに「劇中劇」のように出てきたのが、劣化ウラン弾事件だった。九七年二月、海兵隊のハリアー機が沖縄での演習で劣化ウラン弾を使用していたことが明るみに出て大騒ぎになった。

劣化ウラン弾の衝撃

久米島仲里村に属する米軍・鳥島射爆撃場で九五年末から九六年一月にかけ、通常の射爆撃訓練で禁止されている劣化ウラン弾を含む徹甲焼夷弾《てっこうしょういだん》一五二〇発が発射されていた。この衝撃的な事実は、ワシントンポスト紙の記事で明らかになった。問題は、海兵隊がこの焼夷弾を使う過ちを冒した[★29]こともさることながら、米政府がその事実を日本政府に、九七年一月まで一年間も通報しなかったことと、政府が通報を受けながら、米紙が暴露するまで事実を一カ月近くも国民に隠していたことである。沖縄人は怒り、大田知事は「海兵隊は米国に帰ってほしい。米軍は、沖縄がまだ占領下にあると思っているのではないか」とまで言い、日米両政府に抗議した。

九六年一二月、海兵隊戦闘機が那覇沖の東シナ海に四五〇キロ爆弾を投棄したときも、通報が遅れた。いずれの場合も、いち早く事実を知らなければならない沖縄県民をはじめ国民が、後回しにされた。また、いずれの場合も外務省すなわち日本政府は、米軍に寛大すぎる態度を示し、国民への早急な報告を怠った重大な落ち度に触れないようにした。国民を後回しにする政策は、沖縄が事実上「米軍占領下」あるいは「軍事植民地」状態にあることを想起させる。こうした形容に、政府

★29　日米は「誤射」と発表したが、米軍が放射性の弾薬を間違えることはまずありえず、意図的に射撃訓練で使用したのは疑いない。日本メディアは「誤射」と報じたが、ナイーヴ（愚鈍）すぎる。劣化ウラン弾については二一四頁参照。

は反論できないだろう。［米海軍は青森県三沢市の三沢基地で〇〇年九月、地元自治体の要請に反して艦載機の夜間離着陸訓練（NLP）を強行したが、鈴木重令三沢市長は「米軍は日本を植民地扱いしているのではないか」と市議会で発言した。］

劣化ウラン弾発射と「事実隠し」は、日米安保条約上の「義務」の過重負担を強いられてきた沖縄が、その重すぎる負担の限度をはるかに超えて耐え難い段階に入っていることを、またもや浮き彫りにした。

沖縄に覆いかぶさっている米軍基地問題を軽減するには、知事が願うように、在沖米軍の大部分を占める海兵隊の撤退か大幅削減以外に名案はあるまい。だが海兵隊削減政策は、アジア太平洋地域の集団安保体制に道を開く外交努力、および自衛隊の沖縄展開に一定の歯止めをかける防衛政策を伴わなくてはなるまい。大戦時の体験から「日本軍」に対し特別の感情を抱く地元沖縄とアジア諸国の警戒[★30]への配慮が必要だからだ。

沖縄人の間には、米国が在日米軍はアジア太平洋地域の安全に不可欠だと主張し、同地域諸国がそれに同意するからには、日本はその安全負担を安保条約で押しつけられるままになっているのではなく、域内各国に経費と基地を分担させる方向で関係諸国と交渉すべきではないか、と指摘する声もある。

安保条約をめぐり米日両国は依然主従関係にある。この関係をすべてに優先させる政府、とりわけ外務省が、国連安保理常任理事国に日本を加えてほしいと運動しても、国際社会、とくに中露などの現常任理事国が本心から取り合わないのも不思議はない。政府が本気で常任理事国になりたいのならば、最低限、アジア太平洋地域での集団安保体制構築の牽引車の役割を果たすような際立った外交上の業績を挙げるのが先決だというのが大方の意見だ。これができないようでは、それこそ「劣化外交」のそしりは免れまい。

科学技術庁は九七年から鳥島周辺海域で、劣化ウラン弾による放射能の影響を調査していたが、〇〇年四月、環境や人体への影響はないとして、調査を中止した。だが鳥島に近い久米島では調査をつづけ、鳥島で調査している米軍には、調査継続を求めるとのことだ。だが米軍の劣化ウラン弾の回収はあまり進んでいない。同じ四月ユーゴスラヴィア政府は、NATOが九九年の空爆でコソヴォ西部のアルバニア国境地帯を中心に劣化ウラン弾五万発を発射したと明らかにした。NATO軍のバルカン帰還兵に癌や白血病の発生が顕著になり、「バルカン症候群」として〇一年一月大問題となった。米英軍は、劣化ウラン弾の危険性を否定する一方で、弾芯《だんしん》を劣化ウランからタングステンに切り替える作業に入った、とする情報がある。

米軍当局は〇〇年五月、記者団に嘉手納弾薬庫を公開し、そこに保管されている弾薬類のなかに朝鮮半島や中東★31での使用に備えた劣化ウラン弾も含まれていると明らかにした。米国大使館は鳥島での劣化ウラン弾使用が暴露された後、海兵隊用の劣化ウラン弾はすべて日本の国外に運び出した

★30　自衛隊が安保の下で米軍の補完的立場にあるかぎりにおいて、自衛隊の合同演習参加や国連平和維持活動（PKO）が許容されている。瓶の蓋論がここにも適用されている。朝日新聞〇〇年九月二二日夕刊によると、森首相は同日東京でのコーエン国防長官との会談中、「在日米軍は周辺諸国にとって（日本の軍事大国化に対する不安を抑える）安心材料になっている」と述べ、瓶の蓋効果を認めた。

★31　湾岸戦争時、米英両軍はイラク軍に対し、合計九五万発の各種劣化ウラン弾を使用した。

と発表した。それが事実ならば、嘉手納弾薬庫の保管分は空軍機や海軍艦載機のためのものということになる。

後日談もある。同じ五月末、西原町の鉄屑業者が、ドラム缶一個に入った劣化ウラン弾の薬莢《やっきょう》約五〇〇発分を保管していた事実に気づいた。科学技術庁は調査して放射能汚染の危険はないと判断し、薬莢は出所であるキャンプ・キンザー内の軍事物資再利用払い下げ事務所（DRMO）の沖縄支所に突き返された。河野外相は〇〇年八月、照屋寛徳参院議員の質問に答えて、この薬莢は鳥島で九五年一二月発射された弾のものという米軍側の調査結果を明らかにした。

特措法手直し

ペルーの大使公邸事件は四月、特殊部隊の突入で流血の決着をみた[★32]。この事件を追う私の仕事も一段落したのだが、それも束の間、五月から六月にかけて一カ月ラテンアメリカに取材出張しなければならなかった。沖縄では四月、駐留軍用地特別措置法（特措法）の手直しが国会で成立し、五月には復帰二五周年が来た。

特措法には歴史がある。日米政府は表向きは「核抜き・本土並み」、裏取引では「核持ち込み自由・米軍基地の沖縄集中」で、沖縄復帰[★33]を七二年に実現させた。政府は復帰と同時に、所有地の軍用使用を拒否する反戦地主の抵抗を抑え込むため、沖縄公用地暫定使用法（公用地法）を施行した。これは五年間の時限立法であったため、七七年の期限切れの前に、沖縄地籍明確化特別措置法（地籍法）を立法しなければならなかった。だが保革伯仲国会のため同法は五月一五日になっても成立せず、公用地法失効後、地籍法成立までの四日間、反戦地主を抑え込む法はなく、「安保空白の四日間」が生じた。この事態は日米安保体制を根底から揺さぶり、両国政府を驚愕させた。

八二年には駐留軍用地特別措置法（特措法）が登場し、これが九七年までつづいた。だが、その間、土地強制使用期間が切れた知花昌一のような反戦地主が土地返還を求め、再強制使用をはねつけ、大田知事も強制使用手続きのための代理署名を拒否した。

政府は、反戦地主や革新知事の抵抗を押し潰すため、九七年四月一七日、使用期限が切れた後も反戦地主の土地を使用できるように特措法を手直ししたのだ。政府が長年狙っていた強硬措置だった。沖縄大教授新崎盛暉（現・学長）は「日本の権力者は私有財産制を否定するような法改正に追い込まれた」と論評した。だが手直しの五日後、ペルーの日本大使公邸占拠事件の武力決着があって、世論の関心はペルーに集中し、沖縄差別の法改悪は大多数の日本人の視界から消えてしまった。

大田知事は、前年秋の代理署名受諾という「貸し」を、最大限に裏切られる形となった。結果論だが、代理署名拒否を貫いて総選挙と出直し知事選に突入する選択が正しかったのかもしれない。政府は、受諾した大田県政を「弱腰」だとみて、特措法改悪に踏み切ったと言えなくもない。

特措法手直しは沖縄にとって、地方自治の牙を抜く法改悪にほかならない。国会は、与野党の圧倒的多数の賛成で新たな沖縄差別法を可決したのだ。沖縄人は、「本土はいざとなったら沖縄に諸

★32　人質一人と特殊部隊二人が死亡、ゲリラ一四人が殺害された。この作戦を練ったフジモリ大統領の腹心ブラディミロ・モンテシノス国家情報部顧問によるコロンビア・ゲリラへの武器密売、国会議員買収などの不正が〇〇年八～九月暴露され、大統領は同月顧問を解任し自らも東京滞在中の一一月辞任したが、議会は辞任を認めず罷免した。
★33　復帰交渉の真相は、三木健（現琉球新報常務）『沖縄返還交渉』（〇〇年日本経済評論社）、我部政明『沖縄返還とは何だったのか』（同NHKブックス）に詳しい。

悪を押しつけ沖縄を犠牲にする」との思いを強くし、あらためて本土との遠い距離と深い溝を思い知らされたのである。ただし、沖縄選出の嘉数知賢・下地幹郎（自民）、仲村正治（新進・現自民）の三人は改悪に賛成した。このことを記憶しておくべきだろう。[★34]

特措法は九九年七月、どさくさに紛れて成立した地方分権整備法の一部としてさらに改定された。代理署名・公告縦覧の手続きは政府権限となり、政府は形式的な手続きを一方的にするだけで、反戦地主の土地を難なく強制使用できるようになった。象の檻闘争の知花昌一はその後、読谷村議になった。象の檻は金武町への移転が決まった。だが移転は進まず、知花の土地は〇一年に強制使用期限が切れてしまう。そこで政府（那覇防衛施設局）は〇〇年四月、牧港補給地区（浦添市）の反戦地主で浦添市職労委員長の古波蔵《こはぐら》豊の土地とともに、知花の土地を強制使用する手続きに入った。森喜朗首相は六月、特措法改定後初めての措置として知花の土地の強制使用を認定し、八月代理署名が行われた。那覇防衛施設局は〇〇年九月知花私有地と古波蔵私有地の強制使用期限をそれぞれ〇五年五月、一一年三月とする裁決を県収用委員会に申請した。知花と古波蔵は同月、首相の強制使用認定を違憲とし認定取り消しを求めて那覇地裁に提訴した。

市民投票決まる

普天間代替基地を名護市辺野古沖に建設する案が政府側から出されたのは九六年一一月のことだが、政府はこの案を既成事実化するための圧力を沖縄にかけつづけた。名護市は議会と市長が反対を公式に打ち出していたが、財界とりわけ土建業界の圧力もあって意思はぐらついていた。反対派の住民は九七年六月、市民投票実施に向けて推進協議会をつくり運動を開始した。運動のなかから宮城康博（現名護市議）ら若手指導者が育っていく。

米軍の意向を受けて辺野古沖案に固執する政府は、大田知事に辺野古沖の海域での地質掘削調査の許可を求めていた。知事は八月、海上基地建設を前提にしないという条件を付けて、これを認めた。知事としては、譲歩すべきはして経済援助を獲得するという戦術だったのだが、それが綱渡りのような危うさを伴っていたのはわかりきったことだった。政府が海上基地建設を想定せずにこの海域で調査をすることなど、ありえなかったからだ。

名護市は住民の反対と政府や業界の圧力の板挟みになって、苦悩した。市議会は一〇月初め、海上基地建設の是非を問うのに、通常の賛否の二者択一ではなく、経済的見返りへの期待の有無に基づく消極的な賛否の設問を加えた四者択一（通称「四択」）という狡猾なからくりをしつらえた市の案に基づいて、市民投票の実施を決めた。このからくりを作ったのが、比嘉市長腹心の助役・岸本建男だった。国場組を旗頭とする県内の土建業界にとっては、海上基地建設は不景気を吹き飛ばす、またとない大仕事となる。業界は政府と組んで、異例かつ異常な集票作戦を開始した。

副知事解任

同じ一〇月、県議会で異変が起きた。議会は、那覇軍港[★35]を浦添に移転させる案を是とした吉元副

★34　沖縄選出の国会議員は〇一年初頭現在、衆院はこの三人のほか白保台一（公明）、赤嶺政賢（共産）、東門美津子（社民）。参院は照屋寛徳（社民・護憲）、島袋宗康（社大）。仲村は〇〇年一二月、沖縄開発庁政務次官に就任。

知事の再任を拒否したのである。

このころ私は宮古上布の企画記事を書くため宮古島に滞在していたのだが、それが終わってから那覇や辺野古を訪ねた。副知事の再任案を否決した「小型クーデター」の衝撃は、重苦しく大田県政にのしかかっていた。吉元は対政府交渉で太いパイプを持つ実力者として、是非が問われている海上基地建設、自由貿易地域設置問題など山積する重要課題に取り組んでいた。その吉元が県首脳の座から外れたことで、県政の停滞を懸念する声が広がっていた。

だが県政に不可欠な人材である吉元の解任劇がなぜ起きたのか。県議たちの間では、吉元の県政運営上の手法に対し「議会軽視」「独断的」「政府との絆が強すぎる」と批判が出ていた。吉元は第一義的には、批判に耳を傾けなかったため与党議員らの造反を招き、再任を拒否された。だが根底には、もっと深い理由があったと言わなければならない。

吉元への批判は、日米安保条約の運用面を拡大する新ガイドラインの取り決めで「国会軽視」「独断的」「米政府の言いなりになりすぎる」など、政府の手法に対し国民が浴びせた批判とそっくりだった。このことは、国防という最重要課題が事実上、民意不在のまま日米間で決められていることに対する懸念と同質の憂慮が、沖縄人の間に広がっていることを示唆した。名護市民が市民投票実施に動いたのも、そんな憂慮の表れだったろう。

大田知事に県政を託した県民の間には、大田・吉元の「二人三脚」は、反戦地主所有の軍用地の公告・縦覧代行受諾（九六年九月）以降、変質したとの見方が少なからずあった。大田県政は、県内の軍事基地を二〇一五年までに段階的になくしていく、安保体制の地域的解消策とも呼ぶべき行動計画を策定して評価された。だが政府との交渉で実利的になりすぎて、結果的に安保を暗に支える立場に陥ったとの厳しい見方さえあった。

吉元が臨時議会での「敗者復活戦」に勝って副知事に復帰する可能性は残されてはいたが、別の人物が登用されるにしても、行動計画の精神に沿って基地解消の基本的立場を明確にすべきだと望む声が少なからずあった。吉元の支持者は、「安保体制は中・長期的には縮小されるべきであり、沖縄駐留米軍の大勢を占め基地問題の最大の原因になっている海兵隊の規模も縮小されなければならない」という大田県政の基本理念を踏まえ、政府と異なる安保観を再確認すべきだ、という立場をとっていた。

何人かの与党県議の造反は、党利党略や個人的利害に基づく部分があったとしても、世論の一部を反映する行動であるのは事実であり、吉元も、彼を手放したくない大田知事も、理念とともに真の県益とは何かを確認する必要に迫られていた。一方、吉元再任に反対した自民党県議たちは、新ガイドライン取り決めで批判された政府の与党であるがゆえに、吉元が受けたのと同種の批判にさらされていたことを自覚すべき立場にあった。

那覇に行くたびに会う友人のなかに、沖縄タイムスの大山哲専務がいる。重役になってからも新聞記事の切り抜きをやめず、敏腕記者だった県政・県議会担当キャップ時代の面影を残していて、

★35　那覇港にある米軍港。七四年に移設条件付きで返還が決定。九五年浦添市牧港補給地区周辺への移転など具体的条件を伴っての返還が決まったが、移設できず依然動いていない。九九年三月、革新の宮城健一浦添市長は政府による民間港湾整備を条件に軍港機能の一部受け入れを決めたが、〇一年二月の市長選出馬を前に革新与党の受け入れ撤回要求に応じて〇〇年一〇月、撤回した。市長選では自公路線の儀間光男が当選、移転構想が動きだした。

県政の状況をいつも簡潔に解説してくれる。

「大田知事は吉元副知事に引きづられ、いつしか両者の間には隔たりが生じていたんですね。大田の基地縮小政策は面積縮小論が基盤で、在来基地内への統合ならば良しとします。ところがSACOは普天間の代替基地を要求したので、最初から問題でした。那覇軍港を浦添に移すのを良しとすれば、普天間の辺野古沖移設も良しとしなければつじつまが合いません。これが吉元の失敗でした。浦添には革新市長がおり、共産党の突き上げもあって、軍港の浦添移転をうたった吉元案は頓挫し、本人も下野せざるを得なくなりました」

「那覇軍港は、沖縄の表玄関に居座っています。ちょうど東京湾の入り口に横須賀基地があるのに似ています。これではいけないと軍港を動かしたかったのでしょうが、大田は盛んに口にする行政の難しさという事態に直面したわけです。一方、政府は名護を沖縄地方部開発のモデル地区化しようと考えていて、これと絡めて海上基地建設を図る作戦です」

吉元副知事は、政府官僚と対等に渡り合える神出鬼没の野心的な実務家で、いつも先のことを考えており、なかなかの策士だった。どっしりとした不動の信念といったものは感じられなかったが、重い信念は、行動的な実務派の脚力をかえって鈍らせるのかもしれない。だが、吉元が沖縄のために激務をこなしていたのは確かだった。しかし吉元は有能だったがゆえに、敵も少なくなかった。名護市民投票の翌日、県議会でまたも再任を拒否され副知事を辞めることになった。大番頭・吉元の失脚は、大田にとって大きな痛手だった。県政の先行きに、暗雲がたちこめた。

大田知事は九八年一月、読谷村長を長らく務めた山内徳信を出納長に据えた。もう一人の有能な策士山内は吉元に代わる基地問題と対政府交渉のブレーンで、健康上の問題がなければ将来的に大田の後継知事候補にもなりうる人物と目されていた。

九七年一一月、普天間基地のある宜野湾市で政府主催の半年遅れの沖縄復帰二五周年記念式典があり、出席した橋本首相は、普天間代替基地を海上基地にするのは現実的な選択だと言い、一カ月後に迫っていた名護市民投票の海上基地反対派を牽制した。政府が打ち出したのは、米軍の意向を外務省が確認して橋本に伝えていた案で、キャンプ・シュワブ沖に長さ一五〇〇メートル、幅六〇〇メートルの海上基地を建設する計画だった。記念式典は、政府がかけた重圧によって盛り上がりに欠け、空々しく終わった。

6 市民投票と暗転

俎上の安保

市民投票を控え、名護市民は賛否両派に割れて激しい集票活動をつづけた。政府は那覇防衛施設局職員や自衛隊員をも動員し、財界は土建業界を中心に動いた。橋本首相は、海上基地建設を「日米安保条約上の義務遂行」だと明言していた。市民投票という俎上に載せられたのは、政府にとっては、利権問題を別にすれば、安保体制を円滑に運営できるかどうかという大問題だった。一地方都市である名護の住民は、安保をめぐる政治的判断をも迫られていた。

首相は、沖縄に在日米軍基地の多くが集中する「安保の過重負担」に触れ、これを軽減せねばならないと再三口にしていた。それならばなぜ、普天間代替基地を県外に建設する方策が取れなかったのか。沖縄人は、この点に強い疑念と不満を抱いている。

大田知事は東京で首相と会談した後、海上基地問題について「現実的な対応を考えないと問題は前に進まない」と述べて物議をかもしていた。だが真に現実的であるということは、守旧に陥りがちな現状維持でなく、現実を直視し可変要素を見いだし、理想に向けて現在の状況を変化させていくことだろう。もとをただせば、政府が沖縄復帰交渉の過程で沖縄の安保体制組み込みに関して真に現実的でなかったのが、過重負担の原因である。これは多くの日米関係専門の学者らが指摘するところだ。

東西冷戦が終結したにもかかわらず、安保体制は縮小するどころか、新たな名分の下で強化されている。米政府に対し、思いやり予算を振る舞うだけで、在日米軍の基地と兵力の縮小という、まさに現実的な外交交渉を真剣に仕掛けてこなかった付けが回ってきたのであり、政府の責任は重大だ。このような根本的な責任を棚上げして政府は「安保義務遂行」を至上命令とし、新たな自由貿易地域の設定や、名護市など本島北部地域の開発という人参をかざして沖縄を懐柔し、賛成派を増やそうと躍起になっていた。

賛成派が勝てば、名護市民の多数派が、海上基地という新規の米軍基地の導入を決めることになる。それは沖縄が敗戦後半世紀あまりつづけてきた反戦平和・反基地闘争が、県民意思で挫折することを意味する。名護市民の選択には、沖縄のアイデンティティーがかかっていた。逆に見れば、政府は海上基地建設を通じて、沖縄の闘争を決定的に弱体化させるための確固たる橋頭保を築くという勝負に出たということだ。

賛成派の名護市民は、基地建設の見返りとしての経済振興に過度の期待を抱いていた。辺野古一帯には、沖縄の最大の天然資源である海の保全問題がかかっている。ジュゴンも棲息する大切な海の一部を犠牲にして経済利益を求めるのだとすれば、将来に禍根を残すことになる。

政府が大規模な海兵隊の海上航空基地を「海上ヘリポート」と矮小化《わいしょうか》して呼んでいるのも問題だった。俗に言われている垂直に離着陸するヘリコプター六〇機のための基地ならば、一三〇〇メートルの滑走路をもつ長さ一五〇〇メートル、幅六〇〇メートルの海上基地などは不要である。公表された政府基本案は、航空機の運用について「米側と詳細な調整をする必要がある」と記している。このことは一般的な軍用ヘリコプター以外の機種（MV22オスプレイ）や、他の軍用機が離着陸する可能性を示唆している。

「ミサゴ」という怪物

当時すでに、海上基地に配備されるのがV22オスプレイ（海兵隊機はMV22）だと大田県政やプレスや土建業界は知っていた。政府は、この高性能最新型のヘリコプターの配備を隠し、暴露された後も海上基地を「海上ヘリポート」と矮小化して呼びつづけている。普天間返還と代替海上新基地建設の中心的理由の一つは、V22機配備のためである。

V22は、オスプレイ（ミサゴ＝海岸の岩場に生息し魚を捕獲して食べる猛禽類の鳥）の愛称とは裏腹に、最新式の水陸両作戦支援・輸送用ヘリコプターだ。固定翼のハリアー戦闘爆撃機がヘリコプターの垂直離着陸機能を兼ねているのと逆に、回転翼機（ヘリコプター）ながら固定翼機の機能を兼ねる。固定式の両翼の先端に噴射推進式のターボエンジンを覆うナセル（エンジン覆い）があり、ナセルの上部に回転翼がある。回転翼は傾斜式で、水平飛行時には九〇度下がって固定翼機のプロペラの働きをする。垂直に離陸してから水平飛行に移るときは、回転翼を徐々に傾斜させ速度と高度を上げていく。水平飛行から高度を下げ速度を落としながら着陸態勢に入るときは、回転翼を徐々に上げていき、着陸地点上空で九〇度に上げ垂直に着地する。

回転翼が九〇度まで傾斜するのが可能なことから、V22は傾斜式回転翼（ティルトローター）機と呼ばれる。米軍は早くから開発をはじめ、一九七七年にV22とは別のヘリコプターをまず完成させた。米海軍は八三年にV22の開発計画に着手、八五年にオスプレイのニックネームが付いた。八八年にはボーイング、ベル・ヘリコプター両社が合同で開発した最初の一機が公開された。だが八九年、当時のブッシュ政権が調達用予算を削り、生産は停滞する。九一年と九二年（海兵隊員七人死亡）に試験飛行で墜落事故が起きた。

しかし予算はクリントン政権下の九四年末に復活[★36]、九五年には国防省の買い付けが決まり、V22はパリ航空ショーに登場した。米側資料によると、このころまでに、日本は計四機の購入を決めている。遅くともこのころには、沖縄へのV22配備の方針は決まっていたはずだ。

その年九月、沖縄で少女暴行事件が発生して反基地感情が本土にまで拡大し、クリントン大統領は訪日を中止する。年末には、沖縄の米軍基地の整理縮小を決めるSACOの初会合が開かれた。

★36　クリントンは九二年の大統領選出馬に際し、徴兵忌避、ヴェトナム反戦デモ参加などの不利な経歴が暴露されたが、これを逆手に取るかのように大統領就任後は軍部との関係強化に努めた。

九六年四月、橋本首相は普天間基地の五年ないし七年以内の返還で日米合意が成立したと発表した。その「五年」後とは、海兵隊がＶ22の本格的な配備を開始する予定だった〇一年と一致する。合意発表の数日後、東京で日米首脳会談があり、両政府は安保体制を拡大強化する「日米防衛協力指針」（ガイドライン）見直しに本格的に動く。

普天間基地は当初、米空軍嘉手納基地に統合される案が有力と見られたが、ＳＡＣＯは海上基地建設で合意する。米軍にとって、「新しい酒（Ｖ22）は新しい革袋（代替基地）に」という思惑通りになるわけだ。橋本首相は、ある時突然、普天間基地は危険だと言いだした。だれでもわかっていた当たり前の事実をとってつけたように言いはじめたのは、安全性が万全でないＶ22が普天間に配備されるとすれば極めて危険になるから代替基地が必要なのだ、という意味を含ませていたに違いない。

普天間返還・移設問題はガイドライン見直し交渉と同時期に進行し、米側は結局、Ｖ22配備による基地機能強化につながる普天間県内移設とガイドライン関連法という二つの大成果をせしめることになった。

海上基地建設には一兆円かかる場合もあるとされるが、そのうちどれだけが沖縄に落ちるのかは定かでなく、沖縄は、政府から本島北部への一〇年分の開発資金計一〇〇〇億円投下の約束以上に具体的に得たものはなかった。この金額は、思いやり予算（七八年開始）の二〇〇〇年度分である二七五五億円[★37]と比べれば、あまりにも少ない金額だ。

海兵隊はＭＶ22を最低三六〇機導入する計画で、二〇一三年までに一二機編成の中隊一八個、同予備四個を編成する。その中から三個中隊計三六機を〇六年ごろから沖縄に段階的に配備していく方針だ。空軍は特殊作戦用にCV22型五〇機、海軍はHV22型四八機の配備を決めており、陸軍も導入計画を進めている。CV22型機が嘉手納基地に将来配備されることになれば、沖縄の人々は普天間、嘉手納両基地を統合できなかったことを一層悔やむことになるだろう。

V22の輸出価格は未定だが、最低一機五〇〇〇万ドル（五三億円）前後になると予測されている。乗員は操縦士ら三人。キャビンには通常の上陸作戦の場合、完全武装の兵士二四人、射手二人、負傷者用の担架・医薬品などを積載。小型の攻撃用装甲車を載せることもある。

機体は長さ一七・四七メートル、両翼幅一五・五二メートル、高さ五・三八メートル。回転翼の直径一一・六一メートル。重量一万五〇〇〇キロ、通常作戦重量二万一五〇〇キロ。空母などに格納する場合、両固定翼は九〇度回転して胴体の上に重なり、両回転翼のそれぞれ三葉ずつの翼は重なる仕組み。最高時速五六五キロ。最高高度八〇〇〇メートル、空中停止最高高度四三〇〇メートル。上陸作戦航続距離九五〇キロ。日本政府・防衛庁も米国内でオスプレイ開発に関与している、という情報がある。

★37　米軍住宅・隊舎など提供施設整備費、基地内日本人従業員の基本給・手当てなどの労務費、光熱水料、訓練移転費の合計。うち労務費（レジャー施設従業員分も含む）、光熱水料費など一五〇〇億円は原則的に五年ごとに改定される特別協定の対象。これ以外に政府は「米軍受け入れ国支援」として軍用地主への地代、基地周辺整備費、補償費など計四六五〇億円を支出する。〇〇年度の場合、在日米軍駐留経費は総額七四〇五億円となる。米兵一人当たりの駐在費は年間一一〇〇万円強で、自衛隊員の一〇六〇万円強を上回る。

だが〇〇年四月、米アリゾナ州の空港で人質救出作戦の演習中にMV22一機が垂直着陸態勢に入ってから墜落し、機内にいた海兵隊員一九人全員が死亡した。海兵隊は訓練飛行のため保有する残る一二機の同型機の飛行を一時中止した。最悪の事故発生で、V22型機の本格的な生産と実戦配備計画は二年ないし四年ぐらい遅れるとの見方が出ている。当の国防省にオスプレイ配備への反対論が根強い、という不可解な事実もある。オスプレイはさらに〇〇年一二月、夜間飛行訓練中に墜落し、海兵隊員四人が死亡した。米軍がオスプレス配備計画を見直す可能性もある。

基地で割れる海

辺野古と名護市全体の世論は、市民投票をめぐって賛否真っ二つに割れていた。建設候補地に近い海岸には、建設反対派の「命を守る会」の闘争小屋がある。「学生時代に普天間に住んで爆音をはじめ基地被害を体験しました。あの恐るべき基地機能を辺野古の海に移すのは絶対に許しません。環境アセスメントをまったくせずに掘削に着手するなど、政府の強引なやり方にすでに問題が表れています」。小屋に詰めていた島袋等は、体験を基に問題点を列挙する。

「海上基地は固定空母に等しい。爆音という生き地獄も固定されます。賛成派の意志が通れば基地を誘致することになり、被害に文句を言えなくなるでしょう」。こう語るのは、嘉陽宗義だ。「基地建設による環境破壊は、黒潮を伝わって本土に自然破壊の害悪について考えるよう迫るでしょう。しかし破壊してから反省しても遅いのですよ」

一方、埋め立て工事を主張する土建会社などの組織「辺野古活性化促進協議会」は辺野古の街中《まちなか》に本部を置いている。「辺野古の将来、私たちの老後と子供たちのための経済基盤を一気に整える好機です。過疎と経済停滞に苦しむ山原に発展への玄関口ができるのです」。奄美出身の徳田仁は、海上基地建設を前提にした辺野古一帯の開発の未来図を示しながら、力説する。

だが、この未来図では海上基地が極端に小さく描かれているうえ「多目的海洋センター」と名付けられ、漁業振興施設と航空基地として軍民共用とする構想となっている。海岸埋め立てによるテーマパーク建設、企業・学校誘致、宅地造成なども盛り込まれている。一見して開発主義に立つものであり、企業の関心を代弁しているのがわかる。

辺野古には歓楽街がある。朝鮮戦争後の五六年、地元民の誘致によって建設されたキャンプ・シュワブとともに生まれて栄え、好景気はヴェトナム戦争後までつづいた。だが近隣の金武町の歓楽街と同様、閑古鳥が鳴いて久しい。漁業以外に頼れる産業がなくなった辺野古は、そこを見透かされたかのように、基地建設問題で翻弄されている。

「基地無くして沖縄は食えないというのは迷信ですが、沖縄は復帰二五年を経て他力本願になっています。自力更生の精神を確立し、誇りを回復せねば」。琉球新報の高嶺朝一論説委員（その後、〇一年三月まで編集局長）は指摘する。「沖縄を軍事上の『要石』にしているのは日米戦略です。沖縄を自由と平和経済の要石にしなければ」。これは沖縄タイムスの長元朝浩学芸部長（現論説委員）の意見だ。

裏切られた民意

四者択一という変則的な市民投票は九七年一二月二一日に実施された。結果は海上基地建設反対派が得票率五三％で、賛成派に二三〇〇票あまりの差をつけて明確に勝利した。投票結果を認めずに冷笑したり結果を覆すような発言をする政府・自民党高官の傲慢な態度とは裏腹に、驚愕した「沖縄問題担当の高官らは二二日首相官邸で会合し、大田知事に海上基地建設を拒否させないようにするため代替基地使用期限を基地返還行動計画に沿う形で二〇一五年とする案を策定したが、官邸と大田知事をつないでいた吉元副知事が同じ日に県議会の議決で解任されたことがひびいて同案は知事に伝わらなかった」（〇〇年一一月一七日琉球新報「移設先決定から1年」）。

ところが状況は予期せぬ展開を見せた。一二日後の二四日、比嘉鉄也名護市長は東京で橋本首相と会談し、海上基地受け入れを表明、直後に市長を辞任してしまった。比嘉は、政府と地元土建業者らからの強大な圧力に屈し、名護市の赤字財政の立て直しを含む政府開発援助と引き替えに、市民投票の結果を踏みにじったわけだ。市長は、民意を政府に売り渡した。日本民主主義の低すぎる水準を内外に知らしめた悲しく野蛮な行為だった。比嘉はその後、名護の普天間移設促進・北部振興運動の代表格となった。

住民投票は法的拘束力はもたないが、民主主義を国民生活に最も密着した形で支える制度だ。そこで示された意思に反する決定を首長が下すのは、民主主義の否定にほかならない。市長は民意を裏切ったが、基地建設が予定される公有水面の使用の認可権は知事にある。投票で鮮明になった多数派意思を生かすか殺すかは、いまや大田知事の決断にかかっていた。「開発問題と絡む基地建設の是非」でなく、「傷ついた民主主義に息を吹き返させるか否か」のどちらに知事が権限を行使するかの問題になっていた。

投票結果は、市長によって踏みにじられる前から橋本首相らから冷たく扱われていた。首相は結果判明の直後、「賛成票が予想より多かった」と述べ、久間防衛庁長官は「反対派は有権者の過半数ではない」と発言した。その過半数に賛成票が一層及ばないのを忘れたかのようだった。自民党幹事長代理の野中広務（前幹事長）は「勝利と言ってよい」と、結果を否定するに等しい言葉を放った。

極めつけは比嘉市長で、これほど重大な決定をした直後に辞意を表明し、自治体首長としての責任を投げ捨て、「食い逃げ」と非難された。政府・与党首脳と市長に共通するのは民意の蹂躙、すなわち民主主義の否定だ。多数派意思を自陣に都合が悪いからといって、いとも簡単に否定し去るのは許されまい。許されるとすれば、首相が頼りにする賛成派の意思も否定されてしまう。なりふり構わない民意蹂躙は、投票が白昼夢だったかのような錯覚さえ起こさせた。

民意軽視は、政府が日米安保条約を通じて、いかに米国の意思を偏重しているかを対照的に浮き彫りにした。米国の元高官は「日本は事実上の保護国だ」と言っていた。首相はまた、沖縄人が望む「危険な」普天間基地返還のため海上基地建設が不可欠だと強調していた。これは論理のすり替えだろう。普天間基地を含め沖縄と本土の米軍基地をできるだけ多く早くなくしたいというのは、県民の願いだ。このことを知るのに、米軍演習や爆音被害に対し本土各地で住民が示してきた強い不満を想起するだけでじゅうぶんだろう。敗戦から半世紀以上もたつ今日、米軍基地が依然多すぎるのは、だれもが指摘するように政府の対米外交の怠慢と弱腰の結果にほかならない。

一方、大田知事は、九六年九月の県民投票で示された多数派の真意に反して、代理署名に応じた「前歴」がある。だから政府には、条件次第では知事は市民投票に反する決定をするのではないか

海上基地賛成派の大看板。海上基地が極端に小さく描かれている。

海上基地反対派の闘争小屋と、街角に立つ看板（辺野古）。

という期待が強かった。だが新たに多数派意思に反する決断をすれば、民主主義を痛めつけるばかりか、海面の事実上の強制使用による新基地建設を認めることになる。そうなれば、大田「革新」県政の存在理由は完全に失われる。

沖縄戦時、鉄血勤皇師範隊員として生死の境をさまよった知事が、政治生命をかけて民主主義を擁護する決断をなすことができるか。内外の目は注目していた。沖縄人の識者たちは、知事が筋を通してから基地縮小に取り組んでも遅くはない、とみていた。

知事は上京し、比嘉市長と会った直後の橋本首相と会談した。一七回目の会談だったが、物別れに終わって、二人の会談は途絶えた。

7　名護市長選で政府勝利

九八年が明けた。比嘉辞任に伴う名護市長選挙は二月八日に予定されていた。革新は玉城義和県議、保守は比嘉にかわいがられた岸本建男助役の、一騎打ちだった。革新は、大田知事が早急に海上基地反対を打ち出してほしいと願っていた。

名護出身の玉城は、東京で学生生活を送ってから一三年間、総評本部に勤め、国民運動部長、護憲連合事務局次長などを務めた。その間、沖縄への国鉄導入計画策定に関わった。九〇年知事選で大田昌秀陣営の組織部長、遊説部長となって、大田当選に貢献した。九二年から県議を務めているが、少女事件後の10・21県民総決起大会では大会事務局長として県内の全政党をはじめ約四〇〇の団体を組織して、大会を成功に導いた。行動的で、活動家であることを誇りとし、歯切れ良く持論を語る。岸本が「静」ならば、玉城は「動」だ。

だが大田知事は迷いつづけた。県民投票後の公告・縦覧代行受諾にはるかに勝る重大な決断をしなければならなかったからだ。大田の政治生命をかけた苦悩がつづいた。政府も沖縄財界も、海上基地建設を受け入れてくれるならば大田三選を支持するとひそかに伝えていた。大田は県民世論と政府圧力に挟まれて苦しんだ。だが一月下旬、ついに拒否する意向を示唆した。四〇日も迷いつづけての遅すぎた決断が、三選に不可欠な求心力を一層拡散させた。大田の政治生命はこのとき断ち切られたと、後に解釈された。だが操はかろうじて全うすることができた。大田は「政治家である前に、沖縄戦を生き延びた人間として判断した」(大田昌秀『沖縄の決断』〇〇年、朝日新聞社)と述懐した。

三選への踏み絵

大田知事は、海上基地建設に反対する意思をようやく示唆した。それまで賛否の態度をあいまいにしていたのは、基地を拒否して政府と対決する厳しい道に踏み込むか、それとも基地を受け入れて巨額の経済援助と三選にありつくという知事にとって屈辱的な妥協の道に進むか。この二本の道の分岐点に立たされて、迷いに迷っていたからだろう。

反対を示唆したのは、いくつかの重要な決断をしたからに違いない。その第一は、次回知事選に、三選を目指して出馬する可能性を有権者に示したことだ。知事の支持基盤は、沖縄のアイデンティティーの柱である反基地・平和思想を大切にする幅広い有権者層だった。この支持層の突き上げで知事は、海上基地建設反対という「踏み絵」を踏まざるをえなかった。だがそれによって三選出馬への道は開けた。沖縄戦で死線をさまよい、戦後、平和主義の学者として大成した知事としては、個人、学者の両面でも自らの在り方を全うできることになるのだった。

第二は、橋本政権を見限ったということではなかっただろうか。政権の行方は、だれの目にも極めて厳しいと映っていた。普天間代替基地建設を呑んで政権に花を持たせても、九六年の代理署名受諾がそうだったように、橋本首相に一時的に得点を稼がせるだけでしかなかったからだ。

第三は、事大主義を排すということ。比嘉市長は、多数意思に逆らってまで基地建設受け入れを表明したのは「国益は県益で、県益は市町村の利益」との立場から「政治家として決断した」と述べた。国益、県益、名護の「市益」を単純に直結させたのは短絡過ぎて論外だが、自らを政治家と位置づけた点も認識不足だっただろう。名護市民が望んでいたのは、事大主義の「政治家」でなく、市民の意思を尊重する市長だったからだ。

事大主義に立つ誤った論法は政府・自民党にもみられた。久間防衛庁長官が、海上基地建設の最終的判断をするのは県だと語ったのはいい。だが大田知事が建設反対の意向を示唆するや、長官に従うはずの同庁幹部は、「安全保障にかかわる問題であり決定権は国にある」と主張した。また前官房長官の梶山静六代議士も「最終判断は国がすべきだ」と発言した。これらの発言は、知事がもつ、基地建設予定海域の公有水面使用を許可する権限の否定につながる。換言すれば民主制度を踏みにじる危険な考え方だ。地方自治の精神や住民意思に配慮せず、国や軍事を安易に持ち出して憲法よりも安保を優先させる対米事大主義を振りかざすことほど、真の政治から遠いことはない。

知事の決断の第四は、沖縄の最大の天然資源である海をこれ以上破壊したくないということだと見受けられた。これは、復帰前に金武湾の浅瀬を埋め立て造られ、生態系に悪影響を及ぼしつづけている海中道路の建設に似た愚行は繰り返してはならない、という教訓に立っている。

分断統治

公有水面使用による海上基地の建設認可を拒否する県と、建設したい政府の対立は、知事の拒否で鋭くなった。名護市では、市民投票につづき有権者が賛否両派に分かれ、市長選に向けて激しい集票合戦を展開していた。これら二つの構図から読み取れたのは、分断統治という伝統的な強者の手法だった。

政府と県の対立で得をする強者は米国、また名護市民同士の対立を利用して政策を押し通そうと図る強者は日本政府にほかならない。「世界の一国覇権」を維持したい米国にとって日米安保には、沖縄をはじめ日本国内の米軍基地の安定使用を基盤とする世界戦略継続という国益がかかっている。

沖縄人は、もし県と政府が一致して在日米軍基地を整理縮小させようと動きだせば、安保体制は大幅な変化を余儀なくされる、とみている。米国は日本を「安保ただ乗り」と責めながら、日本の対米追随外交と巨額の思いやり予算によって日本の領土と税金を使っている。安保体制が変化すれば、戦略と軍事予算の両面で打撃を受けることになる。

九五年の少女暴行事件は、沖縄と本土の世論を反米軍基地で高揚させたことから、米国に大統領訪日を延期させるほど強い危機感を抱かせた。そこで米国は、日本世論の沈静化を狙って、用意してあった普天間基地返還方針をいち早く表に出したわけだ。

ところが政府は沖縄世論を軽視し、返還の見返りに沖縄県内に代替基地を建設することなどをまとめたSACOの最終報告に同意した。世論を背景に普天間基地返還をはるかに有利な条件で勝ち取る絶好の機会を逸し、米国に利する、基地問題をめぐる本土・沖縄分断状況を継続させるきっかけをつくった。そして代替基地は海上基地に決まった。沖縄人は、いみじくも「基地のたらい回し」だと非難した。

橋本首相は政権の人気浮揚の狙いもあって、海上基地建設に漕ぎ着けたいあまり、沖縄県に見返りとして、県が望む広範な経済振興策への協力を提示した。つまり、資金供与で難題を片づけようとする「思いやり予算の沖縄県版」を打ち出した。ところが名護市で海上基地建設の是非を問う市民投票の実施が決まると、今度はその「名護市版」を振りかざして有権者の分断を図り、建設賛成派を支援した。だが投票は凶と出て、政府の名護分断作戦は失敗した。

ここに至って大田知事は県政の最高指導者として主体性を示すため、名護市長選の結果を待たず建設拒否を非公式ながら表明した。政府は、資金をばらまいても沖縄人の反基地の心は買えないことをあらためて認識させられた。政府の基地問題の対症療法的な解決策は限界に達している。海兵隊撤収など安保体制の減量を図る本質的な解決策しか、もはや残されていない。そこに光りを当てることこそ現実的施策であり、国政の指揮官が果たすべき責任だが、国会答弁でわかるように首相は、大田知事に翻意を促す圧力をかけること以外に解決策を探る気配はなかった。

日露間にさえ当時、平和条約調印の気運が生じつつあった。新世紀を展望し国防の在り方を探りつつ、軍事中心の安保条約に代わる、平和と友好の条約を日米間でも実現させる努力を本格的に払うべきときが来ているのだ。沖縄と本土が一丸となってそうした姿勢を取らないかぎり、基地問題は二一世紀に相当深く食い込んでいくに違いない。

イラク作戦と直結

このころ（九八年一月）、米国ではクリントン大統領の女性との性的醜聞が発覚し、これと呼応するように、米軍によるイラク攻撃の可能性が高まっていた。

米軍はイラクに近いペルシャ湾で攻撃の準備態勢に入り、さらに空母積載機や海兵隊部隊の増強を検討していた。米国はＮＡＴＯと日米安保体制を基盤とする世界戦略を維持しているが、在日米軍基地、とくに在沖基地は九一年の湾岸戦争につづき、米軍の対イラク作戦と新たに直結することになった。

米国は、フセイン・イラク政権に対し、大量破壊兵器（生物・化学兵器）関連施設の国連査察を受け入れさせる目的で実力を行使しようとしている。だが理由のいかんにかかわらず、イラクの一般国民と周辺諸国の市民にとって、危険極まりない軍事行動には疑問が多い。露中伊三国は米国の軍事力行使に反対する意思を表明したが、日本政府が反対することはまずありえないことだった。

そこで米軍基地を最も多く抱える沖縄県は米軍が行動を起こす前に、在沖基地とイラク攻撃が直結することに反対もしくは憂慮する立場を打ち出そうとしていた。実際的効果は期待できなくとも、沖縄と攻撃が直結することへの批判的態度を県が明らかにする意義は小さくない。そのような意見が日本の一部に存在することと、基地返還を要求する沖縄の立場を貫くことを内外に示すことができるからだ。

空爆を中心とする米軍の攻撃の危険性が指摘されるのは、細菌やサリンなど毒ガスの貯蔵施設に爆弾が命中した場合、それらが大気に拡散し広範な地域に汚染が広がる可能性があるからだ。

かつて米軍は、沖縄の基地を拠点として朝鮮戦争とヴェトナム戦争を遂行した。だが当時沖縄は米国の支配下に置かれていたため、出撃基地になることに正面切って反対できる公的機関は沖縄にはなかった。だが復帰後四半世紀を超えたいまは違う。二〇一五年までの基地全面返還達成を理想とする「行動計画」を掲げる大田県政があった。この県政は湾岸戦争時は発足後間もなかった。しかし八年たって、反戦・反基地を主張できる立場にあった。

少女暴行事件が発生してからしばらくの間、沖縄では「民主主義の本山・米国に直接訴えるのが基地問題解決の早道」とする考え方が広まった。だが米議会では軍部出身や軍事産業の利益を代表する議員たちの発言力が強く、外交目標達成に軍事力を行使する政府と軍部が持ちつ持たれつの関係にあって、沖縄の声のような外部からの民主的な訴えが通りにくいことはすでに明白だ。米国の民主主義に訴える努力はもちろん必要だが、まずは事あるごとに沖縄の立場を那覇から鮮明に打ち出していくのが賢明だろう。

一九八〇年代のグレナダ、パナマ両国への軍事侵攻が代表的な例だが、米国の軍事力発動には唯我独尊とも言える身勝手さがつきまとう。攻撃計画は、クリントン大統領が女性スキャンダルで窮地に陥っていることと完全に切り離して考えるのは不可能だ、と米国の評論家らも指摘していた。沖縄人は、大田知事が在沖基地とイラク攻撃が直結することに異議を唱えておくべきだと望んでいた。

岸本勝利

大田知事は結局、市長選挙のわずか二日前になって、海上基地建設に反対を表明した。これは政府との対話の絆が断ち切られることを意味した。知事は、清水の舞台か、万座毛《まんざもう》（恩納村海岸の景勝地）の崖から飛び降りる覚悟だっただろう。二月八日の名護市長選では、政府・財界の物量作戦に支えられた前助役の保守派岸本建男が勝った。

革新陣営は県議から出馬した玉城義和候補を勝たせて、年内に実施される県内自治体首長選、参院選、知事選への革新陣営の取り組みに大きな弾みをつけたかった。だが政府は、市民投票敗北を挽回するかのように勝利のため開発援助政策を提示するなど、なりふり構わぬ利益誘導作戦を展開し、それが奏効した。

名護市民は海上基地には反対したが、地域開発を重点政策に掲げる保守候補を市長に選んだ。この点で一種の「ねじれ現象」が生じた。政府が基地受け入れと経済振興援助を関連させるかぎり、県内の多くの選挙は「反基地か開発か」が争点になっていくだろう。

政府・自民党は、岸本当選に歓喜した。次の目標は、知事選で八年ぶりに県政奪回を図ることだった。基地建設場所の公有水面の使用許可は知事に委任されおり、大田知事は建設拒否を公式に表明した。大田と橋本の間の冷戦は決定的なものになっており、関係修復は不可能だった。

政府が、海面使用認可権を知事から取り上げることは、特措法手直しがいとも簡単に成り立つご時世では不可能ではなかろう。だが強行措置をとれば「第二の成田闘争」という事態に直面することになりかねないとの懸念があった。だから政府は、大田に対抗できる大物候補の擁立工作に着手した。

大田は選挙に強いと言われたが、それは沖縄人多数派の考え方を代表していたからにほかならない。復帰後四半世紀を経て沖縄は自信をもち、本土に対し自由に物が言えるようになっている。また生活向上による余裕もあり、自然環境の破壊としばしば表裏一体の開発、特に基地建設には批判的だ。そんな時流に大田は乗っていたのだ。

復帰後、沖縄人の間では復帰への幻滅から、「ヤマト憎し」の感情が渦巻いていた。だが現在の関係は心理的に対等だ。知事の海上基地拒否に象徴される県と政府の対立は、ある意味で健全なものと言えるだろう。政府が「国策至上主義」を振り回さないかぎり、対話を通じ新しい協力関係が生まれる可能性は常に開かれているからだ。むしろ不健全なのは、こと安保問題になると米国に対等にものが言えない政府の米国に対する従属的関係だ。敗戦後半世紀以上もつづいているコンプレックスのなせる業《わざ》だろう。

政府は知事の拒否に対し、いたずらに目くじらを立てるのではなく、沖縄との冷戦期間を短縮し、基地縮小に向けての新たな共通の出発点を見いだす努力を開始すべきだった。だが政府は大田追い落とし作戦に踏み出しており、歩み寄りは非現実的な言い分に過ぎなくなっていた。今度は橋本首相が大田知事に見切りをつけたわけだ。

沖縄タイムスの長元朝浩は、「大田知事は県政のハード、吉元副知事はソフトだったが、ソフトが欠けて県政は相当に厳しくなっている」と指摘した。政府との太い地下パイプだった吉元がいなくなっていたことも、橋本に大田追い落とし工作をしやすくした要因になっていた。「大田は意思不明で、対日・対米交渉で迫力がなく、二選は難しい」というような展望が出はじめていた。

このころ、私は沖縄に出張しており、次章で述べるとおり、那覇市で稲嶺恵一（現知事）に知事選出馬の意向を打診するインタビューをしたのである。

敗北の分析

伊波洋一県議は、名護市長選での玉城候補の敗北を分析した。

「革新は楽観的すぎました。地元には岸本への親しみがあります。沖縄は保革拮抗で、逆転は常にあり得ます。名護は保守的風土で意識票が多く、浮動票は少ないのです」

「岸本は、海上基地建設問題は知事の決定に従うと言いました。これで反基地保守が安心して岸本に投票できたのです。いまは経済振興の時代ですが、革新側は明確に政策を打ち出せませんでした。保守回帰です。しかし革新は二〇〇〇票増えました。名護市の財政は苦しく、比嘉前市長が海上基地受け入れを容認したのは財政難が理由です。知事選まで、今回のねじれがつづくでしょう」

伊波は、大田の手法や県選出の代議士についても分析した。沖縄人には興味深い話だ。

「大田は学者で、実証主義です。言葉と文章に厳しいのです。だから、いつも広がりをもたせて表現し、後で矛盾が起こらないよう慎重に計算づくめで表現します。たとえば総合的見地からという、あいまいにして包括的な言い方がありますが、これは自分の選択肢を残しておくやり方です」

「知事が訪米直訴するのも大切ですが、米高官を沖縄に招いて現実を知ってもらうのが得策でしょう。リチャード・アーミテージ（レーガン政権時代の国家安全問題担当国防次官補、ブッシュ二世政権の国務副長官）らが来訪しています。普天間基地返還も、一連の米人来訪と無関係ではないんです。私は九三年に訪米し、三週間に五〇回以上会合しました。連邦議員にも二人会いました。資金を出せば、米人は沖縄に来ます。在京の米国人記者を招くこともできます」

「上原康助（社民党から民主党に鞍替えした代議士）は県民からじゅうぶんに評価されていないとひがんでいます。政治は理念だけでなく現実的でなければならない、というのが上原の信念です。しかし上原が怒ってばかりいるんで、沖縄では腫れ物にさわるような感じになり、彼は敬遠され相手にされなくなっています。新垣善春（社民党県連委員長・県議）とは犬猿の仲です。ところが全駐労は若返って反基地綱領を捨て去り、上原の現実主義と妙に合うんですよ」

若い県議伊波は、自分をも語った。

「私は宜野湾市議時代には、普天間の跡利用に地主たちと話し合いながら取り組んでいましたが、県議になったいまは全基地の総合的返還に取り組んでいます。宜野湾市では普天間基地問題を受け止め直し、対策を考えています。労働運動は量はあっても質に欠けることがしばしばで、これからは提案型にせねばなりません」

「沖縄人は基地問題は知っていますが、軍事問題に疎《うと》く、この点を変えていかねばなりません。渉外知事会議（基地をもつ都道府県知事たちの会議）でも、低空飛行問題が議題になっていますが、なぜ彼らが低空飛行をするのかを知っておく必要があります。レーダー網をかいくぐって敵の拠点上空に侵入する爆撃想定訓練をやっているのです」

「経済は基地よりも観光を重視し、国際級のインフラ整備を急がねばなりません。フリーゾーンは製造業を優先するかぎり、反対ですね。基地はいまは軍用地主、基地従業員、土建屋だけを潤わせていますが、受益者を拡大せねばなりません」

山内徳信

県出納長に就任して日が浅かった山内徳信とインタビューした。読谷村長を二三年半務め、九八年七月で六期を満了するところを、その半年前に大田知事から招かれたのだ。

「山内の支援団体は、かねがね人材として県中央に彼を押しだそうと考えていました。吉元副知事が議会によって更迭され、玉突き人事で山内は出納長になりました。でも山内は都市型でなく、共同体を基盤に村興こしをする農村型です。照屋寛徳[★38]の方が将来の知事候補としては強いでしょう。自民党は稲嶺恵一を知事候補にしたいのではないですか」。伊波県議は、山内をそうみていた。

山内徳信県出納長（当時）

――山内さんの勲章は基地との闘争ですね。

「山内は反基地と見られますが、それは私の一部分にすぎません。私は文化村造りに努めました。地域産業を重視し、福祉問題をやってきました。米軍のパラシュート訓練の阻止は、基地問題の現場への村長としての象徴的な出動でした。あれだけは、どんな理由があっても最優先で出かけました。私が村長になったとき、村領の七三％は基地でしたが、いまは四七％です。七三％もあると、道や水道管を通そうとすれば必ず基地にぶつかります。そこで人間性豊かな環境として文化村を創造していったのです」

――どんな信念があったのですか。

「基地問題も環境の視点で捉えました。村民の生活、財産が脅かされていたので、首長として最前線に立ったのです。村の中央部に危険があったからです。村民は二万八〇〇〇人です。以前、村には病院、村営グランド、公園もありませんでした。ないないずくしの復帰でした。責任者になって初めて大変な状況だとわかったのです」

――不発弾問題は有名ですね。

「村には、村民の生命を脅かす不発弾処理場がありました。あるとき処理された爆弾の破片が金城次郎（壷屋焼きの陶工）の登り窯の瓦を突き破りました。次郎宅の庭にも落下しましたが、当たれば即死だったでしょう。命がけです。この処理場の撤去が最初の仕事でした。私は条件闘争はしません。しかし米軍に要請を繰り返しても埒《らち》が明かず、物理的闘争しかないと考え、座り込み阻止闘争を打ちました」

「那覇でも東京でも、呼ばれたら出かけました。必ず不発弾の破片を持参しました。会合のとき、黙って破片を机の上に並べると、物体は雄弁です。相手はたじたじとなって事態を否応なしに理解しました。これが頭上に、家に降ってくるんですよ、平気でいられますかと。三年ぐらい闘争をして勝利しました。七七年ごろでした」

――利己主義などと言われましたが。

「当時、メディアから地域エゴと批判されました。私は、これを逆手にとって、すべての日本人が地域エゴになれば日本ははるかにいい国になる、と言いました。主権在民という憲法の思想を実施するため、村中の演習場を撤去しようとしたのです。私は、基地の敷地の境界もお構いなしに村立公共施設の建設計画を立てました。村民が使いやすいということを最重要視しただけです。七二年までは仮の村で、本物の村づくりは復帰後に着手しました。二〇世紀の批判に耐えられるような村づくりを手掛けました。主権在民を盾に交渉したのです」

仏心の善意

――教師体験が基盤にあったようですが。

「一七年間、高校で社会科教師をしました。地方自治体は民主主義実践の場だ、と村長になってから発言しました。理想、思想は貫きたい。私がそれを貫けば沖縄のためになると自負しています。

★38　人権派弁護士。県議を経て参院議員。大田知事のブレーンだった。〇一年七月、参院議員再選に挑む。

二一世紀の沖縄・本土関係のためでもあります。日本の崩壊を防ぐ芽を、沖縄に育てます。いまの沖縄の動きは、日本人の民主、自治の在り方を問うものです。国民主権の実践のため、前に進むしかないのです」

「議会の一般質問でもどこでも私はものをはっきり言うため、味方と敵がはっきりしています。具体的、科学的、民主的に交渉せよと、部下にはかねがね言い渡してきました。この原則は、だれも否定できないですよ」

——どんな戦時体験がありましたか。

「私は一九三五年生まれで、小学校四年生のとき防空壕を掘りました。戦後、歴史を学び、戦前と比較できるようになりました。日本は米国について抽象的、非現実的にばかり考え、米軍がやってくれば神風が吹くと言っていました。ところが米軍は気象学を身につけており、沖縄の台風襲来の時期を知っていて、その前の四月から六月にかけて沖縄占領を果たしたのです。勉強によって私の体内に科学、合理、民主が形作られていきました」

「対日講和、安保条約には沖縄人の意思は入りませんでした。その結果、国土の〇・六%の沖縄に米軍専用基地面積の七五%が集中しています。本土の県ならば、こんなひどい押しつけはないでしょう」

——基地問題打開の戦略は。

「沖縄人は、他県人が喜ばないことはすまいと考えています。善人らしく。仏心に等しい善意です。しかし九七年四月三〇日、中部の市町村は『在沖基地の返還の道筋』という提言を発表しました。起草したのは私ですが、初めて基地を本土、アジア太平洋の米領を含め県外に移設、退去させる提案をしたのです」

「よく沖縄を甘やかすなと言う者がいます。基地を沖縄に封じ込めたのは、日本政府が沖縄に甘えてきたためなんですよ。沖縄の仏心に対し、本土は同情するのみです。私の世代は戦後の沖縄の歴史を全部見ました。復帰闘争は人権闘争だったのです。憲法への復帰を期待していたのです」

――村長時代を総括してください。

「読谷では村民が、基地が返還されてよかったと実感する行政をしたつもりです。時代は冷戦が終わって、日米中露の首脳が会合するようになっています。テコの論理で基地をなくす考えです。安保の負担を本土に回す、本土を移設先にするのです。本土人には沖縄への同情でなく、本土各地で反基地闘争をやってもらいたい。世論、政治、外交で火の粉を払いましょう。抵抗せねば、悪は弱い方に流れていくのです。都合がいいから沖縄に基地を封じ込んでおけばよいという考えを、日米がやめるようにしなければなりません」

――環境保全にも腐心しましたね。

「海と山は母なる存在、辺野古沖の海も母なる存在です。そこに基地を造るのは環境重視の時代に逆行します。名護ではふだんものを言わない住民が市民投票で反対を示しました。自然は神です。神を、自然を畏《おそ》れない科学万能の発想は過去のものです」

――基地問題の解決の展望は。

「選択肢は県外にも向けなければなりません。他県が喜ばない基地を、米軍を喜ばすため沖縄に置くとは何ということでしょう。米軍は借りる側という己の立場を認識すべきです。わがままばかり言えないはずです。政府は、本当のパートナーとしてものを言うべきです。米軍は配慮すべきです。日米政府・米軍ともに民主、文化を大切にせよと言いたいのです」

琉球大学にて

私は、首里の丘の頂上にあった琉球大学（略称・琉大）の古いキャンパスが好きだった。自由が制限されていた米軍支配下で、数々の優れた沖縄知識人を生み出した学問の殿堂だった。那覇支局時代、取材がてら散歩したり大学祭を見に行ったこともある。そこは、いまは朱塗りの首里城だ。かつてそこにあった城だから復元されて当然かもしれないが、沖縄サミットの首脳たちは城の正殿で琉球舞踊を見ながら食事をすることになっていた。

あの木造の疲れ切った琉大校舎のたたずまいは、西原町の丘陵地帯に新設された鉄筋の団地のような校舎群とは趣がまったく異なり、脳裡で復元させるしかすべがない。

西原キャンパスの法文学部に、仲地博教授を訪ねた。物静かな教授は、大田知事を支えていた教授陣の一人だ。

「大田知事は三選に向かいます。彼は打たれ強く、いじめられれば何くそとなる型です。橋本首相の普天間基地返還の対米極秘外交が災いし、国内情勢で外交決定が息詰まっています。外交交渉をいまからでも透明にすべきです。普天間返還合意からの二年間は、沖縄にとって何だったのでしょう。移設条件付与がすべてをだめにしたのです。普天間基地が危険なのは、いまごろになって橋本政権が喧伝しなくとも、昔から共通認識です。沖縄は無条件撤去を求めます。移設するならば本土か外国です。数千億円から一兆円もつぎ込んで代替基地を建設すべきではありません。何が沖縄にとって受け入れ可能な条件なのか、それが振興策でないことは名護市民投票で明白です」

「空軍の嘉手納基地内への移設を、地元が受け入れられる形でやるのはどうでしょうか。夜間飛行をまず禁止します。緊急の場合だけは認めますが、その場合、空軍は直ちに理由を説明することとします。離着陸回数は現状維持以下とします。つまり嘉手納プラス普天間の機能をもつことになる嘉手納での離発着を現状以下にするのです。爆音被害も減るでしょう。平和時にふさわしい基地にしなければなりません」。「民間団体「基地はいらない平和を求める宜野湾市民の会」も〇一年四月ごろ、普天間基地騒音訴訟を起こす予定。」[39]

「伊江島に架橋を条件に受け入れてもらう案もあり得《う》るでしょう。本部半島の先端から相当に離れている伊江島への架橋が可能ならばですが、伊江島はシュワブ、ハンセン両基地と連動できるはずです。あるいは佐世保のある長崎県の島に移すことも可能でしょう」

比屋根《ひやね》照夫教授の研究室も近い。この人は、学者でなかったら芸術家になったと思いたくなるような型の人物だ。

「この二、三年の沖縄の動きは安保条約を改正する運動です。沖縄に相対的に表れている安保矛盾をただす運動です。この視点から、安保をもう一度全国的テーマにすべきです。したいものです」

「SACOの見直しが必要です。県内移設案は破綻ずみです。日本の外交能力の問題、当事者能

★39　嘉手納基地周辺の住民五五四四人は〇〇年三月、国に夜間・早朝（一九時から七時まで）飛行差し止めと過去の騒音損害賠償計六二億円および将来の損害賠償（一人当たり月二四五〇円）の支払いを求める「新嘉手納基地騒音訴訟」を那覇地裁沖縄支部で起こした。第一回口頭弁論は同年九月開かれた。

力の問題です。明治維新以来の対琉強硬論がいまも息づいています。温情主義と脅しの二段構えでやってきます。『琉奴討つべし』というヤマトの立場です。日清戦争に至る対清強硬論の前提として、対琉強硬論があったのですよ。沖縄の問題を政府は、本当に日本の問題として考えているのか、疑問ですね」

「政府は沖縄を植民地的に、かつ異域として見ているようです。本土の右翼メディアはそろって対沖強硬論です。こんな傾向は琉球処分のころ以来です。知事選に向けて、この傾向は強まっていくでしょう。昨年の特措法改悪のときもすごかった」

「大学は活力を失っています。教授たちが政治的発言をしなくなっています。知識人の危機です。ヤマトにある沖縄に関する善良な世論やジャーナリズムは、残念ながら焼け石に水です。真面目な人たちは沖縄で欲求不満を晴らしているようですが、できれば各自が本土で世論喚起のため頑張ってほしいのです。政界では、沖縄の絶望を吸い上げる政治努力が必要です。社会党の解体が最大の打撃として、いまもつづいています。私たち沖縄の教員たちは東京の教授たちと連携し、インターネットで外国の教授たち、知識人たちとも連携しています」

「安保の矛盾は限界に達しています。彌縫策《びほう》、対症療法はもはや通じません。そんなときに、社会の享楽を背景にしたファシズムが沖縄をつぶそうとしているのです」

膨大な一次資料を駆使して沖縄返還交渉の真相に迫る我部《がべ》政明教授は、比屋根教授の隣室だ。私がリオデジャネイロにいたとき、訪ねてきてくれたことがあり、それ以来の再会だった。

「自民党は、大田知事に勝てないため、高良《たから》倉吉（琉大教授）をぶつける可能性があります。現在の膠着状態は知事選までつづきます。しかし大田は、先を読んでいないのです。彼は計算抜きで事に当たる型ですが、政府はそんな大田の心が読めず、やりにくいと困っています。でも時間がたち意思表示が後手後手に回る大田では埒が明かないとなれば、革新陣営は大田に代わる知事候補を立てねばならなくなるでしょう」

8 大田県政の落日

大田知事が海上基地建設を拒否し、橋本首相は海上基地建設以外に普天間基地が返還される道はないとの立場を譲らず、県と政府は冷戦状態に陥っていた。だが県内での代替基地建設という普天間返還条件を葬る以外に打開の可能性は乏しいというのが沖縄世論の主流であり、これを無視する政府への不満が県民の間に広がりつつあった。三月一日の石垣市長選で保守系候補が敗れたことは、その不満と無関係ではなかっただろう。

軍経分離策

このころ、沖縄の基地汚染問題や在米沖縄系移住社会の動静に詳しい作家で友人の下嶋哲朗に久々に会って、沖縄問題を議論した。

沖縄の米軍基地問題は一九七二年の沖縄の日本復帰の在り方に根源があるというのは、大方の一致した見方である。一口で言えば、米国が「施政権返還後も在沖基地を自由に使用できる」、「施政権返還によって沖縄統治に必要な予算が不要になる」という二つの実利から復帰を認めるのが得策だと判断したことだ。逆に見れば、日本は、基地の自由使用という米側条件を丸ごと呑んで施政権を返してもらった。問題は、復帰から四半世紀あまりたちながら日本が、丸ごと呑んだ条件を吐き出そうとしないことだろう。

沖縄の施政権は、一九五一年調印、五二年発効のサンフランシスコ平和条約（対日講和条約）の第三条で、米国にあいまいな形で帰属することになった。調印から一〇年後に就任したジョン・ケネディ大統領は、沖縄の島ぐるみの反基地闘争（五六年）、反安保闘争（六〇年）などを考慮し、沖縄の施政権を返した方が得策だと判断し、返還方針を六二年に「ケネディ新政策」で打ち出した。それから一〇年後に復帰は実現する。

下嶋哲朗は、ケネディ政権時代に沖縄の米当局にいた人物が後年、「米国は沖縄のためにドルを使わずに基地を維持する『軍経分離』政策に基づき、施政権返還方針を固めた。この政策が、日本政府の思いやり予算の発想の底流にある」と述べた事実を指摘した。そのうえで、「日米の為政者は、沖縄の復帰願望を最大限に利用し、沖縄を基地の島に誘導する離れ業をやってのけた。県民には『はめられた復帰』だった」と分析する。

政府は復帰後の沖縄に対し、基地の整理縮小に本気で取り組むことなく、「手厚い」援助で経済建設を支援する「軍経分離」で望んだ。米側と表裏一体の政策である。だが七七年五月「安保空白の四日間」が生じ、安保体制を支える「基地安定供与」策が根底から揺さぶられ、軍経分離策は窮地に陥った。

それから一八年後の九五年、少女暴行事件が起きた。大田知事は代理署名を拒否し、基地安定供与策はふたたび重大な事態に直面した。政府は強硬策で危機を乗り切ったが、その間浮かび上がったのが、普天間基地の返還決定だった。

普天間基地は嘉手納空軍基地に次ぐ重要基地であり、復帰後初めて基地らしい基地の返還となる。

だが橋本首相は、大規模な海上基地を名護市辺野古沖に建設する重すぎる条件を呑んでしまった。復帰時に基地自由使用の条件を丸呑みしたのとよく似た構図だ。

「はめられた復帰」を推進した政府としては、いまさら異議を唱えるわけにはいかないのであろうか。橋本首相は「最良の選択」と言ってはばからず、姿勢を変えようとしない。東北アジアの軍事情勢の先行きに不安があり安保体制が日本にとって重要だとの認識に立つのだろうが、復帰前同様に安保を過重負担している沖縄の状況を変えるのが先決問題だ。

遅すぎた英断

九八年三月、県は政府に対し、普天間代替基地を本土を含む県外に移設することを初めて要請した。吉元前副知事に代わって大田県政の実力者になった山内出納長の持論が明確に反映されていた。これは「日米安保体制の一県過重負担」を解消するため、県が従来の忍従型の姿勢から攻勢へと明確な政策転換を図ったものであり、沖縄・本土関係で歴史的な出来事である。背景には県首脳が指摘するように、敗戦後半世紀あまり、沖縄の基地問題の本質的解決に取り組まずにきた政府の無策がある。県は、橋本首相が海上基地建設案に固執するのに絶望し、県外移設要求に踏み切った。

県が県外移設要求へと転じたのは大田知事の補佐役が、建前と本音を使い分けながら政府と協調した吉元前副知事から、読谷村長時代に基地整理縮小の実績を積み本音で勝負する山内出納長に代わったことが大きい。出納長は、沖縄世論が、政府・自民党などの大田県政非難を受けて「ヤマト(政府を含む本土)の無反応の前に仏心を持ち続けるのは美徳でも何でもなくなった」と微妙に変化しつつあるのを読み取って、政策転換を進言した。

県が海上基地案に反対する理由は①県内での新規基地建設を認めない基本方針②県内世論が反対③海上基地の撤去時期が不明④環境が破壊される⑤日米の専門家らが技術的問題から反対している――などだった。財政難の折、米側の言いなりに巨費を投じて海上基地を造ろうという政府案への疑問もある。出納長は「米国は基地用地を借りる立場をわきまえずわがままばかり言う」と、対米批判を忘れない。

本土メディアが県の海上基地反対政策をめぐり「日米関係に影響を及ぼしかねない」と判で押したように報じることについても、「外務省と同じで見方がナイーヴ（うぶ）すぎる。米軍はむしろ日本側が耳に痛いことを言わずに、わがまま放題にしてくれていることを不思議がっている」と批判した。

米国は、沖縄の県外移設の要求に応えるべき立場にある。県外は、本土でなければ米国領土か第三国を意味するからだ。もはや「沖縄の基地問題は日本の内政問題」と高をくくるのは公正さを欠くだろう。政府は本来、新ガイドライン態勢づくりで先走りするのをやめ米国に言うべきことを言いつつ、基地の整理縮小に全力で取り組むべきなのだ。そのようなやり方は、究極的には日本の安全を真の意味で堅固なものにするだろう。対米忍従型の安保外交はもはや時代遅れなのだ、と大田県政は言っていたのだ。

政府は、出口の見えない普天間問題に往生しながらも、日米安保体制を最重要視する外務省と、国防と自衛隊の利益が伴うかぎり外務省に従う防衛庁の高級官僚を動員して、米国の政府・軍部高官に「代替基地は海上基地以外にない」と口裏合わせさせるのに躍起だった。そして、合わせた

「口裏」を錦の御旗として沖縄に圧力をかける。

沖縄の言い分は、安保が国策ならば、なぜ在日米軍専用基地面積の四分の三が沖縄に集中しなければならないのか、ということだ。政府は、復帰交渉で合意されたからとは答えられないから、態度をあいまいにしてきた。政府と本土人の多くは、歴史的な沖縄差別を人道上、民主的によくないと意識しつつ、引きつづき沖縄に耐えさせようとす利己主義を維持してきた。だから政府も本土自治体も、沖縄からの基地移設の問題では口をつぐむ。

明治政府は泰西（西洋）を模倣して鹿鳴館時代を演出し、「文明開化」策を遂行した。鹿鳴館の夢は敗戦後、G7サミット参加（九七年からはG8）で実り、いまや政府は、国連安保理常任理事国入りという夢を描く。だが広大な米軍基地を抱える日本を、常任理事国に適していると本気で認める国は少ないだろう。

そのころ橋本首相は、経済政策失敗の責任を問われ「裸の王様」と酷評されていた。大田知事に残された道も、三選を果たし普天間問題で仕切直しをすることだけだった。

三選出馬

大田知事は六月、三選出馬を正式に表明した。後に大田は、三選出馬にさほど乗り気ではなかったが、返還された基地の跡地の汚染問題の解決などに取り組まねばならないとい使命感があったため出馬を決意したと述懐した。このころ、私は「内戦」をテーマにした取材でボスニア・ヘルツェゴヴィナ、クロアティア、スペインを旅行した。世の中は、日本が初めて出場したサッカーW杯フランス大会でわいていた。七月には参院選があった。自民党は後退して橋本首相は退陣し、昼行灯《ひるあんどん》型の小渕恵三が後継首相になった。［橋本竜太郎は〇〇年一二月、第二次森改造内閣の沖縄開発庁長官（〇一年一月からは行政改革・沖縄・北方対策担当特命相）に就任した。普天間返還と代替基地建設を決めたのは首相時代の橋本であり、「橋本利権の復活」もささやかれる。だが北方領土同様に在沖米軍基地問題も本質は「領土回復」問題であり、このことを担当相は肝に銘じるべきだ。吉元政矩元副知事は橋本の沖縄担当相就任について「沖縄にとり普天間県内移設にこだわる橋本氏の登場はプラスにならない。柔軟に対応するとは思えない」（琉球新報〇〇年一二月六日）と論評した。］

稲嶺恵一は、上原康助代議士の知事戦出馬空騒ぎが静まった八月、ついに出馬を表明した。これで一一月の知事選で一騎打ちを演じる保革両候補が出そろった。稲嶺には勝算があった。公明党の支持をひそかに獲得し、従来の革新の票田組織を切り崩していたからだ。稲嶺は公明党の支持獲得と並べて、副知事をやめて浪人中だった吉元政矩を対政府交渉の切り札として副知事格として迎え入れることを出馬の条件としていたが、これは実らなかった。

稲嶺は、海上基地建設を良しとしないことでは大田と一致した。県民世論を二分してきた海上基地問題で稲嶺が大田に足並みをそろえたのは、基地問題を決定的な争点から外すと同時に、保革の違いをあいまいにし支持基盤を革新側にまで拡大する選挙戦略があったからだ。だが沖縄が重要な基地問題で保革共通の判断を政府に示したこととして、意味は小さくなかった。

折からニューヨークで開かれた日米安全保障協議委員会（2プラス2）はSACO最終報告の実施で一致し、海上基地建設実現に努力することを確認していた。それだけに防衛庁高官は、稲嶺までが海上基地に反対したことに「率直に言って厳しい」と表明した。

従来、沖縄の基地問題をわかりにくくしていた最大の要因は、沖縄人が選挙のたびに賛否両派に分裂したことだった。このため政府に「分断統治」を許してきた。海上基地反対は、共通の公約となったことで県民大多数の選択となったわけで、代替基地建設問題は一時的であるにせよ振り出しに戻された形となった。

海上基地案は、橋本首相が県民世論を汲み取ることなくクリントン大統領との間で決めてしまったもので、この密室外交の失政を小渕首相は引き継いだ。稲嶺の決意で海上基地案が事実上ご破算となり、小渕政権は代替案策定を迫られることになった。政府が安保条約や日米合意を盾に、基地政策を一方的に押しつける時代が終わったのはたしかだ。大田知事はすでに、在沖海兵隊の兵力削減の可能性を探りつつ、代替基地の県外移設を政府に要請していた。

知事選の新たな争点は、代替基地を県外か県内陸上のいずれに移設するかという点に移行した。稲嶺が、本島北部に長くとも一五年だけ民・軍共用とする新空港を建設し、北部開発の起爆剤とするという代案を提示していたからだ。稲嶺の発想は選挙戦突破という第一の狙いを除けば、「海上基地は撤去可能のため返還後、県民財産にならないが、陸上空港ならば県民財産になる」というもので、県内土建業界の利益を代弁していた。

前にも触れたが、共用案は基本的には米側の基地地元懐柔策であり、皮肉にも大田県政が米軍と交渉して既存基地での応用の可能性を見いだしていた政策でもあった。〇〇年一一月一八日琉球新報企画「移設先決定から1年」によると、民・軍共用案は九八年九月の稲嶺陣営会合で、将来は民間専用とする公約を打ち出さないと選挙に勝てないということで共用案が決まった。一五年期限は政府案を踏襲したものだが、同企画によると、稲嶺陣営では「民間の土地貸借の一般的な期限である一五年が適当だの考え方が流れになっていった」という。

稲嶺陣営は、県民投票と名護市民投票を参考にして集票作戦を立てた。その結果、米軍基地の整理縮小と米軍地位協定の見直しに賛成し、海上基地建設に反対する公約を打ち出したわけだ。ただし安保支持の立場から、海上基地に代わる陸上基地を提案した。しかし陸上基地は土建業界の要求を満たしても、過去の経験から騒音公害、墜落事故の危険性、環境破壊が付随するのが予測される。その批判をかわそうと「使用期限一五年」と、民需の有無（実態は、民需は皆無に等しい）が不確かなまま「軍民共用」という条件を付け足したわけだ。

政府は期限設定に難色を示したのだが、稲嶺当選を勝ち取るため一応は同意した。しかしその同意はその場しのぎの建前にすぎず、小渕が米国にSACO合意見直しを提案する可能性はもともとなかった。小渕政権が真になすべきことは、すでにほこりにまみれていたSACO合意を錦の御旗にするのをやめ、最重要の当事者・沖縄の意思を汲んで米国に再考を促し、新しい合意を見いだす交渉に着手することだった。次期知事候補二人が海上基地反対で足並みをそろえた以上、再考を提案しないとしたら、いちばん不思議がるのは米国政府であったはずだ。

9 稲嶺保守県政の誕生

沖縄県知事選は投票まで一カ月と迫っていた。復帰前からの伝統で今回も保革一騎打ちだが、両候補は対立軸を残しながら、中道色の濃い「県益第一主義」を掲げ、対立点よりも共通点の方が多いという印象を与えていた。保守新人の稲嶺候補を全面的に支援する政府と電通など宣伝機関の争点ぼかしの作戦によるところが大きかったのだが、この戦略は従来とは様相が異なっていた。

薄れた保革の差

東西冷戦真っただ中の日本復帰後、屋良朝苗、平良幸市、西銘順治、大田昌秀と四人の知事が県政を担ってきた。革新の屋良、平良両知事は反戦平和と「基地の重圧」を強調することで政府から経済援助を引き出す戦術をとり、保守の西銘知事は自民党政府と一体化しての利益誘導姿勢が強かった。東西冷戦終結時は在沖基地縮小の好機だったが、知事が西銘だったため逸機となった。だが冷戦終結後、もはや西銘の役割はなかった。

西銘を破って登場した革新の大田知事は、政府と協力しながら基地問題と経済建設に取り組んだ。知事は海上基地建設に反対したが、稲嶺候補も同じく反対を表明し、沖縄が基地問題で保革共通の判断を政府に示すという、いかにも冷戦終結後らしい副産物を生んだ。さらに稲嶺候補は「私は保守ではない」と言い、うわべだけ政府・自民党と距離を置く選挙戦術をとっていた。

知事と財界のエース稲嶺は、もとは進歩主義の理念をもつ友人同士で、県の将来について同憂の士だった。少女事件後の県民総決起大会では、ともに演壇に立った。沖縄人のアイデンティティーのある部分を共有する両候補だけに、保革の違いが薄れるわけで、有権者は選択に悩んだ。初めて導入された両候補のテレビ討論が、貴重な判断材料になったはずだ。

ともあれ次期知事には、失業をなくすための経済強化や、そのころ発生した海兵隊員による轢《ひ》き逃げ事件で再認識された基地に根差す社会不安の解消が期待されていた。当面争点らしい唯一の争点と言えば、普天間代替基地を県外と県内陸上のいずれかにするかである。

稲嶺は、北部の建設候補地に言及し、その工事が環境破壊につながらないか、あるいは建設後の基地が爆音被害をもたらさないか、さらには北部開発の起爆剤というのが具体的にどんな内容になるのかを説明すべきだった。一方、大田は、本土もしくは国外での代替基地建設案、あるいは海兵隊撤退を伴う代替基地不要化論の実現を、日米政府にどのように働きかけていくかを具体的に示さねばならなかった。

沖縄には、革新は自衛隊・警察を除く公務員、保守は建設業をはじめとする財界・企業従業員という伝統的な支持基盤があった。給与生活が安定している公務員は理念を掲げ、民間は実利を追求する。毎回の知事選は、この構図と、それに沿った諸政党の党利党略を浮き彫りにする。

大田の敗北

一〇月下旬、知事選が告示された。そのころから一一月下旬にかけて、私は、九九年元日に革命

四〇周年を迎えることになっていたキューバに、「キューバ革命体制の現状と将来」というテーマ

で記事を書くため出張した。二週間後東京に戻ると、すぐに資料をまとめ、原稿の執筆に取りかか

った。知事選は一一月一五日にあって、「県経済の低迷で沖縄全体が閉塞状態にある」と喧伝した

稲嶺恵一が三七万四〇〇〇票で、大田に三万七〇〇〇票の差をつけて勝ち、一二月一〇日、知事に

就任した。私は沖縄の県政が交代した重要な日々を傍観していたわけではなかったが、キューバ情

勢に集中せざるをえなかった。

二期八年の実績をもつ大田知事の敗北の原因を綿密に分析し、結果を文書化するには相当の時間がかかるだろう。私は九九年が明けてから那覇に行き、敗因について意見を収集した。社大党の新垣重雄書記長は次のように分析した。

「大田敗因は、支持率低下、相手側の運動の質量の優位、選挙制度の変化などが相互に絡み合ったものです。昨年夏の参院選勝利の結果、一騎打ち選挙では勝てるという気の緩みもありました。しかし革新の一角（公明党）が崩れたのでは勝てません。参院選後、九月までの二カ月間も選挙対策本部をもたなかったことも失敗でした。敵に対する政府の大掛かりな肩入れを過小評価していたこともあります」

「頭（革新本流）が尻尾（公明党）に振り回されるのはよくないのですが、振り回されました。いまは基地問題だけでなく、経済共闘をする時代です。総論をまず固めてから各論に移行すべきです。観光を経済・産業全体のなかでどう位置づけるべきかとか、基地返還問題は上意下達でなく住民から方策が湧き出してくるような仕組みをつくるとか、大枠をしっかりと固めなければだめでし

ょう」

琉球新報の高嶺朝一編集局長は、次のようにみていた。

「大田の失敗は、自分が時代の産物であることを忘れたことです。つまり大衆から押し上げられていたことを忘れていたのです。吉元を使って対日交渉で指導力を発揮できたため、慢心したのでしょう。学者であり、研究者としての性格や良識が足を引っ張って、政治家になりきれなかったのでしょう」

琉大の仲地博教授は以下のような分析をしていた。

「今回の知事選の特徴は、五五年体制型の保革対立の構造が沖縄でも崩れたことです。基地問題で保守が革新に寄っていったことから、沖縄の知事選で安保は初めて中心的な争点ではなくなりました。基地問題で変わりがないのならば、経済政策で政府と強調できる稲嶺の方がよかろうということになったのです。投票前の世論調査では、経済振興を期待して投票するという者が五一%、基地問題で判断する者は二五%と低かったのです」

社大党の平良亀之助（元琉球新報記者、一八七頁の註4参照）は手厳しい。

「大田は、地方対中央の関係を対等とし地方自治に新風を吹き込み、勇気を与えました。対日・対米関係で県益外交を展開しました。しかし自壊作用を起こしたのです。肝心の県庁で、中間管理職らの離反を招きました。トップダウンの典型で、呼びつけられた下っ端役人は直立不動で思考停止です。ナンバー2の吉元はヨシモトイズムを浸透させましたが、岡本（首相補佐官だった岡本行夫）を通じて橋本首相とつながりすぎました。沖縄関係官僚の頭越しに中央と直結し、これまた反感を招きました」

当の元副知事吉元は、「県民投票結果に反して代理署名を受け入れたのが批判を招いた点もあったが、日米両政府の言うことを聞かない県政をどうしようかと県民が考え判断したことがある」（前出・新聞労連研修会議）とみている。

玉城義和県議は、きわめて興味深い分析をしていた。大田敗北の遠因は、玉城自身が事務局長を務めて成功に導いた九五年一〇月の県民総決起大会だというのだ。少女事件への全県民的な抗議の大集会が実現したことで基地整理縮小は県民コンセンサスになったが、半面、保革を超えた「県民党的立場の存在」が有権者に印象づけられ、大集会に主要な人物の一人として登場した沖縄県経営者協会会長（当時）・稲嶺恵一は「県民党的枠組みの中で大田に代わりうる指導者」という印象を有権者の意識に植え付けることに成功した、という分析である。仲地博の言う保革対立構造の崩壊が、あの大集会で象徴的かつ実効的に示されたと、玉城は洞察したのだ。玉城自身、名護市長選で敗れたのだが、この選挙でも、勝った岸本は海上基地問題を棚上げし、稲嶺流の「市民党的雰囲気」をかもす戦術をとっていた。

沖縄サミット直前の〇〇年七月発生した海兵隊員による少女準強制猥褻事件を受けて七〇〇〇人規模の抗議集会が開かれたが、このとき、稲嶺知事や自民党陣営などと合同で九五年型大集会をやるかやらないかで革新陣営には意見の対立があった。背景に、玉城の指摘する「県民党的」雰囲気を新たにかもせば保守陣営に一層有利な政治環境をつくりかねないという危惧があった。

政府は大田県政を揺さぶり選挙で稲嶺を全面支援したのだが、長らく重要選挙の度に革新選対事務局長を務めた福地曠昭元沖教組委員長は、政府とやり合う難しさを次のように表現した。

「日本政府は、県民意思を尊重する態度を示しながら、米軍支配と同じ効果を生み出そうとするもので、極めて巧妙だ。一種の詐欺漢のようなもので、同じ加害者でも知能犯に類する。どこまで信用していいかわからない相手は、素朴な県民には苦手だ。大衆運動は、単純明快な目的で単一の相手に挑むときに完全燃焼する。ところが、米軍のような露骨な締めつけでなく、日本政府のような手の込んだソフトムードで締めつけられると、県民の闘争エネルギーはなかなか発火点に達しない」（前出『沖縄史を駆け抜けた男』）

第二章

稲嶺県政で右旋回

1
父親への憧憬が重い二世

　私は那覇支局時代の一九七七年七月、参議院選挙で保守現職稲嶺一郎[★1]、革新福地曠昭の両候補が展開した壮絶な選挙戦を取材・報道したことがある。がっしりとした体格でふてぶてしい風貌の実業家稲嶺が再選に成功したのだが、二一年後の九八年、その息子で沖縄財界指導者の恵一が、大田知事の三選を阻むため保守陣営が担ぎ出そうとしている最有力候補だと聞いて、インタビューした。

最初のインタビュー

　名護市長選で保守側の岸本建男が勝った二日後の二月一〇日、浦添市西洲の「りゅうせき」（元は琉球石油）本社で、父親譲りのこの会社の会長をしていた稲嶺恵一に会ったのだが、きわめて温厚な紳士で、故一郎とは異なる型だった。私は初対面で、好感をもった。私の関心は、稲嶺がその年一一月の知事選に出馬するか否かの一点にあった。当時の首相橋本は、普天間代替海上基地を建設する政府案を蹴った大田知事の三選を阻むため全力をそそぐ決意をしていた。稲嶺は知事候補としていずれ必ず浮上してくる人物だと、だれもがにらんでいた。私は、父一郎議員を知っていたことを伝えてから、率直に質問した。

――知事選に出馬しますか。

「父一郎が政界から引退してから一五年もたちますが、人々は私を父と二重映しにして、政治活動はどうかと言います。私は自ら出馬について口にしたことは一度もありません。父は実業家、政治家として実績を残しましたが、はっきり言って私は器ではありません。父は偉大でしたが、私は父の何十分の一かの人物にすぎません。政治には向きません」

――出馬はないということですか。

「ありません。繰り返しますが、私は政治には向きません」

――沖縄の基地問題にはどう取り組むべきでしょうか。

「基地はないほうがいいという総論はいいのですが、具体的に返還問題などを扱う各論が難しいのです。物事は計画や日程を組んで、それに沿って段階的に処理していくのが普通のやり方ですが、いつ返還されるかがわからず、計画や日程を組めないところに基地問題の困難さがあります」

――普天間基地の返還問題をどうみますか。

「基地返還問題では、返される前に跡地の利用計画を立てておかないと、みな疑心暗鬼になって

★1　稲嶺一郎（一九〇五～八九年）は早大を卒業、二九年満鉄（調査部）入社。同社東亜経済調査局在籍中の大川周明の薫陶を受けた。バンコク事務所長勤務後のインドネシア海軍武官府駐在時代、同国独立運動を支援して英軍に逮捕され獄中生活を経験。四七年帰国、五〇年帰郷。同年米当局の政策会社で沖縄での石油販売を復帰まで独占した琉球石油創設に関わり社長就任。以来四〇年間沖縄財界、七〇年から二〇年間沖縄保守政界のそれぞれ重鎮として広範な影響力を行使。沖縄海外協会会長として五三～五四年年ハワイと南米を訪問、ボリビアで移民協定調印。この移民は米当局肝煎りの失業対策・政情安定化のための棄民政策で、翌年から同国サンタクルス市郊外の「うるま入植地」に移住開始となるが、難病発生で同移住地への移住は失敗。七〇～八三年参議院議員。

しまいます。普天間基地は、代替基地をどうするかが完全に決着する前に返還が決まったところに問題があります。国にとって基地は必要悪とは言わないまでも、必要なマイナス要素です。だれもマイナス要素は背負いたくないでしょう。だから沖縄は、基地の移設に心苦しさを感じています。いまは、その思いが先行しています」

――名護市長選での岸本当選を分析してください。

「昨年末の名護市民投票はいわば総論的で、基地反対票が多数を占めました。市長選は各論的で、保守が巻き返しました。県民の心の複雑さ、揺れが投票結果に表れたのです。しかし昨今の状況から見て、県民感情は将来爆発する危険性を孕んでいます」

――よく言われる「沖縄人の心」とは何ですか。

「歴史的に独自性をもつ琉球人と、日本の一県に属す沖縄県民の両方のアイデンティティーを足して二で割れば、出てきます。大田知事は海上基地建設を拒否（この稲嶺インタビューの四日前）したとき、政府に対し申し訳ないと言いましたが、本心だと思いますよ。大田さんは、心を重視するから苦悩するのです」

「沖縄の心は複雑で揺れ動く心です。ポーランドと沖縄は、周辺の強国から支配を受けた点などで歴史的に似ているようです。家族の絆や祖先崇拝を大切にし、抵抗精神ももっています。経済的にじゅうぶん豊かではないにしても、陽気で楽天的です。沖縄の日中両属性が民族性を培ったのでしょう。沖縄人には歓迎会よりも送別会の方が重要です。左遷されたり都落ちする者に別れのあいさつをするのが本物の友情だ、という考え方があるからです」

「外務省北米課の職員には、歴史の浅い米国とつき合っているため、長く複雑な歴史をもつ沖縄のことがわからないと言えます。一方、欧州課は、欧州諸国の古い歴史を学んだ立場から沖縄がわかるのです。空手は専守防衛であり、沖縄人の暴力行為は少ないのです。その昔、沖縄人の非武装の思想にナポレオンが驚いたという話は有名です」

――沖縄経済の運営はどうすればいいのですか。

「沖縄の経済は中央依存度が大きく、おんぶにだっこで食っています。このことがわかっている人は意外に少ないのです。経済自立に近づく気持が必要です。補助金はあくまで補助にすぎません。自助のため、制度を中央からもらうことが不可欠です。観光は重要な柱ですが、一つだけでは弱く、いくつかの別の柱と組み合わせていかねばなりません」

――地理的特長を生かすとか、工夫も必要ではないですか。

「香港の中国復帰後、自由陣営日本の南端に位置する沖縄の重要性は増したと言えます。日本に依存するだけでなく、日本のため沖縄は何ができるかを考えなければいけません（この発言部分に、高良倉吉らブレーンの発想の影響がみられる）。マングローブ栽培、赤土流出防止、風力発電、熱帯医学など沖縄の技術をもって、日本の東南アジア外交に貢献するのも一つの方法でしょう」

稲嶺恵一知事

――国際感覚を重視しているそうですが。

「そのとおりです。私は若者が好きで、沖縄に来る各国の若者たちを支援する活動などをしています。沖縄に来た外国の若者は、親《しん》沖縄になって帰っていきます。日本本土を知らない若者にとっては、親沖縄が即親日ということになります。この点で、私たちは重要な役割を担っていると言えます」

「沖縄は発展しすぎたと言えるくらい（九八年度一人当たり県民所得は二一八万円。同年度一人当たり国民所得は三九九万円）で、もはや移住県ではありません。世界のウチナーンチュ大会が何年かごとに那覇で開かれていますが、世界に散らばっている同胞たちを華僑のように経済面でネットワーク化して、琉僑とする発想も必要です」

話には含蓄がある。だが稲嶺はけっして雄弁ではなく、どちらかと言えば訥弁《とつべん》だろう。そのまま記事にできる発言は少なく、すべての発言を整理し、前後を入れ替えたりして、さらに本人から真意の確認をとってから、ようやく記事が書けるという型である。

その真意だが、インタビューの後、那覇の中心街まで車に同乗させてもらうことになったため、車中でもう一度、知事選出馬の有無について尋ねた。答えは、政治向きでないし器でもないという、同じ言葉の繰り返しだった。

その後、橋本政権は大田に勝てる候補の擁立で難渋することになる。その過程で稲嶺恵一の名前は出たり消えたりしていた。私は、インタビュー時の稲嶺の訥弁と出馬の可能性をめぐる発言が頭から離れず、稲嶺は知事になって、参院議員だった父親を超えたいと考えているかもしれないと思うようになった。

二度目のインタビュー

果たしてインタビューから半年後、稲嶺は出馬することになった。そのとき稲嶺は、「私は一度死んだ身だから」と言った。私とのインタビューの記事が沖縄でも報道されたことから、出馬はしないという意思表示は、有権者に広く知られていた。それに対する帳尻合わせの一言が必要になったわけである。知事選はその年の一一月一五日に実施されて稲嶺が勝ち、一二月一〇日に就任した。器ではないと自認する人物が知事という沖縄で最重要、最高の地位に就いたのだ。

稲嶺恵一と二度目のインタビューをしたのは、九九年四月五日のことだ。私はその日、直方体の怪物のような沖縄県庁に行った。支局時代の県庁は復帰前からの建物で、階段や廊下には雨風が直接当たって、天候の悪い日は本土人の私に、いつも台風と対峙しているような快感を与えてくれたものだ。それがいまやピラミッドのような豪壮な白亜の建築物で、人を寄せ付けない崖の岩壁のようにそびえている。これとそっくりで、大きさが三分の一くらいの建物を富山市で見たことがあるが、同じ建築家の作品ということだった。しかし、問題多い沖縄の現状からすれば、建築業者を潤わせた県庁の巨大な箱はそぐわないものがある。

知事応接室で、稲嶺に一四カ月ぶりに再会した。激務からだろう、疲労感を漂わせていた。だが幾分緊張気味で、それが無表情さに表れていた。質疑応答は一時間と限られていた。財界人だった前回と比べ落ち着きと精気に欠けていると見受けられたのだが、独特のかん高い声を聞いて、稲嶺に再会した実感がわいた。

――施政四カ月を振り返ってください。

「非常に短かったと同時に、非常に長かったという気持です。短かったというのは、その間、走りつづけてきたからです。就任の翌日から東京で沖縄政策協議会（閣僚たちと知事が経済政策を協議する機関）があって、各省庁を全部回ったのです。あっという間でした。それまでなまけていたのでしょうか、きつい日程で、一〇年分くらい日程をこなした感じでした。その意味では長かったわけです。いちばん感じているのは重責です。沖縄問題の重さがのしかかっています。一三〇万県民の委託を受けたというのはたいへんな重荷です。しかし精一杯、全力を尽くして頑張りたい。これが心境ですね」

――前回のインタビューで出馬しないと言いましたが、いま知事になっていますね。

「多くの人々から沖縄のために出馬しろと求められ、最後は使命感から決断しました。最終的に私一人にしぼられて、私が受けなければ、だれもいなくなるという状況でした」

――父親と並んだか、追いついたという気がしますか。

「まったくしません。その距離は永遠に埋まらないと思います。私は自分のペースで行きたい。私の座右の銘は、人みなわが師です。みなの意見をじっくり聞き、そのなかから最もいい意見を採り入れて、よりよい政策を決めるという方法を採っています。この方法で自分の資質を補完します。父とは元が違うのです。私は個ではなく、多くのみなさんと一緒になってやります。共同で対処していきます」（「個」でないため、ブレーンの意思が入り込みやすい。大田昌秀は頑固な「個」だ。）

――父君は尊敬する存在なのですね。

「そうです」

――知事が当選したのは、実践経済の専門家に対する有権者の期待があったと思います。優先政策は経済ですか。

「そのとおり、まず経済です。沖縄政策協議会が再開し、少しずつ動き出しています。将来の産業振興を主に訴えています。これについてはある程度、政府に従来とは若干違う施策でやってもらっています。たとえば情報通信産業では一致点がかなりでていて、引き合いも増えています。まずはそういうところから出発し、特別FTZ（自由貿易地域。基本構想は前県政が発案）を展開するとか、地場に立脚した生物工学分野などを伸ばしていきたい。特効薬はないので、地道に一つ一つ積み上げていきたいですね」

「基地問題は沖縄にとって最重要問題であり、避けて通れません。三月、普天間基地と那覇軍港についての対策機関を発足させました。この四月には、那覇港の新しい港湾促進室ができます。具体的に、それに向かって展開したい。感情的な理想論として基地の県外移設案もありますが、現実的にはSACO合意を着実に実施することで、さらに新たなSACO設置（第二SACO）を念頭に置きながら一歩一歩進めていきたい」

「このほか環境、教育、ことし一〇月から発足する三歳児未満医療無料化制度など、着実にやっていきます。問題は山積していますが、私は常に、すべてか無か二者択一の政策はとらず、ベター（次善）の政策でいく。ベストはないのですから。言うはやすし行うは難しなのは、県財政の厳しい現実から明らかです。行財政改革問題も解決せねばなりません」

――基幹産業の観光はどうしますか。

「観光という第三次産業を基盤にする場合、第二次産業と第一次産業を関連づけて伸ばさねばなりません。その意味で観光は当座の先導的な産業だと思います。先月台湾に行って、健康食品がはやっているのを知りました。沖縄は長寿県として知られています。漢方薬の盛んな台湾があれだけやっているのを見て、沖縄としても売り出すべき目玉商品がまだいっぱいあると気づきました。そういうのは二次産業と結びつきます。観光は、必ずしも人に来てもらうだけではなく、一次、二次産業を含む全体的な仕組みとして伸ばしていきたい。もう一つは、特別ＦＴＺという新しい制度を設けてもらったことです。一国二制度とはいかないにせよ、それに近い制度をつくってもらったわけです。さらに観光、情報通信の特別地域制度もつくってもらいました。これらを総合した観光産業にしたい」

――開発は不可避的に環境破壊、海洋汚染を招きますし、観光に不可欠な風光明媚と矛盾してきますね。

「環境対策は島嶼《とうしょ》県として重要な問題です。県土を造林、開発、自然保護地域に分類して対応します。とくに赤土流出と台風の関係は重要です。台風がくれば海水温度が低下して珊瑚の発育にはいいということですが、台風時の豪雨で赤土が流出すれば珊瑚は死んでいきます。赤土を海に流入させない政策を、開発と両立させる形で打ち出していきます」

――知事の持論の国際性ある政策を説明ねがいます。

「基本的には沖縄の歴史、地理的条件を生かした形で進みたい。商業面での交流を取り込まないと、文化だけでは継続的な国際交流にはなりません。先日来訪した北米の県系人のみなさんも、世界的な沖縄人のビジネスネットワークをつくりたいと言っていましたが、すでに着手しているようです。しかし沖縄人や沖縄系だけでなく、他の人々ともビジネスの交流をしないと、広がりません。その意味で、特別ＦＴＺを展開させたい」

「観光政策でも、海外からの観光客を増やしたい。九八年には四一二万人（九九年は観光客四五五万人、観光収入四九〇〇億円。〇〇年は目標の四八五万人を下回る四五二万人。〇一年目標は五〇〇万人と六九〇〇億円）が来ましたが、大半は国内（本土）からでした。さいわいその芽が出ていて、台湾から去年、一昨年とクルーザーで三万人ずつ来ています。これからは国際観光の時代です。沖縄は国際的な保養地としての条件に達していると認められていますが、まだじゅうぶんには認知されていません。そのためいろいろなことをやっていますが、サミット誘致運動（前県政からの継続）も、国際的な認知度を高める狙いからやっています」

「『世界の目を沖縄に、沖縄の心を世界に』をうたい文句にして、沖縄が、来訪者への親切心ばかりでなく平和の心ももっていることを積極的に発信、訴えていきます。沖縄の多様性、日本のなかでの特異性、これをわかってもらうと、日本はこんな長さと幅を持つ国なのかと世界から理解してもらうことができます。これだけでも大きな利点になるでしょう。観光は海という自然とハード面でそろっています。ソフトはこれからですが、それを整えつつ、沖縄の観光を世界に向かって具体的に訴える活動を展開していきたい」

ズーセオリー

――沖縄の経済は復帰後、政府から総額六兆円余りが投下されながら地元の製造業がほとんど育っていないという厳しい現実[★2]があります。なのに一方で、動物園理論（ズーセオリー）、つまり沖縄という猛獣も餌を与えれば飼い慣らすことができる、という考え方をする者が政府・与党にいま

★2　琉球新報〇〇年一〇月六日社説は、米軍統治時代に基地依存経済と物資輸入主義が定着し、復帰後は財政依存型に変わっただけで輸入依存は変わらず、本土に遠い島嶼県であるうえ水資源・電力・資本の制約などから製造業発展の余地が限られていた、と分析。

す。

「そういう考え方は非常に問題ですよ。いちばん大事なのは心です。県民は考え方として、基地の整理縮小では全員一致しています。その方向を選択するうえで、すべてか無かで全面的撤去を求める人と、段階的整理縮小も現実的にやむをえないとする人がいます。後者がいまの県政の選択です。しかし、あくまで基地のない沖縄の実現を求めるのが県民の心情であって、これを無視されるのはたいへん心外です。心情に沿いつつも苦渋の選択をせねばならないということがあります。現実に沖縄の問題が動いているわけですから、複数の選択肢のなかからベターな政策を選びます」

――基地問題に移ります。普天間返還決定から三年たちますが、代替基地が海上になる可能性もあって、その「苦渋の選択」を迫られるかもしれませんね。

「いまはその段階ではありません。三月に対策室を発足させました。ありとあらゆる面を検討しているところです。すべての案が出た段階では、判断を迫られますが、いまは具体的な判断は頭にないし、考えてもいません」

――大田前県政は二一世紀の沖縄の理想像の基盤として、まず二〇一五年までに基地をなくす政策を打ち出していましたが。

「あの行動計画は、国際都市形成構想（政策としては稲嶺県政下の〇〇年三月消滅）がまずあって、これに付随してでてきたものです。沖縄の主要な問題は復帰後、格差是正面から捉えられ、これはかなり是正されました。その間遅れていたのは産業振興です。補助をもらわないと振興できない仕組みになっており、この点を是正しないと、本当に自立的な沖縄経済はありえません。私はこの点で全力を尽くしたい。先ほど指摘した観光など条件がそろったものや、県民性、亜熱帯気候など県の性格に合ったものを伸ばしていきます。付加価値の高いものは、他の地域がすでにやっています。それでも蘭など、ここからもっていって付加価値をつけているのがいろいろあります。その意味では、ブランド化などもとりいれていけば、相当伸ばすことの可能な分野があります」

——あくまで経済重視でいくということですか。

「そうです。基地問題の最大の眼目は返還ですから、跡利用と絡めてやっていきます。経済振興に有益な方向で結びつけていきたい」

——いろいろな問題について意見を尋ねます。新ガイドライン、NATOのコソヴォ介入などについてです。

「すべて総論と各論があります。安保については、私は総論として安保条約を認めています。現実にこの一帯、日本列島の平和維持についての大きな利点がありましたからね。しかし具体的な沖縄の問題という各論になると、違いがでてきます。安保は認めるが、沖縄の過重負担がある。これを軽減してほしいと要望するのが私たちの立場です」

「このへんは微妙な発言になりますが、過重な部分はあくまでも反対の立場を貫くと言っています。たとえば特措法手直し（九七年四月）のとき反対しました。新ガイドライン問題でも、基本線は認めるが、沖縄に過重負担を強いるようなものならばあくまで反対する、という基本的立場があります。この姿勢は変わりません」

「コソヴォ問題については、個人として発言します。ユーゴスラヴィア、アルバニアに行ったことがあります。コソヴォ問題は基本的には、国連が積極的に解決に向かって努力してほしい」

法制化には議論を

——日の丸・君が代法制化問題はいかがですか。

「沖縄では難しい問題です。感情面で重い。この問題については十二分な長い議論が必要です」

——法制化されても、強制はよくないという意見については。

「知事としての発言は控えます。歴史的に沖縄には非常に複雑な感情があるということを、もう一度指摘します。法制化問題ということでなく、日の丸・君が代については、十二分な議論が必要です」。[「国旗国歌法」は九九年八月九日成立した。]

——暴力事件が激発しています。日本社会に昨今蔓延している「暴力の文化」について、対処法はありますか。

「基本的には、沖縄の文化は横社会から生まれています。甘えの構造があるにしても、住みやすいのです。共同体的なものが根底に流れているからです。この点では、非共同体的な現代世界の流れのなかでは危機に立たされうるのです。対応するため、たとえば教育は、画一的なものでなく個性を大事にするものに変えるなど、人に優しい考え方を教えることが大切でしょう」

「復帰後、日本に同化しようとした傾向がありました。ところが逆に日本（本土）で地方分権だとか地方の時代などと言われるようになって、沖縄人も沖縄の良さを認識しはじめました。沖縄の輝き、本土と違う文化をもっているということが、日本の幅を広げるし、世界でも評価されるものになると思います。沖縄的な良さ、異質性を、なにも抵抗するという意味でなく、大事にしていきたい」

「国際交流関係で見ると、沖縄国際センターが日本でいちばん評判がいいのですが、それは外国人を受け入れる歓迎心がいちばんつよいからです。こういうものを大事にしていきます。さまざまな生き方、考え方を取り入れる仕組み、若い人たちの意見を吸い上げる組織をつくるため、諮問委員会をつくります。対立するのでなく、みなが一体となって沖縄をまとめていく方向で考えたい」

「その意味で、きのうの沖縄尚学の甲子園優勝は、県民が一致して喜んで、意識改革のうえで大きかったですね。やればできるということがわかったのです。あきらめっぽい性格とされた沖縄人が、粘りに粘って、過去には逆転されたところを、粘り抜いて優勝したのですから。沖縄の将来の生き方を示唆したものではないでしょうか」。［琉球処分（廃藩置県）で沖縄県が生まれた。甲子園での高校野球は都道府県もしくはブロック選抜の高校が試合をするが、県制度を基盤にした試合制度をもつ甲子園野球に沖縄人が熱中しているのは興味深い。］

——高校野球での優勝を超えて、精神改造の意味さえあったということですか。

「あると思いますね」

——沖縄に一種のコンプレックス（特殊観念）とか敗北主義があったのではないかという見方がありますが。

「私は昨日、甲子園で決勝戦の前と後に高野連会長にあいさつしました。これは首里高の初出場（一九五八年）以来受けてきた配慮への感謝の気持からです。ともかく出なさいと言われて出場した首里高は敦賀高と対戦し、三振の山を築いて力の差を見せつけられました。しかし高野連の温かい心で出場でき、それ以来の歴史を経て、昨日の初優勝に結びついたのです。いきなりでなく、積み重ねがあって、一歩一歩伸びてきました」

違いを強調

——ものおじしない人間像ですね。米軍支配二七年、復帰後二七年、同じ長さの時間がたって、格差がなくなったということですか。

「必ずしもそうは言い切れません。NHKの一昨年の世論調査でアイデンティティーに関する質問があって、日本人と答えたのが三六％だったのに対し、沖縄人と答えたのが五九％だったのです。県民には、こうした微妙な意識があります」

——知事にアイデンティティーの質問をしたら。

「わかりませんね。日本人、沖縄人の両方でしょうね」

——平良知事は反戦平和、大田知事は平和を強調しました。稲嶺知事は沖縄人としてのアイデンティティーが必ずしも明白でないという見方があります。財界人という印象はありますが。

「私の生まれは大連、育ちはバンコクで、幅広いものがあり、逆の意味で平和意識をもつと自負しています。この考えにも立って、平和を沖縄からつくっていくため、沖縄県平和賞を近々設けます。私は六〇カ国以上を訪問しました。カンボディアの地雷問題も知っています。他の紛争地域にも顔をだしています」（沖縄平和賞は〇二年発足の見通し。）

「沖縄がもつ、異質性を受け入れる寛容さが、平和につながるのです。チャイナタウンがないのはバンコクと沖縄だけと言われます。沖縄は何でも受け入れて、とけ込みとけ込ませてしまいます。これが本来の沖縄の心です。大田さんとの考え方の違いがここにあります。他国の歴史を見てきましたが、イスラエルには二〇〇〇年もの闘争の歴史があります。過去を前向きに捉えて、平和にもっていけるような方向に行くのが重要です」

——アイデンティティーは国際性と両立すべきもので、異質性を取り入れ、新しいものをつくっていくということですか。沖縄、沖縄とあまり言わずに。

「そうですね。しかし沖縄は私の原点です。父が国際センターを誘致したりしましたが、それは沖縄を原点と考えて世界を見る発想からでした。私も子どものころからそばで見ていました。私のアイデンティティーは父親かもしれません」

——稲嶺さんはプラグマティック（実利的）ですが、一つ哲学がほしい気がします。

「基本的には、沖縄の自立です。自立できるような方向にもっていきたいということです。歴史を大事にする。いまでも、祖先が流されて死んだ喜界《きかい》島（奄美大島東方沖の小島）にお参りにいきます。琉球王朝時代からつづいてきたものを大事にします」

——かつての日中両属性を今日、日中理解に生かせますか。日中友好の琉球弧[★3]にするとか。

「異存なしです。経済の自立があってはじめて発言権ができてきます。平和を希求する沖縄人の心を基盤とし、発言権をつけられるようやっていきたい」

——訪台もその一環ですか。

「そうです」

——次の「（第三回）世界のウチナーンチュ大会」はいつやりますか。

★3　九州と台湾の間に弓形に連なる島々を指す地理的呼称。作家島尾敏雄が一九六〇年代に文化的・思想的概念を加え「ヤポネシア」という呼び方を編み出した。三木健はヤポネシアの中の「オキネシア」という言葉を作った。

「検討中ですが、サミットなどいろいろな行事との兼ね合いを考えて、時期を決めます」〔〇一年一一月初め開催と決定。世界三二カ国に計三〇万人いる県系人のうち、四五〇〇人が参加の見込み。「沖縄アイデンティティーの継承」がテーマだという。〕

――沖米外交は展開しますか。

「機会があれば、必要があれば、やります。大田さんが会っていた米国の高官はほとんどが来沖しました。彼らには言うべき事は言いました。しかし必要あれば行きます（〇〇年初め訪米計画を打ち出す。〇一年訪米を予定）」

――前県政がやっていた電脳情報の収集は。

「県庁ではやっていませんが、ニューヨーク事務所が存続しており、ここを通じて引きつづきやります」

――マスメディアへの注文はありますか。

「最近はありませんが、前はかなりストーリー（作文）のように報道されたという側面がありました。私が知事になってからは、かなり公平公正に書いていると思います」

――復帰記念日について。

「大きな節目です。山積する問題を、目に見える形で一歩一歩解決していきます。不発弾なども含めてです。復帰二七年で沖縄は大きく発展しましたが、残された課題もそれ以上に大きく、それを解決するのが私の使命です」

インタビューは終わった。必要ない場合は削ったのだが、基本的、ある程度、ベターな、現実的という言葉が頻発に登場した。父親への傾倒、大田前知事への対抗心、経済強化への意気込みが明確に表れた。稲嶺知事は経済畑の人であり、「基本的」には善意の人であるのは疑いない。だが政治や社会思想面では素人で、疎いようだ。その「白紙」的部分を、側近や政府当局者が意図的に埋めるようなことがあるとすれば、問題となって浮かび上がってくるだろう。

2 稲嶺県政への批判

計量級の戦術家

このインタビューと前後して那覇市で識者たちから、稲嶺県政の印象を聞いた。社大党本部には、数年前、県庁を定年退職した平良亀之助[★4]がいた。

「社大党は政党助成法では諸派で、政党と認められていないから助成金がこないのです。委員長の島袋宗康が参院議員に再選され、ああこれで党の寿命もあと六年延びたなというのが実感ですよ。議員の私費で運営されていると言ってもいい党ですからね。しかし結党以来、党名が変わっていないのは、沖縄では社大党だけです。日本共産党も同じ名前を通していますが、沖縄では人民党を名乗っていましたからね」「ただし島袋委員長は九九年に第二院クラブに入党、「二重党籍」となり、社大党は同クラブ沖縄支部として二三〇〇万円の助成金を受けた。」

「ズーセオリーにはまり込んだ稲嶺県政は悲しいかぎりです。その節操のなさは、基地問題での左顧右眄《さこうべん》ぶりで明らかです」

亀さんは、党史執筆にからめて社大党の話をしてから、稲嶺県政を短く斬り捨てた。三線《さんしん》（三味線）の弾き語りが特技の新垣重雄書記長にも、考えを聞く。

「稲嶺は県民党を口にしながら沖縄の立場を主張せずに、政府の言うことばかり聞いています。沖縄を安売りしてはいけません。沖縄問題は、悪いところで安定してしまっている感じです。稲嶺は所詮、雇われ船長ですよ」

「社大党は東京との縦のつながりをもたないからこそ、沖縄の声をじっくり聞いて、政策に反映させることができます。組織はありませんが、選挙になるや、有権者の声を結集できるのです。わが党は、だれもが来やすい、居心地のいいとまり木です」。［社大党は〇〇年九月初め新社会党の矢田部理《おさむ》委員長から、〇一年参院選東京選挙区で両党統一候補を擁立する選挙協力を持ち掛けられ、基地問題を本土人に再認識してもらう好機と判断し、「時限共闘」として、新垣書記長の出馬を決めた。社大党委員長・島袋宗康参院議員は結党五〇周年に際して、「七〇年代初め以来、衆院選に独自候補を立てずに革新共闘候補を当選させてきた。ある意味で犠牲になってきたことが長期低落の原因で、戦わない政党となり、他党の草刈り場になり、地域で雲散霧消してしまった。戦うべく党方針を転換すべきだ」「本土各地の地域政党とともに地域政党全国大会を〇一年四月沖縄で開く」と語った（〇〇年一一月一日琉球新報）。］

琉球新報の高嶺朝一編集局長を訪ねる。一線時代は軍事・基地問題の専門記者で、鮮やかな特ダネをものにしていた。だが沖縄に深刻な基地問題を「軍事・国防問題だから仕方ない」と、すり替

★4　名文家で、平良知事のころ知事演説の草稿を書いていたのだが、いまは党本部に週三日詰めて、〇〇年一〇月三一日に結党五〇周年を迎えた社大党の党史編纂を担当している。亀さんと呼ばれる一言居士、それも的確な意見を吐く名物男である。

えられるのを注意深く見極め、それに異議を唱える取材報道ぶりが、本土のいわゆる軍事記者や軍事評論家たちと大きく違っていた。そこに沖縄人記者としての気概を見、学ばされた。いまは編集の重責を担いながら、社の電脳システム面をも指導する技術に強い才能を発揮している。人なつっこい笑顔と、難題に直面したときの厳しい表情が対照的な友人である。日本人の軍事専門家やジャーナリストには、世界最強の米国と同盟関係をもつ日本政府と同じような立場から、何か世界戦略に参加しているような錯覚に陥って発言する者が多い。だが日本人は人類史上最初に原爆の洗礼を受けた深い業《ごう》をもつ。このことを忘れたり棚上げしたりして戦略論議をするのでは、思考停止のそしりを免れまい。

「稲嶺は、沖縄に登場した民間企業人として初めての知事です。惰性で動く日本社会を、実業家として見つめていた人物です。フットワークはとてもいいけれど、いかんせん軽量級です。日本の官僚機構という重量級といずれは衝突し、コーナーに追い詰められることになるでしょう」。「稲嶺知事は九九年秋、普天間代替基地の県内建設を受け入れた後、使用期限一五年の条件を主張して「政府と闘っている姿勢」を示している。」

「大田は理念と戦略の人。稲嶺は経営と戦術の人で、大田前県政の影に怯えています。大田が打ち出した二〇一五年までの行動計画は、沖縄が提示した初めてのグランドデザイン（大構想）として重要です。稲嶺県政は、その線に沿って動いています」

「対日・対米交渉は陳情ではなく、このことを現県政に認識してもらわねばなりません。問題を的確に観察すれば、交渉のカードを手にすることができます。たとえば新ガイドラインの成否は、沖縄の軍事基地を安定使用できるか否かにかかっています。ここからカードが見つかります」

高嶺の発言は、的を鋭く射ている。彼は対日という言葉を使った。この本の他の登場人物も「日本」や「対日」をすでに使っているが、日本の施政下に九五年間しか置かれていない沖縄には昔から、日本を相対的に捉える視座があり、これを理解しないと沖縄問題をうんぬんすることはできない。日本政府は、こと基地問題については、沖縄の意思よりも米国政府の意思を尊重する。こうしたことから、沖縄の人々は、本土を日本と捉えて、相対《あい》する存在として見るわけだ。

一周遅れの覇者

琉大の仲地博教授とは、桜坂の民芸酒場「おもろ」で会った。

「稲嶺県政はスローガンの割には実態が見えません。煙幕が張られています。有権者は、よく見える県政に変えるよう注文すべきです。基地移転であがる利益と引き替えに、沖縄が戦後半世紀あまりにわたって築いてきた平和を願うアイデンティティーを捨ててはなりません。沖縄は過剰な開発[★5]を求めず、一周遅れのトップランナーであることに気づいて、これをよしとせねばなりません」

温厚な教授だが、いつも毅然としている。沖縄知識人の一つの典型とも言うべきたたずまいである。「一周遅れのトップランナー」とは言い得て妙だが、岸本名護市長が同市企画係長のころ策定に参画した「逆格差論」に通じるところがある。

★5　沖縄の陸と海は普天間代替基地、新石垣空港、泡瀬干潟埋め立て、本島北部ダムなど目白押しの大規模土木工事に直面しようとしている。

沖縄タイムスの平良知二編集局長（現・東京支社長）は、故平良幸市知事の息子である。父親は阿部知二が好きで、息子にその名を付けたと聞いている。私が那覇支局にいたころ、彼は血気盛んな社会部の一線記者で、酒場で顔を会わせれば、「ヤマト・ウチナー対立論」をめぐって、やり合ったものだ。当時は、日本復帰への期待はずれなどからヤマト嫌いの風潮があって、構えたり構えられたりする人間関係が少なくなかった。

平良知事とも、いろいろな思い出がある。北大東島に南西航空の定期航路が開通したとき、記者団は知事とともに一番機に乗った。一番機が折り返しの便となって離陸すると、知事は出迎えの島民たちを滑走路に車座に座らせて、一日直接県政をした。知事が島の最大の問題点を尋ねると、人々は口をそろえて、飲料水だと言った。

「どの家も屋上をプールのようにして水を貯め、これを濾過して飲んでいます。硬水なので、結石になる患者が多いのです」

そんな島民代表の話を聞いていた知事は、立ち上がって言った。

「結石（欠席）が多いと、落第します（！）」

そして、この洒落のでき具合に満足したように一座を見渡した。私はラテン式のこの種のユーモアに慣れていて、大笑いした。だが島民たちは、困ったような表情で互いに顔を見合わせていた。

知事は、那覇に戻って間もなくして、激務から脳血栓で倒れ、やがて辞職を余儀なくされて、闘病生活の末、八二年に亡くなった。息子知二に会うたびに、この北大東島でのエピソードを思い出す。

「稲嶺県政は経済優先でやっていますが、行政が未経験のため、試行錯誤しているようにみえます。だからといって、雇われ船長呼ばわりするのは酷でしょう。基地はないにこしたことはありませんが、簡単になくすことができないため、稲嶺は現実的な選択をしようとしています。けっして理念がないわけではないと思います。ただし普天間基地の移設問題では、政府からの圧力で苦渋の判断を迫られることになるはずです」

「戦後の沖縄の出発点は、基地をなくし経済を繁栄させることでしたが、米軍が依然でんと存在しているし、新ガイドラインで民間施設の米軍との共用も増えるでしょう。二一世紀の沖縄の理想は、周辺諸国や地域との交流の核になることです」

平良局長は、稲嶺知事に一定の理解を示しながら、基地の島・沖縄の宿命的な立場をさらりと描いてみせた。東西冷戦が終結してイデオロギー対立が消え、米国主導の経済・軍事支配が世界に広がり、日本経済が長期の不況で低迷する今日、新聞ジャーナリズムの理念の置き所を定めるのは、経営面・思想面での社内の衝突があって難しい。平良の歯切れ悪い口調も、そんな状況と無関係ではないはずだ。

3 青天の霹靂《へきれき》サミット

開催決定の圧力

稲嶺知事にインタビューしたのは四月初めだったが、同月末には〇〇年七月名護市での沖縄サミット開催[★6]が決まって、その「意外性」から大騒ぎになった。稲嶺は、サミット誘致運動組織を基に約六〇〇の団体・個人を集めて「サミット推進県民会議」を発足させた。私は六月メキシコに出張し沖縄観測が途切れたのだが、七月にまた沖縄に行って遅れを挽回した。

沖縄はサミット開催と引き替えに、普天間基地の県内移設先を決定するよう政府から圧力を、ますます強くかけられていた。政府の全面的な支援によって当選した知事であってみれば、政府に押し切られるのは時間の問題になりつつあった。そのうえ政府は六月、沖縄をアジアの情報通信のハブ基地にする「沖縄国際情報特区構想」などを盛り込んだ「沖縄経済振興二一世紀計画」という経済支援策を策定中であることを明らかにし、県政を盛り立てていた。稲嶺に逃げ場はなかった。

沖縄は、日米両国政府から重大な挑戦を受けている。沖縄サミットまでに、宜野湾市にある普天間航空基地の県内移設問題を決着させるため、年内に移設先を決定するよう、両政府から強い圧力をかけられているからだ。稲嶺知事ら県首脳、宜野湾・名護両市など関係市町村首長らは、一部の積極的誘致派を除き、圧力と県民世論の板挟みでたじたじとなっている。

最高一兆円を超えると言われる大規模な移設先での新基地建設工事で潤う土建業界など利益団体と、移設に反対する知識人らは水と油の関係だ。地元の報道機関も、県内移設をめぐる世論の動向を測りかねていた。

沖縄への圧力は、サミット開催という日米政府からの「甘い贈り物」に酔った沖縄人の喜びも束の間に、普天間移設の早期実施を求める両国首脳らの相次ぐ発言で一気に強まった。小渕首相は、自自公三党の事実上の与党連合に支えられ、サミットをテコに普天間移設問題を動かそうとの意気込みだ。その強引さは、国論を二分したガイドライン関連法、国旗国歌法などの採決時にみられた強硬姿勢を思わせる。

状況は、稲嶺知事が圧力に屈して移設先を決定するのがいつになるかという一点に収斂《しゅうれん》しつつあった。政府は「地元意思尊重」という建前で、移設先決定の責任を逃れようとしている。政府は知事を苦境に陥れないため、知事が公約した「期限一五年の民・軍共用の陸上空港」という移設条件にも「理解」を示すかもしれない。知事選以後、政府から手厚い支援を受けてきた知事が、政治生命のかかる「苦渋の決断」(この言葉には多くの場合、都合の悪いことを隠しながら「断腸の思いで決定した」という意味合いをかもす、まやかしがある)に追い込まれる公算は徐々に膨らんでい

★6　九六年四月大田知事は東京でクリントン大統領に「近い将来、沖縄に来て、基地の実状を見てほしい」と言った。ここに大田の沖縄サミット誘致の発想の根源がある。

る。

問題は知事、さらには背後にいる日米両政府が世論の動向を見誤らないかどうかだろう。政府が決定の下駄を県に預けたのも、米政府が「サミットと普天間移設は関連させない」とわざわざ言い直したのも、世論を刺激したくないからだ。そのような配慮は、サミットが数日間の祭にすぎず、基地の整理縮小こそが沖縄にとっての長期的問題であると、沖縄人が見抜いていることを、両国が認識しているからにほかなるまい。

反基地の世論が四年前の少女暴行事件後に見られたように沸騰するのは、滅多にあることではない。だが政府と県が事を焦って強引すぎる決定をしたような場合、事後処理を誤ったり本土世論が加勢したりすれば、沖縄の世論は燃え上がるに違いない。そうなれば嘉手納基地への普天間統合、普天間の県外移設、さらには国外移設などの代案が登場せざるをえなくなるだろう。

復帰後二七年、安保体制維持の「国益」と基地撤去の「県益」とが絶えず衝突してきた。問題の真の解決は、日米両国という強者が「本当の地元意思」を尊重し譲歩するときにはじまることを忘れてはなるまい。

資料館改竄事件

後でわかったことだが、稲嶺知事は私がインタビューした日の何日か前に、一年後に開館する県立新平和祈念資料館の展示内容を「あまり反日的になってはいけない」として、その改竄《かいざん》をひそかに指示していた。これに先立ち、新資料館の展示内容を決める監修委員たちは県当局に最終案を提示していた。銀行畑出身の副知事牧野浩隆をはじめ側近やブレーンの学者らは、最終案を見て手直しが必要だと考え、それを知事に進言する。沖縄サミットの開催が決まると、彼らは、改竄は日本政府を喜ばし、来訪するクリントン大統領を嫌な気分にさせない一挙両得の効果をもつとますます思い込むようになったようだ。県は展示資料制作業者の野村工芸社に改竄しての制作を発注した。これが八月、星雅彦ら展示監修委員たちから取材した琉球新報によって暴露され、大問題となった。

稲嶺は知事選出馬の条件として、元副知事吉元を側近にすることを条件にしていた時期があった。吉元が側近だったならば、改竄事件は起きなかったかもしれない。最悪の事態は、稲嶺の不得意部分を、真の県益が何かという判断を誤った側近らが意図的に埋めたことで起きたのであり、私が懸念していたとおりになった。稲嶺県政は発足二〇カ月にして、大きくつまづいた。

新平和祈念資料館に展示される壕（ガマ）の復元模型で、住民に向けられた兵士の銃を取り払うなど日本軍の住民虐殺の場面を、県が監修委員会の承諾なしに一方的に変更したのが問題の中心だった。問題は県が非を認め変更部分を元に戻すことで収拾に向かうことになるが、沖縄人は、九〇年代の日本で著しい「歴史改竄」問題と同質の忌まわしい出来事が沖縄で、それもあろうことか県中枢部で起きたのに驚愕した。

今回の「展示変更事件」は、保守県政の下で起きたことを指摘せねばならない。地元紙は、改竄が明らかになった時点で、「知事が展示方針の一部見直しを指示していた」と報じている。県の最高責任者として、稲嶺知事に責任が帰せられるのは当然だ。

監修委が九九年三月県に提示した展示案には、壕内で「銃を構え母親に幼児の口封じを命じる日本兵」「青酸カリ入りのコンデンスミルクの入った容器を手にし負傷兵に自決を強要する日本兵」

が含まれていた。だが兵士の手から銃がなくなり、自決を強要する兵士は消されていた。監修委は七月、この変更に気付き、県に抗議、変更部分を元通りにするよう求めていた。

第二次大戦中、日本領内で最も悲惨な地上戦が展開された沖縄にとって、その沖縄戦の史実を正しく後世に伝えることは「聖なる使命」であるに違いない（沖縄戦は、琉球新報と同紙読者が選んだ「二〇世紀沖縄二〇大ニュース」の一位。二位日本復帰、三位沖縄サミット開催、四位首里城復元、五位サンフランシスコ講和条約、六位島ぐるみ闘争と続く。このほかコザ暴動一一位、九五年少女暴行事件一二位、「平和の礎」建立一五位）。史実を伝える資料館の展示物の変更はこの上なく重要なことであり、知事の了承なにし行われることはありえまい。今回の改竄劇は、稲嶺県政の明かな失敗作だった。

「自由主義史観」を掲げる学者らは、第二次大戦時の日本軍の行った戦争の侵略性、南京虐殺の史実、当局や軍が従軍慰安婦の制度的運営にかかわった事実など、自分たちに都合の悪い史実を否定、もしくはねじ曲げようとして、九〇年代に内外で問題になった。このような歴史改竄の主張がまかり通るような風潮が今回の展示物改竄の背景にある。さらに国会審議が欠落したまま新ガイドライン関連法、国旗国歌法、通信傍受法などが相次いで成立したのに象徴される国家主義の急激な高まりという、新たな「逆コース」のうねりとも無関係ではあるまい。

県は九九年六月には、沖縄戦の全戦没者約二三万七〇〇〇人の名前を刻んだ「平和の礎」に、前年六月以降に刻銘の申請のあった約三〇〇人の名前を九九年には刻まないといったん決めながら、批判を受けて例年通り刻銘することにするという失策も冒している。県は、平和主義に関する政策で腹が据わっていなかった。

〇〇年七月には、名護市を舞台に沖縄サミットが開かれる。県は「貸座敷」であるが、沖縄開催が、普天間基地の名護市への移設問題と絡めた政治的決定であることからすれば、県と有権者にはサミットに「政治的に」対応する資格があると言えよう。その場合、沖縄がサミット時に来訪する首脳たち、国際報道陣、国際NGOに訴えて意味があるのは、平和を積極的に醸成・構築する沖縄人の気概をおいてあるまい。それを改竄などでないがしろにするのでは、文字通り貸座敷に成り下がるしかないと県は肝に銘じるべきだろう。

歴史改竄が側近やブレーンがおこなった発案で[★7]あったとしても、それが県政として形をとれば、その責任は県知事が引き受けなければならない。

地元両紙を含む活字メディアは、新県政発足後数カ月間は恒例の模様眺めの「休戦」状態を維持していたが、そろそろ「開戦」というところで沖縄サミット開催が決まって休戦期間が延びていた。だが改竄事件をもって、保守・右翼系を除くメディアと稲嶺県政との関係は、ジャーナリストと権力者が対峙する真剣なジャーナリズムの土俵に移った。

★7 真栄城守定・牧野浩隆・高良倉吉は稲嶺当選を期待する知事選を控えて『沖縄の自己検証——鼎談・「情念」から「論理」へ』（九八年一一月、ひるぎ社）を出版。新川明はこれを「政治工作の書」と批判し、新崎盛暉は「新同化主義」と評した。牧野は稲嶺の下で副知事に収まり、他の二人はブレーンとなった。真栄城・高良は大城常夫を加えて「沖縄の自己検証」の延長線上にある「沖縄イニシアティヴ」を〇〇年三月発表した。新川は『沖縄・統合と反逆』（〇〇年六月、筑摩書房）で、「沖縄の自己検証」を「ばかばかしいとして意図的に無視したのは誤り」であり、「一般民衆レベルの意識や感性、そういったところに及ぼす影響力は相当大きい。その仕掛けに対して批判する気持ちがなかった。反体制的、革新的と言われた知識人たちの責任みたいなものは問われる。自身を含めて」と述懐した。

三カ月越しの新平和祈念資料館の展示改竄問題は、県首脳陣が九月改竄への関与を認めて峠を越えた。だが稲嶺県政の平和行政への信用は、「戦争マラリア」（戦時中、生活条件の悪化もあって八重山地方で猛威をふるったマラリア）の実態を展示する八重山平和祈念館（九九年五月開館）の展示改竄問題と相まって、地に落ちた。その信用を回復するのは、相当時間がかかるだろう。

知事は「反日的な」展示は見直すべきだという趣旨の指示をしていた。換言すれば「国策」に反するような展示はやめようということだ。これを伝える琉球新報、沖縄タイムス両紙を読み、やりきれない思いをした読者は少なくあるまい。

歴史の虐殺

沖縄人は戦時中、国策に従って兵士として加害者の側に立つのを余儀なくされ、同時に沖縄戦で、これ以上ないというほどの凄惨な目に遭わされた。反戦平和の「県是」は、被害者にも加害者にも再びならないという県民の悲痛な誓いから生まれた。

復帰後の平和行政は、後世への教訓を引き出すため、沖縄戦の実態を最悪の局面をも含めて教育し、あるいは展示するものだった。県是と平和行政の精神こそ県民の「操」であり、これがあるから本土人は沖縄人に対し敬意を払い、「済まなかった」という気持ちを抱いてきた。

なのにいま、現職の知事が「国策」を気にして、沖縄戦の解釈を変えるべく部下たちに命じた。「何と、お人好しなのだろう」と驚きながらも、事大主義の根深さに愕然とする。沖縄県と政府は、沖縄サミットで、「沖縄とアジアのつながり」に重点を置いてメッセージを発する方針を打ち出している。しかし、この方針に自ら背く行為をしたのが、今回の問題を起こした県首脳部ではないか。

中国、韓国、北朝鮮をはじめ東南アジアに至る諸国は、戦時中、日本軍に蹂躙された。中韓両国の国民らは、歴史の正しい認識と侵略戦争への真剣な謝罪の心をいまも日本に求めている。たとえば中国政府は、日本の学者や国会議員の一部が旧日本軍の侵略性を認めないことに、史実のねじ曲げだとして強く抗議してきた。県当局の行為は、県是として定着していた歴史認識の変更であり、史実のねじ曲げというそしりを免れないだろう。

アジア諸国、とりわけ中国は、歴史的に琉球列島との関係が深い。その沖縄の一角で開かれるサミットには、ことさら関心が深いに違いない。だが改竄事件で、「沖縄よ、お前もか」と失望し、現県政を自民党政府の縮小版と見るとしても不思議はなかろう。「過去に目を閉ざす者は未来も見えない」という趣旨のリヒャルト・フォン・ヴァイツゼッカー元ドイツ大統領の言葉を、稲嶺知事以下、県幹部はいま一度思い起こすべきだ。

県政は、普天間基地の県内移設という重要課題の決着を迫られている。県首脳部が嘘の答弁に行き詰まり改竄指示を認めたのは、普天間移設先の選定を急ぐ政府の意向を無視できなかったという側面がある。県首脳が事の重大さを深く認識しているかは、疑問だと言わざるをえまい。知事ら県当局者にいま求められているのは、県是を自らのものとしつつ、史実をあいまいにする「史観」への不要な気配りをやめることだろう。〔この項は評論〕

史跡破壊

この評論は沖縄二紙にも掲載され、沖縄県議会での討論に引用された。私はこれを書いたとき、前年の九八年半ば訪れたサラエヴォ（ボスニア・ヘルツェゴヴィナの首都）で見た光景を思い出していた。それは、同市で私がインタビューしたスペイン人作家ファン・ゴイティソロが好んで使う「メモリシディオ（記憶虐殺）」（ゴイティソロ『サラエヴォ・ノート』九四年、みすず書房）という言葉が意味した光景である。

サラエヴォの街中を流れるミリャツカ川には、石造りのプリンツィポ橋が架かっている。一九一四年六月のある日、バルカン半島をも支配していたオーストリア・ハンガリー帝国を担うハプスブルグ王家の皇太子フランツ・フェルディナンドと妃ソフィーがこの橋を自動車で渡った。橋のたもとで待ち伏せしていた独立派地下組織の一員ガブリロ・プリンツィプは、車を狙撃し皇太子夫妻を殺害した。その翌月、帝国はセルビアに宣戦を布告し、第一次大戦がはじまる。

英雄となったプリンツィプの狙撃時の足跡が路上に刻まれ、その横の建物の壁には暗殺の史実を書いた文字板がはめ込まれた。ここは重要史跡となって、長らく旧ユーゴスラヴィア国民から敬意を払われていた。

ところが民族同士が殺し合うボスニア戦争（一九九二〜九五）が勃発すると、足跡と文字版はセメントで塗りつぶされてしまった。ボスニアのイスラム教徒の政府はセルビア人勢力を第一の敵として戦ったのだが、プリンツィプがセルビア人であったため、彼を記念する史跡を消し去ったわけだ。一方、セルビア人は、イスラムの価値ある古文書類を数多く蔵書にしていたサラエヴォの図書館を爆撃して破壊してしまった。

これらの出来事は、ボスニア戦争で数多く見られた「記憶虐殺」の代表的な例である。新平和祈念資料館の展示内容の改竄も、記憶虐殺にほかならない。

名護市長・岸本建男

改竄事件が暴露される直前の九九年七月二九日、シーサーの飾りが素晴らしい名護市役所の市長室で岸本建男市長に初めて会いインタビューした。ベストドレッサーをもって任じるかのように服装を決め、なかなかダンディーだというのが、第一印象だった。岸本はまず私の頭から足元まで一瞥し、熱帯向けの「軽装」をしていた私を値踏みした。一九四三年生まれの同年輩同士だが、少なくとも見てくれが好対照のインタビューとなった。

岸本は渡具知《とぐち》裕徳革新市政時代の七三年、市の企画室に勤務しはじめた。渡具知イズムに沿って、本土との所得格差の是正のための本土流の経済開発でなく、環境を保護し、農漁業や地場産業の育成で経済自立を果たそうという「名護市総合計画・基本構想」がその年策定された。岸本はこれに一枚加わった。これが生活実態に即して所得の実質を判断するという「逆格差論」である。

その後、市政は保守の比嘉鉄也市長となり、岸本は助役に抜擢された。それがバブル期に当たり、岸本は市有地を売却した資金などを投入して「公設民営」の私立・名桜《めいおう》大学を創設するのに大きな役割を果たした。だが、これが裏目に出て市の財政は窮地に陥った。比嘉は九七年一二月、普天間代替基地を名護市太平洋岸の辺野古沖に造る政府案を市民投票が否決した後、政府案を受け入れると表明して辞職した。比嘉は、基地受け入れと引き替えに政府資金をもらって赤字財政を立て直す道に、否応なしに突き進んだのである。

明けた九八年二月の選挙で、岸本は当選した。「島田懇事業費」[8]を含む政府資金による経済開発や財政建て直し政策は、皮肉にも赤字財政に関与した新市長岸本によって着手されたのだ。私は、市長就任一年半後の岸本にインタビューしたのである。三カ月前には、沖縄サミットの名護開催が決まっていた。

「逆風張帆」

——サミットの貸座敷の主人として、どんなサミットになるのを期待していますか。

「国際会議ですから、内容についてはとやかく言うつもりはありません。ただ首脳夫妻、報道陣のみなさんに沖縄の歴史や文化、日本、アジアをよく理解してもらえるようなサミットになってほしいと願っています。名護をはじめ沖縄本島北部の自然や文化を紹介する資料を作るほか、行事も計画しています」

「ことしのケルン・サミットを視察してきましたが、ケルンは歴史的に国際交流をしており、自然体でサミットを迎えたのだと思います。言葉の問題もあって、名護はしゃかりきです。しかし、ウチナーンチュが本来もっている明るさ、歓迎心を出せばいいわけです」

——米国の大統領と名護市民の対話の場などはできるでしょうか。

「できたらいいですね。ここの女性たちは大統領夫人と交流したいと言っています」

——市民や北部住民には、サミット開催に経済効果を期待する向きがありますね。

「会議は三日間であって、準備段階の土木工事などを除けば、直接的な経済効果があるとは思えません。ただし会議終了後、観光地として内外に情報を発信できる態勢は整えておかないといけません。サミットの会場となる万国津梁館《しんりょう》は県の建物ですが、サミット以後は国際会議場として使ってもらい、コンベンション・トゥーリズム（会議と組み合わせた観光）にもっていければと思っています」

——市長になって一年半になりますが、感想は。

「市長になる前の二倍の速さで時間が流れました。公約した政策を実施しようと努めてきましたが、緒についたところで、大した実績はあがっていません。サミット開催地になったのは幸運でした。これをきっかけに街の美化運動が進められると思い、とりあえず六月の補正予算で五〇〇〇万円ばかり資金を用意しました」

——クリントン大統領は、自分が沖縄サミットに出席する前に、普天間基地の移設先が決まっていることを望むなどと発言していますが。

「米国としては、日本との二国間決定を実現するため努力しているという立場上、当然のことでしょう。しかし、だからわが自治体の立場を変えるということはしません。あくまでも市民の立場から主張を貫いていきます」

——米国の圧力に対して反発はありませんか。

「名護市では当然それが予想されます。そうなればサミットがやりにくくなるでしょう。基地問題とサミットは切り離して考えるべきでしょう」

★8　慶大教授島田晴雄を座長とする内閣官房長官の私的諮問機関「沖縄米軍基地所在市町村に関する懇談会」（島田懇）が取り仕切る同市町村活性化特別事業費。稲嶺知事は知事になる前、副座長だった。島田懇は橋本首相、島田、稲嶺と慶応大学閥が目立っていた。

——ところが米国は切り離したくないようですね。

「米国はそうでしょうが、だからといって私たちの意思決定が左右されてはなりません」

——移設場所や工法をめぐっていろいろな意見がありますね。

「詳細は不明です。しかし日米、日沖が話し合いで決め、その案を名護市にもってくれば話は聞くと言ってきました。とはいえ、市民の安全や生活権を脅かすような移設計画ならば拒否します」

——辺野古沖の海上基地建設案についてはいかがですか。

「あれは市民投票で決着済みです。普天間代替基地の一部を海上にするという案があるようですが、その海上部分で、決着済みの問題がぶり返されるのはいかがなものかと思います」

——名護市政の最大の問題は何ですか。旧市街はさびれているように見受けられますが。

「経済活性化ですが、非常に難しいですね。名護は北部の中心都市として栄えていたため、北部全体を活性化しないと、名護は活性化できません。しかし名護以北の住民には高齢化と消費力減退という問題があり、一方に大型店舗の進出があります。旧市街には当然のこととして停滞、地盤沈下がきました。日本のどこにでもある地方都市の現象です」

「そこで、どのような経済振興策があるかといえば、観光産業を基幹にすることで、そのための基盤整備をきちんとやっていきたい。たとえばヨット停泊港の整備をやり、海の保養地として態勢を整えることです。いまは国内海浜観光地の中心の一つとなっていますが、サミット後は国際的な注目度も増すでしょうから、国際観光面も推進すべきです」

「高齢化は農業生産にひびきます。労働力として力が弱まるわけで、作物を砂糖キビ、パイナップルから果樹、花卉《かき》、野菜に転換しなければなりません。これらの商品作物は一時はうまくいっていましたが、バブルの破裂で花卉などは需要が減って、値下がりしています。砂糖キビから転換しても、販路確保のためのたいへんな努力が必要です。農業用水の問題は拡充が進んでいて、近く問題は解消されます。これと作物転換を合わせてやるつもりです。漁業は対策が難しいですね」

「製造業はセメント、ビール、製糖工場があり、県内では多い方です。しかし新規に工場をもってくるのは難題です。そこでマルティメディア関連の情報技術（IT）産業を誘致していくのが大きな課題となっています。サミットを契機に実現するはずの情報インフラストラクチャーの整備を、企業誘致とからめてサミット後の経済振興の目玉にしたいですね。市で事務所の入る建物を造って企業を招く考えもあります」

――ほかにどんな将来計画がありますか。

「国際交流に欠かせない同時通訳などの人材の育成を政策に掲げています。二一世紀には、名護の人材が国際舞台で活躍する。これが夢です。市内に大学院大学がほしいですね」

――市政に入った動機は何ですか。

岸本建男名護市長

「大学時代、報道関係を志望していました。大学院でも学び、外国旅行をし、中国、旧ソ連、豪州を除いて、だいたいの国を回りました。七一年沖縄に戻り会社に入りましたが、やがて父親が死んで故郷に戻り、七三年に市役所に入りました。沖縄の新聞社を受験しましたが、試験の時期の問題もあってうまくいきませんでした」

――岸木さんは以前は革新、いまは保守側ですが、このことについて。

「私は一政党、一派閥に属したことは一度もありませんし、そうした立場を代表して発言したこともありません。筋を変えて行動するようなことはしていません」

——信条は。

「市長選の選挙戦のころ、友人が色紙に『逆風張帆』と揮毫してくれました。あそこの壁に掛けてあるものです。逆風に帆を張って進むという意味です。まあ、サミットについて言えば、決まったのは順風というところでしょうか。誘致運動はやりましたが、こちらが積極的に働きかけた結果決まったものではなく、市の政策とは関係なしに決まったのです。正直言って、短期間は誘致運動を懸命にやりましたが、まさか決まるとは思っていなかったのです」

——宗教的信条はありますか。

「ありませんが、積極的に無神論者と言うつもりはありません。余談ですが、私は一九四三年一一月二二日生まれで、ポール・マッカートニーと同じ年の生まれです。若いころ、ビートルズをよく聴いたものです」

やり手だが強がり

一時間のインタビューが終わって得た印象は、重要な問題では言質《げんち》を与えない発言技術を備えていて、稲嶺知事よりもずっと能弁だということだ。一坪反戦地主でもあり、これが、かつて理想主義に燃えた渡具知革新市政の一翼を担ったころの名残をとどめている。だが、いまの革新勢力は岸本を、保守側から推された市長になった後も一坪反戦地主会の名簿に名を連ねているのは有権者と革新を欺く行為だと非難している。

この事実からもうかがえるように、岸本は二枚腰のやり手で、革新には手強い相手だろう。難点は、強がりを見せることではないか。よくいえば負けず嫌いで頑張り主義の「名護マサー」という地元気質《かたぎ》だろうが、強がりになってはいただけない。

記者会見を嫌っているのも問題だ。名護市にある沖縄両紙の北部支社編集部の記者らは、岸本は若き日に新聞社に入れなかったため記者たちにコンプレックスがある、と言う。それはともかくとして、情報公開を積極的にやらず、記者会見もやらずに行政を進めていけば、首長は必ず唯我独尊になって堕落する。この点が要注意だろう。理想主義を棚に上げてしまったかにみえるいま、岸本の現実主義は政府からの重い圧力に抵抗できなくなれば、節操のなさと同義語にもなりかねない。自省と自制が必要だろう。名桜大学建設が招いた財政問題があるにもかかわらず、大学院大学がほしいというのは、岸本が教師の家庭に育ったこととといくぶんは関係しているのだろう。

名護から那覇に戻って会った沖縄タイムスの大山哲専務は、岸本は表面的には代替基地受け入れを断る姿勢を示しているが、米国と日本の圧力を受けて本音は受け入れやむなしの方向に傾いている、とみていた。平良知二編集局長は、県外移設[★9]の必要を口にするようになっていた。琉球新報の野里洋論説委員長（〇一年三月まで。後任は高嶺前編集局長）は、次のような意見だった。

「日本政府は、普天間の移設先を自分で決めない無責任を決め込みながら、稲嶺知事に圧力をか

★9　九九年一一月一四日付琉球新報掲載記事（ワシントン時事通信電）は、ロバート・ベネット米上院議員（共和党）の要請で議会調査局がまとめた報告書内容を伝えた。海兵地上部隊や兵站の移転などが伴えば普天間基地のヘリコプター部隊の機能を岩国基地に移す構想は実行不可能ではないという趣旨の報告が盛り込まれている。日本政府は本土移転が反対を生んで政治問題化するのを恐れており岩国構想を無視する構えだ、との付記もある。

けつつ世論の動向を見守っています。本土世論は、野村サッチー馬鹿騒ぎに示すぐらいの関心[10]をもって沖縄のことを考えてほしいですね。沖縄は日米安保体制の生贄になっており、いまの状況で持ちこたえるのは沖縄だけではしんどすぎるからです。われわれ地元ジャーナリズムは、基地県内移設に反対ならば、代替案を具体的に示さなければならないような厳しい対応を迫られているのです」

両紙ともに県外（グアム島以東）移設の建前を維持しながら、本音は相当にぐらついているという印象を受けた。各方面からの圧力は、経営面に影響を及ぼしかねないところまで強まっているのだろう。私は、年内には稲嶺も岸本もメディアも移設受け入れはやむなしというところまで追い込まれるのではないか、と思わざるをえなかった。

辺野古沿岸域決定

そのころ、沖縄の米国総領事館で、在日米国大使館のフォースターという公使とメディア編集幹部たちとの懇談会があった。地元紙のある幹部は公使に、「県内移設の実現はラクダが針の穴を通ることよりも難しい」と言った。すると公使は、「やせたラクダならば通れるかもしれない」と応じた。これを聞いた編集幹部は、最大の問題である一五年期限の条件で日米は稲嶺と岸本に逃げ道を開くかもしれない、と閃いた。日米間では、過去に何度も密約やあいまいな処理で重要な問題が処理されてきたからだ。

米側が繰り返し一五年期限の条件を拒否しているのは、復帰前の「核抜き・本土並み」をめぐる交渉のような「劇的などんでん返し効果」を狙った日米合作の出来レースではないだろうか。ただし「密約」付きだ。沖縄の戦後史を知る者は疑心暗鬼にならざるをえない。しかしこれが現実になれば、沖縄、そして沖日関係の二一世紀は冒頭から暗いものになる。

歴史改竄事件がつづくなかで八月二一日、普天間基地を抱える宜野湾市議会は同基地の県内移設（代替基地の県内建設）を求めることを決議した。これを受けて沖縄県議会は一〇月一五日、県内移設促進を決議し、稲嶺知事は一一月二二日、移設先として名護市太平洋岸の辺野古沿岸域と決定する「最悪の選択」に踏み切った。次いで名護市議会の決議があって、岸本市長は一二月二六日、移設受け入れを表明した。小渕内閣は県と市の決定を歓迎し、二日後、一五年条件を閣議で了承した。

結局、岸本は私とのインタビューから五カ月後、普天間代替基地の辺野古地域への建設を、七つの条件（①一五年使用期限設定②安全性確保のための基地使用協定調印③北部振興策実施④自然環境配慮⑤既存の基地問題の解決⑥基地整理縮小⑦在日米軍地位協定改正）を付けて受け入れた。市長は、条件が一つでも認められなければ基地受け入れを拒否すると公言している。米軍が使用期限設定に応じないのは明らかであり、米軍の拒否と公約遵守の板挟みになることがわかっていながら、そこに身を置くところが、いかにも岸本らしいしぶとさだ。だが有権者の厳然たる意思表示としての市民投票の結果もある。もし新基地建設の一大土木工事が開始されるようになれば、岸本はなし

★10　〇〇年六月二九日長野県議会は、南北首脳会談実現を受けて野党会派が提案した「在沖米軍基地縮小と防衛費削減を求める意見書」を否決した。このような冷淡さが本土を支配している。

崩しに進む状況の傀儡《かいらい》に陥りかねない。

パナマ運河返還

私は職務の都合で、九九年秋から冬にかけて県と名護市が辺野古への普天間代替基地受け入れを決めた重大な動きを現地取材できなかった。その間強かった印象は、稲嶺知事も岸本市長も、当選した選挙で政府や財界の強力な支援を受けていたため、辺野古周辺での代替基地建設決定を迫る日米政府の圧力に逆らうことができなかったということだ。

だが、もし稲嶺が前任者の大田に次いで受け入れを拒否していたとすれば、普天間だけでなく沖縄の基地問題全体が本土日本に鋭い刃を突き付ける形となり、日米両政府を驚愕させたことだろう。稲嶺が以下に書くトリホス将軍に大化けする万に一つの可能性を想像することは、あまりに非現実的でナイーヴ（素朴）すぎるが、自治体の首長は本来、地元の利益を徹底して守る心構えで施政すべきなのだ。後述するプエルトリコ・ビエケス島基地撤去問題では、米国統合派の知事さえも即時撤去を米政府に要求したのである。

九九年の大晦日の正午、パナマ運河地帯は米国からパナマに返還された。ラテンアメリカ情勢に長年取り組んできた者として、感慨があった。

運河の両側の運河地帯にはさまざまな基地や沖縄本島の北部訓練場と並ぶ熱帯作戦演習場があった。米軍は運河返還によって、その重要な二つの演習場の一つが欠けてしまうことを嘆いた。パナマ運河問題は米軍基地問題として、とくに米軍が外国領土を強制的に借り受けて軍事基地を運営してきた点で在沖基地と共通点をもつ。

太平洋と大西洋（カリブ海）の両洋を結ぶパナマ運河の返還は、前世紀末、新興帝国・米国が、軍事力で獲得した主要な海外領土の返還であり、いわば帝国主義遺産の清算である。パナマ運河は、米国が「両洋帝国」として国際舞台に登場するのを可能にした。当時の軍事力の柱「両洋海軍」が一九一四年の運河開通で、機動性を大幅に拡大できたからだ。運河返還は、英国が、帝国時代に奪った香港を中国に返還したのと同様の歴史的意味を持つ。

と同時に、パナマの地元ラテンアメリカに対し、「北方の巨人」米国が長年取りつづけてきた干渉政策の最大の成果の一つを消し去る意味を持つ。返還式典に出席したボリビアのウゴ・バンセル大統領（七〇年代に強権支配の軍事政権を率いた！）は、「返還は、米国による歴史的な植民地主義と干渉政策に対するラテンアメリカの大義の勝利だ」と評価した。だが米国の大統領も副大統領も、国務長官さえも、返還式典に出席しなかった。

米国は一九世紀半ばメキシコに戦争を仕掛けて勝ち、同国の北半分の領土を奪取し、太平洋岸まで国土を拡張した。同世紀末ハワイも領有し、一八九八年キューバの対スペイン独立戦争に介入して「米西戦争」を開始した。太平洋岸から艦船をキューバに派遣するのに、南米南端回りで七〇日近くかかったことから、パナマ運河建設を最終的に決意する。

当時、パナマはコロンビア領だった。米国は砲艦外交でパナマを独立させ、運河の恒久使用権を定めた一方的に有利な条約を結んで、運河建設に着手した。

米西戦争に勝った米国は、プエルトリコ島、フィリピン諸島などを獲得した。またキューバ東部のグアンタナモ湾に海軍基地を建設し、強引に恒久的使用権を得た。運河開通で米国東岸、カリブ海、米国西岸、ハワイ、フィリピンを結ぶ両洋海軍の大動脈が確立した。米国はカリブ海を自国の内海視し、沿岸諸国への軍事介入を繰り返す。パナマに司令部が置かれた米南方軍は運河防衛の任務を超えて、中米・カリブ地域だけでなく、アンデス諸国を中心に南米の広範な地域に出動できる態勢を整えていた。

運河返還の新条約に基づき米軍は撤退したが、米国は付帯の「中立条約」で「運河の中立性を守るため」として米軍のパナマへの出動権を確保した。パナマのホセミゲル・アレマン外相は中立条約に、「パナマの主権を侵す権利はだれにもない」と反発する。米政府首脳の式典欠席は「パナマだけでなくラテンアメリカ全体への辱め」と受け止められたが、そんな空気が外相発言の背景にある。

運河問題は清算されたが、グアンタナモ基地返還のめどは立っていない。一方、米植民地になって一〇〇年を経たプエルトリコでは、ビエケス島にある米軍射爆演習場で基地従業員が誤爆で死亡したのを機に住民の演習場撤去運動が激化、米政府は五年以内の撤去の可能性を認めた。米軍高官は、演習場撤去の動きは、沖縄など在外基地の在り方に深刻な影響を及ぼしかねないと懸念している。

沖縄は第二次大戦の結果、両洋帝国から世界帝国になった米国の基地の島になった。施政権は返還されたが基地が安保条約に守られて減らない沖縄の問題は、プエルトリコのビエケス演習場撤去問題とも共通性を持つ。ビエケスの問題は、いずれは沖縄の基地整理縮小問題に影響を及ぼすことになるだろう。

パナマ運河地帯が米国の保守政界や軍部の意向に逆らってパナマに返還されたのは、パナマ人の流血を含む長い返還闘争があったからだ。これを指導したのは、オマール・トリホスという民族主義者の将軍だった。沖縄には、トリホスのような「領土奪回」の信念をもち、条件闘争に堕すことなく決然と米国（日本政府）に迫る指導者が依然現れていない。流血よりも平和手段の方がもちろん望ましいが、それならば抗議行動、選挙、住民投票などの民主的手段が沖縄人の間で成熟していなければならない。だが沖縄人は経済援助をてこに分断統治され、平和裡の基地撤去の道を封じられるのに甘んじている。

ビエケス演習場問題

プエルトリコ（PUERTO・RICO＝豊かな港。プエルト・リーコと発音。因みに国名コスタリカ＝COSTA・RICAは「豊かな海岸」）の東岸一三キロ沖にあるビエケス島の米海軍演習場問題にも触れておきたい。沖縄と無縁でない問題だからだ。

演習場は第二次大戦中の一九四一年から四七年にかけて土地の強制収容によって建設された。軍事基地化に反対する運動は五九年に近隣のキューバで革命が成功すると活発になり、基地撤去は左翼組織のスローガンになった。最大の受難者は漁場を封じられた地元の零細漁民たちで、七八年には着弾地手前の海に漁船団を繰り出して爆撃訓練を阻止した。だが事態が撤去に向かって本格的に動きはじめたのは、九九年四月一九日のことである。

その日の夜、ビエケス島の空爆演習場で、コソヴォでのＮＡＴＯ軍の空爆作戦に出動するため訓練中だった海兵隊Ｆ18戦闘爆撃機が二二五キロ爆弾を投下したところ、これが誤爆で、爆撃を評価する監視所に命中し、海軍雇用員である民間監視員デービッド・サントスが（二日後）死亡し、数人が負傷した。

また劣化ウラン弾が同年二月発射されていた疑いも明るみに出た。軍当局は五月、劣化ウラン弾二六七発を不法に発射していたことを認めた。劣化ウランとは、天然ウランから高レベル放射性同位元素Ｕ２３５を分離した後に残る低レベルの放射性廃棄物Ｕ２３８のことで、これを弾芯に入れ破壊力と殺傷力を高めた砲弾が劣化ウラン弾である。米軍は湾岸戦争で初めて実戦発射し、イラク軍地上部隊を潰滅させた。劣化ウラン弾が撃ち込まれた戦場にいた者は、放射能を体内に取り込むことになり、重大な健康障害に見舞われることになる。九七年二月、鳥島射爆撃場（沖縄県仲里村）で劣化ウラン弾が発射されていた事実が暴露されて問題になった。もっと大問題になってしかるべきだったが、この砲弾の恐ろしさがじゅうぶんに認識されていなかったことから、問題は忘れられた。

ビエケス島の住民は九三〇〇人。海軍基地・演習場・弾薬貯蔵地から成る軍事施設は島の面積の約三分の二で、居住地域は島の中央部にあって、軍事施設に挟み込まれている。キャンプ・ガルシアを中心とする軍事施設は計七六平方キロ。沖縄の北部訓練場とほぼ同じ面積だ。（ビエケス島を含むプエルトリコ全体の面積の一三％が米軍基地＝基地・演習場六カ所、貯蔵所二〇カ所＝。最重要施設は、ＮＡＴＯ用の核搭載原潜基地であるルーズベルトロード海軍基地＝〇〇年一〇月『琉球弧』創刊号、マリア・プマレホ「プエルトリコからの報告」）

七月四日、プエルトリコ本島住民も加わって五万人が抗議行動をし、演習場撤去を要求した。住民たちはキャンプ・ガルシアのゲートを闘争小屋で封じ、数十人が交代で泊まり込んで演習を阻止した。女たちは小屋で食事の世話をした。一部の漁民たちは着弾地に闘争小屋を建てて立てこもった。沖縄のキャンプ・ハンセンで七〇年代後半に用いられた喜瀬武原闘争戦術と同じだ。

だが海軍は、この演習場は水陸両用車上陸、爆撃、実弾射撃のすべてが同時にできる東海岸唯一の演習場として維持することを主張した。国防長官は実態調査に入った。海軍当局は八月になってようやく、パイロットが悪天候により監視所を標的と見誤って爆撃したが、地上の管制官も攻撃機の所在を未確認のまま爆撃許可を与えた、という過ちを発表した。九月、米上下両院の軍事委員会で公聴会が開かれたが、沖縄基地問題への影響を懸念する声が軍高官から出た。一一月、委員会が報告書を提出した。海軍は演習日を減らししつつ演習を継続するが、その間、五年以内に撤収する準備をするという内容だった。

ペドロ・ロセジョ知事（新進歩党）は米国帰属派ながら、基地即時撤去を米上院軍役務委員会で要求した。知事は、爆撃が環境悪化、海洋生態系破壊、経済開発阻害、癌発生率急増を招いていると指摘した。癌発生は、劣化ウラン弾使用とも関係があるとされる。爆音による「振動性聴覚障害」という症状も、住民に異常に多く表れている。

首都サンファンのシラ・カルデロン市長（女性、人民民主党）は基地継続を非難し、プエルトリコ独立党のルベン・バリオス党首も報告を一蹴した。独立派は闘争小屋の野営組や漁民に支持者が多く、星条旗の星印を骸骨にした抗議の旗を掲げていた。（〇〇年一一月の知事選で、自治領継続と演習場即時撤去を訴えるシラ・カルデロンが勝ち〇一年初頭就任、ブッシュ二世新政権に交渉を呼び掛けた。)

クリントン大統領は〇〇年一月、ビエケス基地撤去の是非を問う住民投票を〇一年以降実施すると明らかにした。その交換条件として演習再開を実行するとし、五月、演習場内から住民一四〇人を排除し、演習は再開した。しかし住民が国内世論に支えられて一年余り軍事演習を阻止した事実は、米・プエルトリコ関係史に刻み込まれる画期的な出来事だ。

プエルトリコは一八九八年以来米国植民地で、一九五二年以降は自治領とされるが、本質的には植民地である。これまでに米国帰属(州化)、現状維持(自治領)、独立の三つの選択肢で住民投票が定期的に行われてきたが、いつも現状維持派が勝ってきた。米政府はハワイを州化しながらも、プエルトリコはラテン系アイデンティティーが強いことから州化を控えてきた。日本政府が沖縄を一挙に県化した琉球処分をせずに別の対し方をしていたとすれば、日沖関係は違ったものになっていたはずだ。第二回サミットは七六年にプエルトリコのサンフアンで開催されたが、第二六回は沖縄サミットである。なにかにつけて比較されるプエルトリコと沖縄の歴史的因縁が感じられる。

嘉手納ラプコン

稲嶺が政府作成のシナリオ通りに代替基地県内建設を受け入れる八日前の九九年一一月一一日から一二日にかけて二七時間も、沖縄本島と周辺海域の上空の航空機の飛行を一手に管理する嘉手納基地の嘉手納・進入管制レーダーシステム(嘉手納ラプコン)が故障し、那覇空港での民間航空機の離発着に大幅な遅れが生じた。沖縄一帯には二〇空域、二九海域の米軍演習区域があるが、演習の主役である戦闘爆撃機をはじめとする軍用機の離発着と飛行を優先的に扱いつつ、民間機と自衛隊機を含めて管制するのが嘉手納ラプコンだ。

進入管制範囲は、嘉手納基地を中心に半径五〇マイル（八〇キロ）、高度二万フィート（六〇〇〇メートル）の円筒形。日本の運輸省那覇管制管轄の着陸誘導空域は、那覇空港を中心に半径五マイル（八キロ）、高度二〇〇〇フィート（六〇〇メートル）の小さな円筒形で、半径、高度ともに嘉手納ラプコン空域の一〇分の一にすぎない（運輸省は、両円筒形空域外の南西諸島領空空域をも管轄している）。嘉手納ラプコンは、嘉手納基地西方一〇〇キロの久米島を中心に半径三〇マイル（四八キロ）、高度五〇〇〇フィート（一五〇〇メートル）の空域をも管轄する。粟国《あぐに》、渡名喜《となき》、入《いり》砂《すな》各島や慶良間《けらま》諸島の一部の上空では、嘉手納と久米島をそれぞれ中心とする円筒形の空域が交錯している。民間機や自衛隊機は低空での離発着を義務づけられている。嘉手納、普天間両基地での米軍機離発着があくまで優先されている。

復帰時、米軍は嘉手納ラプコンを「日本側が管制業務が可能になるまでの暫定期間中」だけ継続運営できると規定された。ところが復帰後四半世紀あまりたっても、存続してきた。真剣な引き渡し交渉を避けつづけてきた日米両政府の怠惰に起因する惰性によって、存続してきたのだ。

沖縄人や本土観光客の多くは、この事故で嘉手納ラプコンの存在を知り、沖縄の空が自由でないことを思い知らされた。嘉手納ラプコンは〇〇年二月一三日にも二時間停止した。稲嶺県政は管制返還問題に、古くて新しい基地問題として政府とともに取り組まざるをえなくなった。

唐突な訪米表明

二〇〇〇年が明けた。稲嶺知事は年頭、普天間代替基地問題などで沖縄の立場を訴えるため訪米すると表明した。知事は、七回も訪米して県の直接外交を展開した大田前知事との違いをことさら強調するかのように、就任後、基地問題での訪米という手法をとらないことを明らかにしていた。その裏には、外交は政府に任せるという方針があった。なのに突然訪米すると言い出したのは、「一五年期限問題」が暗礁に乗り上げたからだろう。

稲嶺知事の唐突とも言える表明は、普天間代替基地の使用期限を一五年にするという公約が、米政府の反対で事実上反古になったことと無関係ではあるまい。米政府が期限設定に反対する政策をもつことは前々から周知の事実だ。だが昨年末、代替基地を名護市辺野古周辺に建設することが決まり、期限設定の公約遵守の成否がにわかに現実問題として浮上することになり、知事は慌てたようだ。

新年早々訪米した瓦力防衛庁長官は、ウィリアム・コーエン国防長官との会談で、「沖縄県が期限設定を主張している」と伝達しただけで協議せず、将来に協議を持ち越すことで米側と合意した。こうなることは瓦長官の訪米か前からわかっていたのだが、ここに至って知事は、自ら訪米して沖縄の立場を訴えるしか道がなくなったわけだ。

だが知事が訪米しても、米政府が期限設定に同意することはありえない。これまた訪米前から予測できることであるからには、知事の狙いは「公約遵守のため最大限努力している」という県民向けのジェスチャー以上のものではないだろう。

普天間移設先に決まった名護市では、移設を受け入れた岸本市長に対する解職要求（リコール）の動きがはじまっていた。六月の県議選、七月の沖縄サミット、さらに総選挙が近づいているという重要日程や名護市の状況からすれば、知事の一五年条件が空手形になったことは保守陣営にきわめて痛い。そこで知事は方針転換し、弥縫策として訪米することにしたのではないか。

知事には、普天間代替基地を「民と軍の共用にする」という公約もある。だが米軍は、これを逆手にとって「民間使用に配慮する」との名分で、滑走路などの規模を拡大する戦術だと指摘されている。この点でも、知事の公約は裏目に出ていると言わざるをえない。

知事は新平和祈念資料館の展示改竄問題で不誠実な発言や議会答弁を繰り返して改竄事実を覆い隠そうとし、県政の信用を大きく失った。あらためて知事に求められていたのは、為政者としての信念と、県民意思を最大限に尊重する地方自治体首長としての政治手法だった。

拒否された15年条件

ところが二月、一五年条件を、米側が一月の日米防衛首脳会談で明確に拒否していた事実が共同通信政治部の取材で明らかになった。岸本市長も一五年使用期限を打ち出している。もともと「空手形」と見られていた使用期限という条件の虚構がコーエン長官によって裏付けられたことで、拒否された事実を隠していた政府ばかりでなく、知事も市長も窮地に陥った。

辺野古周辺への移設は、場所・工法が特定されず、環境への影響調査も実施されないまま、市側の空しい歯止めの条件を盾に、名護市を含む沖縄本島北部に一〇年間に計一〇〇〇億円の開発資金を投下する政府約束を見返りとして、世論にじゅうぶん諮ることなく決定された。

政府は、沖縄サミットの前に移設問題が決着していることが望ましいと発言したクリントン大統領と呼応して、沖縄県と名護市に圧力を掛けて九九年末に移設を決定させたのだが、それが拙速だったことがあらためて明白になった。最も重要な一五年条件が反古になったいま、あたかもその条件が守られるかのような甘い幻想を世論に与え続けてきた政府の責任は特に重大だ。

移設は日米安保という政府間の枠組みで決定されたものであり、地元の首長が容認撤回を主張したところで、決定を覆すのは難しいだろう。政府は岸本市長が、撤回が可能であるかのような発言をするのを黙認し、結果として市長を苦境に陥れた。サミットの成功という短期目標達成のため、大型基地の移設という長期間尾を引く問題を地元に押しつけた政府は、市長に対する明かな責任をどう取るのか。米側の条件拒否が暴露された後も、政府は沈黙しつづけた。

ここで岸本市長には二つの選択肢が残されていた。一つは使用期限を米側に呑ませる外交交渉ができない政府に対し、強く抗議し、本気で移設受け入れ決定を白紙に戻す選択肢のあることを示すこと。市長がそのような態度を示さない限り、政府が対米姿勢を改めることはないだろう。

もう一つは政府方針に忍従して事態を仕方がないと受け入れ、リコール派の出方を見守ることだった。市長は九七年末の市民投票の結果を移設受け入れで裏切ったのだが、中心的公約の実現が望めなくなり、リコール派の署名集めや解職投票を待たずに責任をとって辞職すべきだという声も出ていた。

一方、リコール派に求められていたのは、環境、基地、経済などで長期的視座に立った代替政策を市民に打ち出すことのできる市長候補を早い機会に選ぶことだった。だがリコール派は、市民投票実現で活躍した宮城康博市議を市長候補にすることでまとまることができず、四月初めリコール運動を打ち切った。岸本は〇一年二月、一年後の市長選で再選を目指す意思を表明した。

コーエン長官

米軍の指揮系統は、大統領、国防長官とつづき、その下に制服組最高位の統合参謀本部議長が置かれている。〇〇年三月、ウイリアム・コーエン国防長官が、長官として五度目の来日をし、東京・内幸町の日本記者クラブで会見した。長官はヴェトナムを訪問してから来日したのだが、沖縄の嘉手納基地にも立ち寄っていた。日本訪問の後は韓国に行った。この歴訪の直後に迫っていた台湾総統選挙をめぐり、中台間に緊張が高まっていたときであり、ハノイ、沖縄、東京、ソウルと、中国の外側を弓形に回った長官の訪問は、台湾に軍事圧力をかける中国政府への明らかな牽制策[★11]だった。選挙では、台湾独立を掲げる野党・民主進歩党の陳水扁が当選した。

コーエン長官は、映画のスター俳優を思わせるスマートな紳士で、押し出しのよさが際立つ。これが世界最強の米国の軍事外交戦略を担うトップなのだ。長官はまず一席ぶって、思いやり予算削減や米軍駐留規模縮小を求める意見を牽制した。

★11　カート・キャンベル前米国防副次官補は〇〇年五月四日付の朝日新聞紙上で、日米同盟維持の鍵は中国を国際社会に組み込むため協調することだと述べた。これは安保体制が中国を「潜在敵」としていることをあらためて示唆した発言。

「日本の一部世論は、東西冷戦が終結したのだから安保体制を変えるべきだという意見ですが、広汎な世論は日米同盟による防衛への貢献が引きつづき必要だと考えています。日米同盟はアジアで最も重要な関係であり、不確実性のなかの確実性です。安定の基盤です。日米関係は親密さと重要性で史上最高の状態にあります。ガイドライン更新で日本の防衛、地域紛争などへの対応態勢ができました。戦域ミサイル防衛（ＴＭＤ）システムの研究や対韓態勢などを合同で進めています」

「米国は兵士たちに、よき隣人であれと教育してきました。沖縄では県民に配慮しつつ、軍事即応態勢を維持しています。自衛隊とともに防衛態勢をとっています。米艦入港の際の日本人の歓迎ぶりに感激しています。日本国民との友好関係も最高の状態にあります。安保は相互補完的なものです。安保体制は究極的には、国民の支持が得られるかどうかにかかっています。基地維持経費は思いやりでなく、日本の防衛経費です。両国は歴史や文化を異にしますが、民主という共通の価値観に立って同盟関係を結んでいます。そのように歴史家は、将来位置づけると思います」

記者会見では、質問の多くは中台緊張への米国の関与の問題に集中し、あとは米越関係と、折から日米間で問題になっていた思いやり予算の削減についてだった。しかし二つだけ異なる質問があった。一つは琉球新報東京支社の潮平《しおひら》芳和編集部長による、普天間代替基地の一五年条件についての質問だった。

「米国の立場は橋本・クリントン共同宣言[★12]に依拠しています。防衛は脅威の存在の有無にかかっています。脅威があれば、その枠組みで協議します。状況次第ですが、脅威に対抗するのが安全保障であり、人為的に（使用期限などを）決めるものではありません」

長官は、またもや一五年条件を拒否した。

もう一つは、米領プエルトリコのビエケス島演習場撤去問題と沖縄の基地問題を関連させた私の質問だった。

「米国政府は自国領土としているプエルトリコで演習場撤去を求める住民に寛大な態度で交渉していますが、遠い沖縄では普天間移設問題をめぐって住民が真っ二つに割れています。寛大な態度を示せないものでしょうか。たとえば普天間移設が決まった当初、普天間と嘉手納基地を統合する案がありました。いまからでも統合案の方に戻ることはできないのでしょうか」

これが私の質問だった。

「すべての決定は日本政府にかかっています。米国は、どのような決定にも反対せず、対応します。日本側が決めることとです」

長官の答えは、予想どおりのものだった。ビエケス問題が沖縄に波及して基地撤去運動が高まことは、日米政府が最も危惧することだろう。だが私は、そんな運動を高めようとして質問したのではない。記者という立場は、会見相手に対して議論はできないから、本質的な質問をして問題提起しなければならないのだ。

★12 「在日米軍兵力構成をふくむ軍事態勢は引きつづき協議する」という項目を盛り込んだ九六年四月の日米安保共同宣言。

予想どおりの回答だが、収穫はあった。長官は「安保体制は究極的には、国民の支持が得られるかどうかにかかっています」と発言していた。「すべての決定は日本政府にかかっています」という答は、論理的に矛盾している。私は、質問で、沖縄世論は二つに割れていると指摘した。つまり沖縄にいる日本国民は、沖縄における安保体制の現状を一致して支持しているのではない。

米国は、安保体制の一方の当事者であり事実上の主人公として、沖縄人の半分の支持が得られていない状況を真摯に受け止めて、日本政府に下駄を預けずに、自ら改善策を講じるべきではないか。人権大国をも標榜し他国の人権状況に介入する米国への、「同盟国民」としての友情ある説得をためらってはなるまい。しかし、沖縄世論が二分されて対立している状況を強調しすぎるとすれば、ナイーヴすぎるだろう。つまり、その状況こそ、日米合作の分断統治政策の結果なのだから。これが、在沖米軍基地問題をめぐる当為論を空しくする壁である。

東京で反対行動

コーエン長官の会見があった日の夜、日本記者クラブ正面の日比谷公園にある野外音楽堂で、「3・17沖縄・名護に新たな米軍基地をつくらせない大集会」があって、寒風吹きすさぶなかでこれを取材した。会場は、音楽堂の定員を一〇〇〇人上回る四〇〇〇人あまりの労組員や仏教徒や沖縄好きの青年たちで埋まった。制服・私服の警官たちが、会場付近を固めている。政党や労組が動員をかければいまでもこのくらいの集会ができるのかと、感慨があった。

島袋宗康社大党委員長、土井たか子社民党首、不破哲三共産党委員長（現・議長）の三党首と一四人の国会議員が壇上に並び、三党首があいさつした。「沖縄から基地をなくし世界の平和を求める市民連絡会」の金城睦《ちかし》代表と、「ヘリ基地いらない二見以北十区の会」の東恩納《ひがしおんな》琢磨代表代行が、沖縄現地の声を訴えた。

山原《やんばる》（沖縄本島北部）からやってきた東恩納が語ったとき、朝のコーエン長官の姿が脳裡に浮かび上がった。日米安保体制の米国側の実質的な最高責任者である国防長官と、普天間代替基地を押しつけられようとしている名護市太平洋岸の住民の代表が、同じ日に一〇時間の時間差をもって、互いに向き合うように近い建物で、対峙したのである。

私は、朝と夜に分かれた幕間の長い二幕の「軍事・反軍事劇」を見たのだ。音楽堂の背後に遠く、ジュゴンやさまざまな魚介類が生息するイノー（珊瑚礁湖）が広がる。このイノーに、巨大でグロテスクな海兵隊航空基地が蓋をしようとしている。米国人は、自国ではけっしてやらないような環境破壊を異国でやろうとしている。そして、これを歓迎する異国の島人がいる。

集会はデモ行進になって、日比谷から銀座を経て東京駅の八重洲口まで流れていった。

外国人記者クラブ

その一週間後、稲嶺知事は東京・有楽町の外国人記者クラブで昼食会を兼ねた講演・会見に臨んだ。会場で英文の沖縄紹介と沖縄サミット関連の資料が配られた。知事は講演を促され、用意した長い文章を読みはじめた。

「県民一体となって歓迎準備を進めています。万国津梁の言葉が示す、世界の懸け橋になろうという先人の思いがかなおうとしています。沖縄は長さ一〇〇〇キロ、幅四〇〇キロの海域にあって、日本で最も広域な県です」
万国津梁とは、「諸国間の懸け橋」を意味する。首里城正殿前に昔かけられていた「万国津梁の鐘」から大田前知事は万国津梁の言葉をとって、その文字を書き込んだ屏風を県庁の知事応接室に飾っていた。公募によって、沖縄サミットの会議場は、万国津梁館と命名された。この館は三〇億円の費用で名護市部瀬名《ぶせな》岬に五月完成した。

稲嶺知事は、沖縄の歴史、沖縄戦、米軍支配、復帰、現在、文化などを細かく説明した。これを和英同時通訳が訳すから時間は倍かかる。沖縄をメディアアイランド、エコアイランド、ウエルネスアイランドにすること。沖縄を「太平洋の平和の要石」にすること。こう将来目標を語ったところで、司会者から、質問時間がなくなるから講演をはしょってほしいと注文がついた。知事は、では重要なことだけをつけ加えますと言って、以下のことを話した。

「沖縄は、多様性を受け入れる国際感覚に立って太平洋の平和の交流拠点へと転換していきます。従来の沖縄は日本という国家の意思決定の枠外に置かれただけでなく、犠牲、負担を強いられてきた面もあります。この体験があるからこそ、私たちは日本の進路をめぐる議論に主体的に関わりつつ、国家を超えた地球的課題にも積極的に関わっていくことを明らかにしたい。サミット開催の最大の意義はそこにあると考えます。世界の目を沖縄へ、沖縄の心を世界への標語を掲げています。世界の心が沖縄で一つになったことを未来への財産として引き継いでいきます」
知事は、ブレーンである琉大教授高良倉吉らの発想を語った。

またも父親登場

質疑応答となった。

――先ごろのシアトルでの世界貿易機関（ＷＴＯ）会議は大荒れでした。沖縄サミット開催時には心配ありませんか。

「ありません。県民性は穏やかです。八万五〇〇〇人の大集会（九五年一〇月）でも、まったく混乱はなかったのです。内外から一部の過激派が来るでしょう。しかし県民の大多数はサミットを成功させたいと思っています。警備に当たる警官二万人が本土から来ます」

――沖縄サミットの経済効果は何ですか。

「あなたはインドネシアの記者ということですが、じつは私の亡父はインドネシア独立に若干貢献し、日本人として三番目のナラリア勲章（独立功労賞）をもらっています。サミットは三日間で経済効果はあまりないのですが、長期的な価値は金に換算できない無限のものです。プレスが数千人来ますから、沖縄を世界に伝えてくれるでしょう。プレスセンターは情報産業に寄与します。サミット開催が決まった昨年、外国人観光客が倍増しました。観光施設の質を高めつつあります。サミットはＰＲ効果が計り知れません」

――普天間代替基地の使用期限一五年、建設に一〇年かかるとされ、計二五年にもなります。二五年後には基地が不要になるかもしれないのに、なぜ一五年にこだわるのでしょうか。

「私たちは過去の歴史を加算します。戦後五五年たっているからです。基地の永久固定化を怖れているからこそ、期限にこだわります。二五年足せば八〇年になるのです。香港の租借期間だった九九年ほどではないにしても、相当に長い。期限の条件は、歴史的苦難から生まれた現実的な対応策です。在日米軍地位協定の改定、基地使用協定の問題もあるし、移設先の軍民共用問題もあります。政府に対し、解決を強く要望していきます」

——サミットで沖縄の何を見てほしいのですか。

「基地の状況を、現実を見てほしい。全首脳に見てもらいたい。平和の礎も見てほしい。礎は、穏やかに平和を訴えています。ありのままの沖縄を見てほしい。過重な基地負担を見てほしい。積極的に私たちの考えを打ち出していきたい。サミットは国の行事ですが、限られた範囲で沖縄の主張を出していきたいと思います」

民・軍共用の危うさ

ここで私が質問した。会見最後の質問だった。

——普天間代替基地は民・軍共用ということで、滑走路が三〇〇〇メートルまでにも長くなる可能性が指摘されるなど規模が拡大しませんか。また海上基地、もしくは陸と海にまたがる基地になるとすれば、環境破壊が心配され、先ほど知事が説明したエコアイランド政策と矛盾するのではないですか。

「軍民共用案は、単なる軍の空港移設ならば民が入らなくなることへの対策です。沖縄には、民が入ることにたいへん大きな意味があります。海上基地案に知事選前に反対したのは、浮体移動式だったからです。私は、県民のためになるものを要求しています。北部発展につながるものです。共用ならば、将来は民のための空港になります。北部は広大なリゾート地帯であり、広い農林水産業地帯でもあります。付加価値の高い産物が生産されており、飛行機での輸送が必要です。だから共用にこだわるのです」

「エコアイランドについては、たしかに環境上の問題はあります。しかし大事なのは確実に一歩一歩進むことです。私は、過去半世紀以上動かなかった基地を動かす現実的選択をしました。若干の問題はあるにせよ、ともかく一歩を踏み出すのです。県も名護市も、環境問題に最大の配慮を求めています」

海兵隊用の軍事施設の移設ならば、新基地は沖縄のためにならないが、民間との共用ならば民が初めから運用に参加することができ、将来の全面的民間使用への道が開けるということを、知事は口べたながら言いたかったのだろう。この発想の基には、米国側の「基地と地元社会との共存」という恒常的政策としての懐柔策がある。代替基地の場合、「民間との共用」という甘い誘い水で大規模基地を獲得する戦術として使われている。知事は、米国の政策に通じたブレーンたちに促されて、これを公約に加えたのだ。

それにしても農水産物の空輸が必要だという説明は、「現実的」好みの知事にしては非現実的だ。そんな緊急性を要する市場はないし、将来も当分の間はないだろうし、輸送は既存の道路輸送でじゅうぶん間に合うのだ。経済専門家を自負する知事は、政治的都合で純粋な経済的評価を歪めざるをえないのだと解釈するしかあるまい。

米軍は、ひとたび海上基地が建設されたら、相当長い間返還しないだろう。返還される場合も、自衛隊基地になるのが落ちではないだろうか。日米両政府は、二一世紀の深い部分まで協力してアジア太平洋地域の経済・政治覇権を握ろうとしていると見るのが現状では妥当であり、民との共用の主張は、米軍にとって願ったりかなったりだろう。基地建設の規模が膨らむからだ。

基地は動かない

この日もそうだったが、知事は事あるごとに「基地が現実に動いている」と強調する。動いている部分は、大田県政時代のSACO決定によるものだ。肝心の普天間基地返還への入口は日米合意で開いたのだが、同時に県内移設の条件を突き付けられて出口が塞がれたのだ。移設を呑んだのは稲嶺県政であり、これでは基地が動いているとは言えまい。

一兆円の利権に群がる政治家、官僚、土建・鉄鋼・造船産業、産軍複合体などを称して「安保マフィア」と呼ぶ。沖縄、とりわけ地元辺野古一帯の住民たちは、巨額の金に長期的判断を惑わされたのか、あたかも宿命のように軍事強化と環境破壊の愚挙を受け入れようとしている。「費用を食う無用の長物」のことを英語でホワイト・エレファント（白象）と言う。沖縄は、宮古地方・下地島のパイロット訓練飛行場に次ぐ「白象」を持つことになるだろう。だが米軍が長期間駐留し、撤退後自衛隊に引き継がれれば、白象覚悟の完全民営化への道さえ閉ざされてしまうだろう。★13

このように先行きが予測できるときに、巨額の税金を投入して一部受益者のために海岸と海面を破壊して巨大基地を造る愚挙を許していいものだろうか。代替基地がなくとも安保体制はじゅうぶんに機能する。この事実を無視して工事を決行するとすれば、安保マフィアに利するだけだろう。まともな人々は、日米そして沖縄の連合による環境と人心の破壊に怒り、悲しんでいる。政府は、普天間代替基地の建設工事がはじまれば、稲嶺の役割は九割方終わったと見るだろう。

残りの一割は、保守県政を活用して公共事業を増やしつづけ、利権と支持基盤を拡大しつつ、稲嶺後の新たな保守県政を導き出すことだろう。

小渕政権の倒壊

小渕恵三首相は、学生時代から沖縄への思い入れが深く、沖縄では故・稲嶺一郎に世話になったこともあり、息子の恵一知事には特別な親しみを抱いていた。こう、本人が言っていた。名前が似ていることさえも、喜んでいたという。三月下旬、首相になって初めて一泊二日で那覇や名護市のサミット会場を訪問し、サミットの議長役を果たすことに意欲を燃やしていた。那覇では地元メディア五社を回って、報道上の協力を求めた。[14]

だが帰京して一週間後、過労とストレスから脳梗塞で倒れ、二〇カ月つづいた小渕政権は四月四日文字通り倒壊した。稲嶺知事は、頼みの首相がいなくなって驚愕し大衝撃を受けながらも、意識のない首相を東京の病院に見舞った。小渕政権こそ、この本のプロローグに書いたように、とくに沖縄に影響の大きい国家主義的諸法を成立させた政府なのだが、こうした面を忘れたかのように小渕を慕うところに、沖縄人の絶望的な楽天性があると、思わざるをえない。

代わりに登場したのは、小渕の沖縄訪問の少し前、自民党幹事長の地位にありながら、沖縄の教

★13　七五年の沖縄海洋博用に一三〇億円をかけて本部町海岸に建設された観光施設「アクアポリス」は無用の長物と化して九三年閉館され県に引き取られていたが、〇〇年一〇月米国企業が一四〇〇万円で買い取り、スクラップにするため同月上海に曳航していった。これも「公共事業」の無駄の典型。

★14　その後、森首相、野中自民党幹事長ら政府・与党首脳が報道五社をあいさつ回りするメディア懐柔策が定着した。

組は共産党の影響で「君が代」教育をしない、沖縄タイムスも琉球新報も同様で政府施策に何でも反対する、という趣旨の暴言を吐き、良識を疑われ、猛反発を受けた森喜朗（音読みでシンキロウ＝蜃気楼《しんきろう》。密室で不可解な形で決まった森首相誕生のいきさつから、その就任は蜃気楼のようだと批評された）だった。小渕は森発言の尻ぬぐいの意味も込めて、メディア各社を回ったのだった。

沖縄サミットに参加することになった森首相は、妄言を吐いたことにしまったと思ったはずだ。[15]沖縄は、大田前知事が橋本元首相を、稲嶺知事が小渕前首相をそれぞれ礼を尽くして迎えていたのとは異なる心構えで、ずっこけ調の新首相を迎えることになった。

小渕恵三は五月一四日、奇しくも森首相が沖縄滞在中に死去した。六二歳だった。

県議会も愚挙

外国人記者は沖縄サミットを控え沖縄について猛勉強した。彼らは、「平和の礎」や一坪反戦地主会[16]の反基地運動などについて細かい知識を身に付けていた。そんな彼らが首をかしげているのは、沖縄県議会が三月三〇日、一坪反戦地主を新平和祈念資料館監修委員会など県の外郭団体の役員から外すよう求める地元右翼からの陳情を採択したことだ。沖縄タイムスと琉球新報はこの陳情内容を、思想や良心の自由を保障する憲法に反するものとして、社説をはじめ多くの記事で異議を唱え、議会の見識に疑問を表明した。

沖縄県議会といえば国旗国歌法案が衆院を通過しようとしていた九九年七月、保守派議員が「通過の前祝い」として「天皇陛下万歳」を叫び、議場を長時間空転させた奇妙な出来事が記憶に新しい。この万歳騒動から間もなくして、開館に向けて準備が進められていた新資料館の展示内容改竄事件が起きた。改竄を暴露したのは監修委員たちだったが、問題の陳情は九月、監修委員の再任を阻む狙いから議会に提出された。陳情者は今回の採択後、傍聴席で「万歳」を叫んだ。

資料館は三月二九日完成し四月一日から一般公開されているが、開館と議会の陳情採択は時期が一致する。監修委員たちの任期は年度末の三月末で終わったが、監修委員の間では、資料館には不備な点が残されているため任期の延長や再任が必要とする意見が多い。陳情は、そんなタイミングで採択されたのだ。

本土住民の多くは、沖縄戦と戦後の米軍基地の沖縄集中について申し訳ないという気持ちを抱いており、だからこそ沖縄を理解し可能な範囲で協力したいという意思をもつ。だが民主に反する言動には決して賛同しない。議会で県政与党が演じた愚挙によって見識を疑われかねず、いちばん迷惑するのは稲嶺知事であろう。

那覇、名護をはじめ沖縄各地で、サミット参加国の旗が至る所に掲げられている。客人たちへの素朴な歓迎心から、基地土木利権にありつきたい欲望までが風にはためいている。だが「参加国首脳の来沖を歓迎して国旗を振る手は、米軍基地の存在に抗議して握るこぶしでもあるのだ」と琉球新報の社説（〇〇年四月一三日付）は訴えた。

★15　森はその後「日本は神の国」、「教育勅語」肯定、平和の礎に眠る「英霊」、「浮動票層は投票日には眠っていればよい」などの問題発言を乱発した。

★16　反戦地主を連帯支援するため八二年末結成され、全国に約三〇〇〇人いる。嘉手納、普天間両基地内に計二〇〇〇平方メートルの土地を共有する。

改竄の傷跡

新平和祈念資料館は〇〇年四月一日開館したが、展示内容が不十分なままだった。展示説明の英語訳に欠落（削除）や誤訳が数多くあるのが早くも見つかった。沖縄タイムスによると、たとえば日本軍による住民犠牲の諸相という展示では、「日本軍が沖縄住民をスパイ視して拷問や虐殺をした」「乳幼児を殺害した」「食糧不足から住民の食糧を略奪した」「まさに地獄の状態だった」という説明の翻訳がそっくり欠けている。改竄発覚で世論の袋叩きに遭った県当局は、こんなところに改竄の「隠し味」を残したのかもしれない。

改竄の中心部分の一つだった「ガマの中で避難民に銃口を向ける日本軍兵士」の場面では、「兵士の顔は避難民でなくガマの入口の方向に向き、銃口も避難民に向けられていない」との批判が出た。これについて改竄事件を暴いた中心的な監修委員の一人だった星雅彦（詩人・美術評論家）は、「見る人・見る方角によってさまざまな解釈・想像ができるようにとの意図から、兵士の顔と銃口を批判されたような展示にした」と説明する。

九九年の改竄事件は稲嶺県政の完敗だったが、すでに新しい闘いが沖縄ではじまっている。まず県政は改竄をあきらめず、時間をかけてより巧妙に改竄を進めていくだろう。それは沖縄アイデンティティーの改竄である。〇〇年八月、石川県金沢市の護国神社に「大東亜聖戦大碑」を建てた人々は、その碑に沖縄の「少女ひめゆり学徒隊」と「鉄血勤皇隊」の名前を無断で刻み込んだ。事実が明るみに出て問題化したが、沖縄の平和主義が本土の靖国主義にこのような形で利用されるのも、県政の改竄事件などによって沖縄がなめられているからにほかなるまい。本土の中学生向け歴史教科書に「沖縄戦では住民の犠牲者数は日本軍戦死者数を下回った」と事実を偽った記述が掲載されるのも、文部省と歴史改竄勢力の連携があることとは別に、やはり沖縄がなめられているからだろう。

資料館の運営や管理を協議する「平和祈念資料館運営協議会」が〇〇年九月一日発足し、大城光代弁護士を会長とする、任期二年の委員一四人が任命された。この年三月末まで存続した資料館監修委員会の会長を務めた宮城悦二郎ら同委の委員経験者三人が含まれている。新設の協議会が積極的な平和主義路線をどこまで貫けるかを、ジャーナリズムと平和主義の市民は監視していかねばなるまい。(沖縄国際平和研究所は〇一年一月、「どう見る平和祈念資料館」と題する連続講座をはじめた。同月半ばには、資料館前に旧日本軍の魚雷やトーチカ砲などが館の意向でいきなり展示され、新たな問題となった。)

自民党政府の「体制(システム)」に組み込まれている保守県政がつづくかぎり、アイデンティティー改竄と並行する形で、社大党、社民党、共産党、労連、大学教授たち、市民運動、そして地元両紙への締め付けが強化されていくだろう。琉球新報〇〇年七月二九日掲載の「九九年度県内企業売上高上位一〇〇社」に沖縄タイムス三五位、琉球新報三六位で並んでいる。いずれも売上高一二六億円強。両紙ともに広告・事業・新社屋建設を中心に沖縄経済に組み込まれており、広告打ち切りや不買運動に直面する場合もあるわけで、編集面の主体性維持は絶えず試練にさらされている。

沖縄はいま、そのような総合的な闘いを挑まれている。薩摩支配、琉球処分、沖縄戦・米軍支配、復帰・安保支配とつづいた歴史の行き着く先として、日本の国家主義が想定するのは、沖縄の「完全日本化」であろう。「グローバル化」というあいまいなヴェールにつつまれ隠されて、この過程は進むだろう。

開発漬けで新世紀へ

沖縄県政は七月下旬の沖縄サミットを経て、普天間代替基地の名護市辺野古沿岸域への建設準備態勢づくりへと進み、政府は見返りとして約束通り経済政策を固め予算を付けた。政府と県との沖縄政策協議会は八月末、「沖縄経済振興二一世紀計画」[★17]の最終報告を公表した。計画はまず沖縄経済の問題点を「九九年度の完全失業率が八・三%で全国平均の二倍弱」、「産業構造は第三次産業が突出し建設業比率は比較的高い[★18]が、製造業がきわめて少ない」、「経済の基地依存度は復帰時の一五・六%から九七年の五・二%へと減ったが、基地関連交付金などを加えると七%になる」、「財政依存度は復帰時の二三・五%から九七年の三一・七%へと増え、全国平均の二倍弱。経済振興によっても二〇二〇年の推定依存度は三一〜三五%」と指摘。そのうえで「沖縄経済を自立化させつつ、経済振興と基地問題を均衡よく解決しつつ、沖縄を日本経済に役立つ地域とし、併せてアジア太平洋地域の交流拠点とする」ことを理念に掲げている。

具体的な新興事業として特別自由貿易地域、観光・リゾート、IT産業関連、農林水産業、新規事業創出、国際交流、人材育成、環境、産業基礎構造整備の分野にまたがる計九七の事業を並べている。IT関連には「沖縄国際情報特区」構想が含まれている。末尾には普天間代替基地建設計画と関連する「北部地域経済新興策」が盛り込まれ、さらに「普天間移設に関する九九年一二月二八日の閣議決定に基づき、沖縄振興新法実現の検討をポスト三次沖縄振興開発計画検討のなかでおこなう」と規定している。（新法の基盤となる県案と政府案は〇〇年末に公表された。）

三次の振興開発計画は、復帰時に発足した沖縄開発庁（〇一年一月六日廃止され、代わって同日「内閣府沖縄振興局」が発足した）の事業として「沖縄振興開発特別措置法」に基づき施行された。第一次（一九七二〜八二年）、第二次（八二〜九二年）、第三次（九二〜二〇〇二年三月）で、二〇〇〇年までの二八年間の経費の総額は六兆三九九六億円にのぼる。

沖縄開発庁は八月末、総額三七八三億円の「〇一年度内閣府沖縄関係予算」（概算要求額）をまとめた。普天間に直接関連する予算だけで五六億円が計上されている。

普天間代替基地受け入れに伴う最も具体的な見返り策である「沖縄県北部振興事業」[★19]も八月下旬開催の北部振興協議会をもって本格的に動きだした。だが土建事業優先で不要不急の施設建設などが目立ち、管理運営や用途をめぐって将来起こりうる問題の根が張りはじめている。

沖縄は、復帰後二八年あまり追求しつづけてきた開発路線を脱することができず、土建主導の開発・自然破壊で泥まみれになったまま二一世紀にのめり込んだ。

★17　第三次沖縄振興開発計画終了後の新計画の土台。大田県政時代の九七年に橋本首相が普天間代替基地問題解決促進の狙いをも込めて打ち出した。

★18　前出「九九年度県内売上高上位一〇〇社」には七位の国場組を筆頭に沖電工、金秀建設、大米建設、大城組、仲本工業と六社が入っている。業界就業者数は七万八〇〇〇人で、総就業者数の一三・九％。全国平均九・七％を上回る。

★19　〇〇年から一〇年間に総額一〇〇〇億円を投下。名護市を中心に北部一二市町村が対象。代替基地用地から離れた自治体にも資金を回すことで、代替基地建設反対の動きを封じる狙いがある。

第三章

大田昌秀は語る

1
なぜ知事になったか

私は九九年四月二日午後、ハーバービューホテルに近い那覇市泉崎の大田平和総合研究所で、大田昌秀前県知事に二時間半インタビューした。大田は達観した雰囲気をかもしており、どこか仏像を思わせる柔和な表情だった。

大田は一九二五年六月一二日沖縄県具志川《ぐしかわ》村（久米島）に生まれた。沖縄師範学校在学中の四五年、鉄血勤皇師範隊員として沖縄戦の戦場に動員された体験が平和希求の原点になる。戦後、早大卒業後、米シラキュース大学大学院で修士課程を修了。琉大教授を経て九〇年沖縄県知事に就任し、基地問題解決などで尽力。九八年末に離任し、現在の研究所を主宰する。『沖縄の民衆意識』、『沖縄の決断』、『醜い日本人』など多くの著書がある。

歴史の審判

――大田さんは学者であって、知事という政治家になりきれなかったのではないかという見方がありますが。「泥をかぶれなかった」という言い方をする人もいます。

「いわゆる政治家という意味がわかりませんが、私は政治屋的な者には絶対になりたくなかったのです。日本的な、いかにも意味のあいまいな泥をかぶるという表現で、政治家を評価するのが納得できません。自らの職を賭《と》して、あるいは命を賭《か》けてもやるべきときにはやるというのが政治家としてあるべき姿だと思います。泥をかぶるとは、やってはいけないことをやってしまうことを意味するようであり、それが政治家を評価する基準であるのなら、そんな評価は受けたくなかったのです。私は、自分から基地を誘致するくらいなら即座に知事を辞める覚悟でした。そこは非常にはっきりしていました」

——なぜ知事になったのですか。

「野心があったからではありません。研究者として沖縄を研究し、沖縄人の長所も短所も、また先人の沖縄の学者らがどのように沖縄を分析したかも勉強してきました。沖縄はかくあるべし、かくあってほしいと、その都度、新聞・雑誌や本で発表していました。最初に出馬要請があったときは、お断りしました。二度目のときは、自分の言論の責任を負えと言われ、沖縄はかくあるべしと言うのなら、言い出しっぺに終わらず責任を担い、状況を改善していけばいいではないかと説得されました」

大田昌秀前知事

「戦争で学友や恩師たちは死んでしまい、とくに学友たちは一二〇人いたのが生存者は三〇人あまりでした。一〇代の可能性を孕《はら》んでいた時代に、その可能性をあたら奪われる形でこの世を去ってしまったわけですから、生きているだけでもありがたいと思ってきました。一度戦争で死んでしまったような立場ですから、できるだけのことはしたいと、知事の務めをしていました。職を賭す覚悟はいつもありました、泥をかぶるという、私の受け取り方からすれば政治家としてやってはいけないことをやるということは本末転倒で、それだけは以前もいまもやりたくないのです」

——知事だった期間中、学者としての自分をどう考えていましたか。

「学者としては、ずいぶん矛盾を感じました。私自身、評論家的な仕事もしていましたし、実際、知事になるといろいろなしがらみもありましたし、この社会は集団であり、利害が対立します。一方を立てれば他方が立たなくなり、しばしば厳しい選択を迫られました。学者的立場でやってきたならば決断できなかったと思います。右顧左眄《うこさべん》するようになってしまっていたでしょう」

「研究者として、記録は怖いものです。ひとたび歴史に記録されると消えません。取り消せません。歴史の審判ということを絶えず考えながら行政をするのだと、いつも念頭に置いていたのは事実です」

——普天間問題が知事のつまづいた最大の原因だったとの見方について。

「本土の新聞がよく書くことですが、なぜ大田は普天間移設など最初からできないことをできないと言わなかったかという点があります。行政はすべて法的な問題、規則に基づいてやるものであり、安保条約と地位協定に基づいて米軍が存在します。地位協定には、基地提供は日本政府の責任と謳《うた》われています。しかし基地を県が誘致して移設するというのは、基地に反対、撤去したいという県の基本的立場と異なるため、県内移設を含め基地を固定化し存在を強化する政策はとれません。二一世紀に向けての国際都市形成構想に支障をきたすような場合が当然出てきました」

「たとえば政府が基地用地を確保する場合、地元と相談します。地元は賛成するか反対するか、態度を決めます。陸地では地主との契約関係が、海上では漁業者との権利の問題での契約の問題がありますね。そのような段階に事態が進んでいないときに知事が判断を下すのは、行政上ありえないことです。地元の漁民らの判断、地元自治体の行政や議会の判断などを確認した上で、こんどは県議会、主要団体、市町村がどう考えるかとか、県の将来構想とどのような接点をもつのかとか、どんな調整が必要なのかなどを熟考せねばなりません。そのような段階で、あれこれ支障があるのだと、当該自治体と政府との仲立ちをするのが県の役割だと判断していたのです。普天間の代替施設の場合、県内移設は反対だと最初から言いつづけていました。特定の場所については、起業者である国と地元との話し合いの結果を見るしかなかったのです」。「政治的に重要な決定をすべきときに「行政プロ意識」を持ち出して、あいまいな言動をとったところに知事大田の苦悩と限界が示されていた。」

「こんなことを言うと信用されないかもしれませんが、橋本首相や梶山官房長官の二人は本気で沖縄の問題に配慮してくれたと思います。とくに人材育成面、基地問題と絡む構造的な市町村財政の問題についても支援措置を講じてくれました。仮に私が海上基地に賛成していたとしても、工事となれば反発が強まって立ち往生したでしょう。そうなった場合、橋本首相に傷がつくと懸念しました。人が何と言おうと、私は二人を苦境に立たせたくないと絶えず考えていました」。「大田は〇〇年一〇月二一日付琉球新報で、「私が沖縄の近現代史の研究者でなければ普天間移設を拒否できなかっただろう」と述懐した。」

沖縄人の無気力

――八年間の大田県政は、日琉関係六〇〇年の頂点ではなかったでしょうか。施政を振り返って語ってください。実績は何だったのでしょう。

「実績と言えるものではないと思いますが、沖縄問題が国際的にある程度理解されるような状況になったのは、戦後いろいろ大衆運動もありましたが、私の二期目の四年間が一つの画期的な時期ではなかったでしょうか。ただ二期目に表面に出ただけであって、知事に就任して最初から心がけたことは、沖縄問題は好むと好まざるとにかかわらず日米両国政府と沖縄の関係の問題であるという、三者のそれぞれの立場をつきあわせたときに初めて立体的に問題の中味がわかるという仕組みだと思っていました」

「知事になる前、米国に一六年通いつづけて、日本人研究者九人と米国人研究者六人で共同研究を三年しました。沖縄からは私が参加し、沖縄占領研究、とくに沖縄の日本からの分離の研究をしました。東大の坂本義和さんが日本側のリーダーで、沖縄の問題もやらないと日本における戦後の米国による占領政策がわからないと言ったため、私が参加させてもらうことになったのです」

「その間、私は琉大にいました。沖縄研究は当時、ともすれば言語問題、芸能、民俗的なものが中心になっていたのですが、私は、沖縄人のアイデンティティーの問題とか、差別、偏見の問題、中心と周辺の問題とか、そういった社会学的な視点から沖縄問題を捉えると同時に、それまでなおざりにされていた個人個人の権利の問題として沖縄研究をやっていこうと考えました」

「戦後最大の沖縄の問題は、土地の強制収用だと思います。戦後最大の大衆運動の高まりは、一九五三年から五八年ごろにかけての、いわゆる島ぐるみの土地闘争の時代だと思います。そういう経緯を踏まえながら、沖縄の米軍基地と、その前に沖縄だけがなぜ切り離されたのかという問題、そして沖縄がこれほど巨大な軍事基地として使われるようになったかを考察したのです」

「従来、沖縄が地政学的かつ軍事的に非常に優れた位置にあるからということで、何か運命論的に議論されていました。私は決してそうではないと思い、政治的な背景とか、経済的な思惑が絡んでいると見て、そのあたりを中心に研究しました」

「一八五三年にペリー提督が日本に開国を迫る前に沖縄に来て、ここに基地を造ろうとしました。そして琉球王府と条約を結ぶことになるわけですが、当時の那覇の長が、初めて外国から来た強大な勢力に対し、非常にしたたかな交渉をしました。結果的には負ける形になりましたが、そのたくましさというか、それが近代になって廃藩置県で琉球が沖縄として日本に組み込まれると、その気概がすっかり失われたように感じました」

「一六〇九年の薩摩による琉球支配があってから沖縄人の性格が変わったと言われていましたが、ペリーが来た段階でも相当のしたたかさを残していたと思うのです。当時の文献を読みながら、なぜ沖縄戦であのような悲惨な目に陥りながら、戦後は一時的な大衆運動の高まりはあったものの、ここまで沖縄人が無気力な状態に陥って、しかも経済的にも精神的にも自立することができなくなったのだろうか、と考えました。そのあたりを行政の場で変えていきたいと思い、まず情報の収集を徹底的にやることと、自ら発信して理解してもらおうとしました」

対米折衝

「幸か不幸か、私は東京で教育を受け、その後、米国に留学したため、米国人の性格をある程度知っていたし、米国とのつき合い方も知っているつもりでした。その米国的なつき合い方をしながら、沖縄の理解者を米国人のなかに増やそうと、知事になってから積極的に米国にアプローチしていき、知事二年目から計七回訪米し、高官、軍の司令官らと話し合いました。一期目はさしたる変化はなかったのですが、二期目になると、たとえばケート研究所、ブルッキングス研究所、ランドコーポレーションとか、いろいろな米国のシンクタンクや大学人たちの間に交流ができました」

「私が講演したり、国際的な記者クラブで沖縄の実情を示すビデオを見てもらいながら、講師や私自身が話をしたりして、可能な限り沖縄のことを伝えようと努力しました。『沖縄からのメッセージ』という英語を使ったビデオを作り、英語の講演ができる大学教授とか弁護士をワシントン、ロサンジェルス、ハワイなどに派遣して、沖縄事情について講演してもらい、その後、沖縄がいかに文化を大事にするかということで、古典芸能の上手な人々を派遣して理解してもらおうと努めました。五カ所くらいでやり、日本では四六都道府県すべてでやりました。その二巡目をはじめていました」

「知事室に隣接した政策調整官室を設け、毎日、インターネットで米国から基地関係とか沖縄とか日本との関係の資料などを取り寄せました。米国の基地政策、たとえばどこどこの基地を閉鎖したとか、返還された基地の環境問題などの情報を片っ端から入手しました。米国に県の代表を嘱託として置いて、絶えずワシントンで米国高官と接触させたり、情報収集をやらせました。国連広報部長をしていた仲地政夫さんが定年で辞めたので嘱託になってもらったのです。職歴から記者、高官、当局者との対応に非常に上手です。人間的にもしっかりした人で信用されており、非常に役立ってくれました」

「二期目になって不幸な少女事件があり、これはいかんと思いました。土地の強制収用についても、これ以上は賛成できないと思ったのは、ジョゼフ・ナイ国防次官補（現ハーバード大学教授）の『東アジア戦略報告』が九五年二月に出てからです。どういうことかというと、ナイは国防次官補として政策を作り、それを終えるとハーバード大学に戻ったのですが、自分は仕事でやったまで痛くもかゆくもないのでしょう。だが沖縄には生身の一三〇万人が住んでいます。この人が作った政策で日常生活の場でもろに影響を受けます」

「戦時中、東京の大本営の若手の参謀たちが卓上で地図を見ながら、現地事情もろくに知らずに作戦を立てました。それがいかに沖縄の一〇〇万の人間に悪影響を与えたかということを、いやというほど思い知らされていました。ナイ氏のやり方は、その再現のように思えました。沖縄に来て、こういう政策を立てれば沖縄にどのような影響が及ぶのかなど、一言でもいいからわれわれに相談して立案するならば、まだ少しは話がわかるのですが、それがまったくなく、遠く離れたところで作戦を立てたのです。それがどんなに沖縄の人々を苦しめるかに関心がないかのような形で報告が出ました。これはきついと思いました」

「そのときから私は折に触れて東京の米国大使館の連中などに、これから代理署名問題などが必ず出てきますが、これを受けるのは厳しいです、そういう状況ですよと説明していました。少女事件もあって県民の基地問題に対する反発が強まったのが時期的に一緒になり、明確な沖縄の立場を示そうということになりました。その結果、かつてないような形で沖縄問題が知られるようになったのです。ですから私の功績ではありません」

もう一押しで国外

——では功績を挙げるとすれば。

「功績ということでは、基地問題の解決を図るための那覇軍港移設、読谷補助飛行場の落下傘部隊降下訓練の廃止、そしていちばん大事だと思っていたキャンプ・ハンセンの県道一〇四号越え実弾砲撃演習の廃止という三事案の取り組みがあるでしょう。那覇軍港問題はまだ未解決ですが、降下訓練は解決しました。伊江島に移って訓練する問題が残っていますが、伊江島も受け入れると言っており、読谷補助飛行場の返還は決定しているわけです。県道越しの実弾砲撃演習は廃止され、本土五カ所の演習場に分散されました」

「那覇軍港の隣の奥野山《おうのやま》公園という民間地域にシーメンスクラブ、これは米国の軍事物資を運ぶ米国の船員たちが憩う場所ですが、それがあって、彼らは無税で飲食していました。沖縄人も準会員になっていました。占領時代の遺物であり、おかしいと思い、当時のマイケル・アマコースト大使にかけあい、訪米して交渉し、これを移設させ、跡地に武道館を建てました。基地問題では大幅な前進はなかったのですが、着実に前進したとは思っています」

――やれなかったのは何ですか。

「那覇軍港撤去と普天間基地移設の問題です。普天間については、少女事件の後、万一、海兵隊機による人身事故や事件が起きたら行政で統御できない事態になる恐れがあると訴えました。コザ暴動（七〇年一二月）の経験もあるし、統御できない事態になったら、安保条約の土台が浸食されるばかりか、日米の友好関係は傷つきますよ、よく考えてほしいと伝えたのです」

「ところが本土メディアは、沖縄の地域利己《エゴ》だと報じました。私は米国で教育を受けたこともあって、日米の友好関係がいかに重要かということを知っているつもりでやっていました。県民の不満が鬱積《うっせき》していたのを感じていたからこそ、あのように訴えたのです。ですが私の考えは必ずしも意図したようには伝わらず、地域利己などと矮小化《わいしょうか》されて報じられたり、論説に書かれたりしたのです」

「このように日本側の理解は得られにくかったのですが、米国ではチャルマーズ・ジョンソンとかバンドー、クレマンソー、マイク・モチヅキらが、沖縄に基地を置きつづけなくてもハワイやグアムに移すのは可能だという趣旨の論文を書いています。細川元首相も、思いやり予算をやめ、基地の撤去を図るべきだと書きました。キッシンジャーも国外移設は日本政府の対応次第であり、比較的容易なことだという論文を出しています。こういうのを片っ端から集めると、一冊の本になるくらいです」

「私は、これらを踏まえて普天間基地問題に対処しました。交際している米国人たちは、あと一押ししたら解決できたと言っていました。そのときに選挙（九八年知事選）があって負けちゃったものですから、頓挫を余儀なくされました。その選挙でも得票は過去二回よりも多かったのです。ただ若者が増えて有権者が増え、生活が苦しくなったという印象があったということでした。いずれにせよ結果は結果であり、やり遂げたかった仕事が残ったわけです」

――いちばん残念だったのは何ですか。

「基地の環境問題です。去年五月訪米し、基地の跡地の環境問題について担当官から説明を受け、いろいろな資料をもらいました。非常に怖いと思いました。不発弾をいまでも毎年二億円かけて撤去していますが、戦後五〇余年処理しつづけながら、さらに四、五〇年かかるのです。たった四カ月の沖縄戦の不発弾がですよ。するとキャンプ・ハンセンなどの演習場の五〇年を超える実弾砲撃演習での不発弾はいかに大量なものであるのか想像がつきます。だれが調査し、どれだけの資金と年月をかけて処理できるのか。これを把握することは、行政の責任者にはたいへんな問題であったわけです」

——米国には基地問題専門の公的組織があるのですか。

「大統領から独立した基地閉鎖統合委員会があります。ジェームス・クーター委員長に米国で会い、基地を閉鎖、返還、再利用する際の米国の法的、行政的手続きをどうとるかなどを聞きました。さらにこの委員長を沖縄に招き、実際に基地を見てもらい、いろいろと勧告してもらいました。彼は深刻に受け止めていました。ただし米議会を動かさねば何もなりません。しかし沖縄県知事が年一回訪米して折衝するだけでは、解決は難しいのです。議会で議題として認識させないかぎり進展しません。本気でやるならば、沖縄がロビーストを雇って議会を動かし、ホワイトハウスと折衝しなければだめだと言われました。しかしロビーストは高くつきます。県財政にはゆとりがなく、県議会は反対派が多数でした。米国に嘱託を置くことにも嫌がっているくらいでした」

「そこで代わりの手段としてワシントンポスト、ニューヨークタイムス、ヒル（米議会紙）に、沖縄基地の状況を訴えました。賛否両論の手紙が相当にありました。反響の大きさに私は驚き、喜んだものです。その結果、ロサンジェルスタイムス、シカゴトゥリビューン、クリスチャンサイエンスモニターなども取り上げるようになりました。沖縄に理解を示す論調が大部分でした。しかし一部の保守紙は、沖縄は米軍がいるおかげで経済がもっているのではないかなどと、われわれの言動を批判しました」

海上基地の実態

——ほかにやり残したことはありますか。

「知事として、行政官として、やり残した仕事として心に残るのは、もう一つ石垣空港建設[★1]という問題があります。那覇港湾問題もしかりです。SACOが返還を決めた一一施設のうちの七施設は、県内移設が条件です。一一施設返還で在沖米軍基地の面積の二一%が返還されることになるから、実現してほしいと米側は言っていました」

——普天間問題を詳しく話してください。

「普天間の移設先とされた海上基地は、SACOが提示した基地機能の情報と、われわれが入手した米議会にある会計検査院の海上基地に関する資料、ペンタゴンの二つの試案、最終案の報告書と異なります。この報告書には海上基地と書かれていて、海上へリポートとは書いてないのです。SACO資料と会計検査院、ペンタゴン資料は大体一致しています。会計検査院資料には、ペンタゴンが賛同するという意思表示の書簡も含まれています。これらを比較分析しました」

「SACOは、代替基地の面積は普天間の五分の一か六分の一に縮小されると書いていますが、ペンタゴン資料には関西空港並みになり、代替基地を造るのではないと明確に記されているのです。二〇%も軍事機能を強化した基地を造ると書いてあります。MV22オスプレイ配備、航空母艦三五隻分の規模になるなどと書かれているのですよ。県が九八年三月ごろやった環境アセスメントの結果、海上基地用地は保護最優先海域に指定されました。米人技術者らが書いた資料には、海上基地は海上汚染を防ぐことはできないとも書いてあります」

——工法についてはどうですか。

★1　〇〇年四月、建設用地三案のうち「カーラ岳陸上」に決定した。

「米国は固定海上基地は最初から好ましくないと考えていることが、訪米して入手した資料でわかっていました。沖縄の暴風に耐えられない、また暴風時の環境汚染は避けられないとも書かれています。米国は移動式を求めているのです。昨年五月の訪米時、いろいろな企業の代表が建設構想の図面を見せてくれました」

――建設費はどのくらいの見積もりになっていましたか。

「SACOは四、五〇〇〇億円の建設費を見込んでいましたが、米側資料では九〇〇〇億円から一兆円かかるとしています。また移設は五年ないし七年とされましたが、米側資料では建設に一〇年はかかるとされており、基地建設後もすぐに移動するのではなく、訓練し安全性が確認されたら移るとしています。さらに四〇年の運用年数と二〇〇年の耐久年数をもつよう設計されると書かれています。日本で公表されたものと大きく異なります。ところが政府の審議官に示すと、あてにならない資料だと簡単に片づけられる始末です」

――知事は結局、県外移設を政府に要請しましたね。

「経済が厳しいいま、普天間がグアムとかハワイに移せるなら、一兆円もかかる基地など造る必要はないと考えたのです。ハワイ知事は沖縄からの海兵隊を歓迎するという公開状を発表したほどです。しかしある方面から横槍が入ったらしく、公然とは運動できないと私に直接もらしました。グアムにはウンダーウッドという下院議員ら友人がいます。あそこのアンダーソン基地はほとんど使われていません」「グアムのカール・グティエレス知事は〇一年一月、訪問した下地幹郎衆院議員に対し、海兵隊員二五〇〇人程度を受け入れる用意があり、数年内に実施の見通しだと述べた（沖縄タイムス〇一年一月二六日）。」

「グアムでも、強制収容された先住民の土地の問題があり、私が訪問したとき先住民が座り込みをしていました。議会もそうした事情を考慮し、受け入れ要員は無制限ではだめで、三五〇〇人ぐらいがよいとしていました。普天間は二五〇〇人しかいないので、これを移せば、巨費を投じて環境破壊を招きつつ新規基地を造らなくともよいではないかと確信して、国外への移設を訴えたのです」

――国内移設の可能性はどうだったのですか。

「本土の軍事評論家らは、岩国で建設中の海上施設になぜ普天間を移さないのかと書いていました。だが行政からの話でないため、県としては岩国には触れることができなかったのです。グアムやハワイへの移設を言うと、政府は不可能だとの声を強くしてきたので、ならば県外移設を言おうということになりました。言わねば解決しません。国外だけでなく県外移設も考えると言いました。しかし選挙で負けて実現できず、残念です」

2 グランドデザイン

経済振興策の限界

——沖縄の地域振興や経済の開発について。

「それについては、いろいろなシンクタンク、経済団体、研究者団体からなどから提言がありました。じつは米国統治下の琉球政府時代に、米国人が考える統治の基本は、最小の費用で最大の占領効果を挙げるという、きわめて経済的な計算が絡むことを知りました。いつも言っていることですが、日本の軍事評論家たち、研究者たちが安全保障問題を議論するとき、目立つのは経済問題をほとんど絡ませていないことです。つまり、このような経済効果があるからこのような軍隊を置き、安全保障をした方がいいというような説き方が欠けています」

「米国では、このような経済効果があるからと数字で示す。だから思いやり予算についても、米国高官らは安上がり、だから軍事的プレゼンスが必要だというような言い方をします。たとえば東アジア諸国と米国との貿易の総額がいくらだとか、これを確保するため、何が必要な要素かを考えます。沖縄ならば、そこに基地を置くことによって何万人くらいの雇用が確保されるという利点があるなどと、はっきりと言っています。このように経済問題が絶えず絡んできます」

「七二年に日本に復帰し、政府が一次振興、二次振興開発計画を策定し、計四兆六〇〇〇億円という巨額の資金を三次振興までに投下しました。一〇年の時限立法だった一次、二次の基本目標は、米国統治下にあって日本国憲法が適用されなかったことによるもろもろの格差を是正する、というのが一つの柱でした。もう一つの柱は、沖縄の自立的発展に向けての条件整備をするのが目標でした」

「しかし三次振興になると、従来の二つの基本目標に加え、広く日本の経済・社会・文化に寄与できる特色ある社会をつくるという新しい目標ができました。所得は依然、全国平均の七〇％くらい、いいときで七二％くらいで、格差があります。東京の半分でしかないのです。この是正は容易ではありません。インフラ整備の格差もあります。整備されている地域は立ち止まらずに整備されつづけますから、沖縄が整備をつづけてもなかなか追いつきません。特別に巨額の資金を投じるか新しい方法を講じるかでもしないかぎり、追いつけません。一定の金額では是正はできないので、是正にあまり神経を使うことはないのだと、発想を転換しました」

「むしろ三次で言われる特色ある地域とは何か、そしていちばん大事な自立的発展のためにはどうすればいいか、ということを考えました。米国統治時代にトンプソンという電通よりも先を走っていた米国の広告会社がありましたが、米当局はそこに委託して、西表《いりおもて》開発などを含め自立的発展に向けての方策を練りました。米国は、沖縄の発展のための出費をできるだけ少なくする狙いをもっていました。自立的発展で米国の負担を軽くするという政策で、琉球銀行をつくり、その株の五一％を米国が握っていました。水、電気など基本インフラの公社は米軍が支配していました。ドルも流通していました」

――政府が四兆六〇〇〇億円という巨額の資金を復帰後の沖縄に投下していたにもかかわらず、自立的発展に結びつかなかったのはなぜでしょうか。

「理由を分析すると、一次、二次振興は基地問題にまともに対処しておらず、ここに一つの要因があったということです。琉球政府時代からさまざまな開発計画、構想をつくったにもかかわらず、一つとしてきちっと実るものはなかったのです。それはある意味で、沖縄のもつ素地のような、あるいは沖縄が内在的にもっている優位さをじゅうぶん活用できなかったからではないか、と考えました。その優位さとは、人口が一〇万そこそこだった琉球王国時代、小さいながら首里城にあるあれだけの、国宝級の二三もの文化遺産を作り上げるだけの繁栄をもたらしたところの国際貿易だったと気づきました」

「もう一度、国際的な方法で発展を目指してゆくのだと決意しました。過去五〇年近く東京の方ばかりに目をやって、対外的には目をほとんど向けていなかったのです。アジア諸国と親しい関係を築いていくべきではないか、そのためにはどうすればよいのか。これを考えたら、身近に国際的な人材が数多くいるのに気づきました。沖縄にはアジア、アフリカからの研修生を訓練するJ《ジャ》I《イ》C《カ》A(国際協力事業団)関連の施設があり、これまで計三〇〇〇人を上回る研修生が出ています。毎年三〇〇人くらい来ています。彼らが本国に帰ると、県は親善大使を委嘱し、インターネットで結び合ってきました」

二〇一五年行動計画

――そこから国際都市形成構想というグランドデザイン(大構想)につながったということです

か。

「そうです。この構想は、沖縄の独自の文化、遺産を活用することで、国際的に開いていくための具体的施策をつくっていこうということです。経済面では、規制緩和策によって時代を先取りするような自由貿易地域をつくろうと考えました。琉球政府時代には小さいのがあって、当時は那覇の市場のおばあたちでさえ、LC（信用状）を組んで外国とじかに取引していました。そのような制度をつくれば沖縄人は結構やっていける、と考えたわけです」

――構想を実施するうえで、基地問題は避けて通れない課題として捉えたわけですね。

「沖縄の失業率は、全国平均の二倍以上でした。その対策の最重要点は、基地の転用だと考えました。そのため訪米の度に、米国内で基地が閉鎖され町になった場合、どれだけの雇用が増えたかなどを探りました。フィリピンのクラーク空軍基地とスービック海軍基地が返還されたとき、私は飛んでいって、国の代表者と会談しました。現在のジョゼフ・エストラーダ大統領にはラモス政権下の副大統領時代に会見しました」。［アキノ政権時代の九一年議会が米軍基地存続を認める条約の批准を拒否、同年一一月クラーク基地、九二年一一月スービック基地がそれぞれ返還された。］

「そこで経済の苦境をどう乗り切っていくのかと質問しました。するとエストラーダさんは、経済はわれわれ自身の問題だが、基地返還は主権国家の誇りを回復する非常に大事なことであり、経済は後で自分たちで解決すればよいと答えたのです。これには感動しました」

［この私の大田インタビューから間もない九九年五月、比国議会はエストラーダ政権の意向を受けて、国内で大規模な米軍演習の再開を認める「訪問米軍地位協定」（VFA）を批准した。とくに南シナ海のスプラトリー諸島（中国名・南沙諸島）領有をめぐる中国の軍事プレゼンス強化に対

抗して米国との軍事協力を強化したもの。〇〇年七月にはエストラーダ大統領が訪米し、沿岸警備艇一隻、汎用ヘリコプター八機、軍用トラック一〇〇両の援助を獲得した。米国の軍事専門家らは、将来の在日・在韓米軍の規模変更に伴う米軍展開分散化の展望の中で、比国を駐留候補地に加えている。同大統領は腐敗や醜聞が暴露され、〇一年一月の人民蜂起と軍部圧力で退陣した。」

――二〇一五年という期限はどこから出てきましたか。

「国際都市をつくるとき、基地問題解決を同時並行的にやらなければならないと決意しました。いくら理想論に燃えたとしても、現実の厳しさをいやというほど知らされてきており、二〇一五年まであと二〇年は我慢しようと考えました。その代わり、その後は基地を返還してもらいますよと」

「二〇年の期限をどう決めたかといえば、インターネットで米国のペンタゴンの高官や軍事評論家らの考え、たとえば東アジアの安定、対中関係、北朝鮮との関係などの分析を見て、分析、判断した結果です。朝鮮問題は四、五年で解決するというのが、ほとんど一致した見方[★2]でした。二〇一五年には沖縄に米軍がいなくてもいい時期になるだろうとも書かれていました。そこで設定したのです。無造作にやったのではありません。ナイ氏も九八年一月、日本の雑誌に論文を載せ、沖縄人が言うように二〇一五年には米軍が引き揚げてもいいようになるかもと書いています」

――沖縄の自立論でもあったと言えますか。

「国際的な都市づくりをすることで、沖縄の自立に結びつけたいと考えました。人材の育成が最重要です。英語、中国語、韓国語、西語の同時通訳を育成しました。台北と福建省、ソウル、香港、シンガポールに県事務所を置き、職員を派遣していました。マレーシア、タイ、ヴェトナム、フィリピンには嘱託を置きました。このようにインターネットをつくり、緊密な交流を図りました。同時に琉大など県内各大学に留学生を招き、県からも諸国の大学に留学させるようにしまし、こうした交流をずっと深めていました」

「知事二期目、当時の橋本首相に頼み、毎年一〇人の国費留学生制度をつくってもらいました。米国統治下では沖縄から毎年一〇〇人もの学生が留学生として招かれていました。復帰後はその制度がなくなったので、これを国費でやってもらうことにしたわけです。さらにタイ語とフランス語の同時通訳育成もやってもらいました。米国に毎年四〇人の高校生を一〇年間派遣するホームステイ制度もつくってもらいました。これらも国際都市形成構想の一部として実施されました」

跡地は雇用を拡大

――そこで、基地撤去問題はどう考えたのですか。

「基地問題解決が不可欠であることを正確に判断するため、転用で可能になる雇用確保数を基地ごとに点検しました。地元民一〇〇人を雇用していたハンビー飛行場というヘリコプター基地跡のハンビータウンには、一八〇〇人から二〇〇〇人もの雇用があるようになりました。そればかりか同地の商業活動が活発化し、固定資産税が基地時代のわずか三八〇万円から、四億七〇〇〇万円に膨らみました。小禄《おろく》の金城町も同じく、基地時代と比較にならないくらい雇用が生まれています。具志川市緑町は元は天願《てんがん》通信所で四、五人の雇用しかなかったのが、いまでは何万人もが働いてい

★2　南北朝鮮首脳会談は〇〇年六月平壌で実現した。

るのです」

「もっとわかりやすく言えば、嘉手納基地は成田空港の二倍の面積があって、滑走路が二本あります。一方成田空港は民間で、四万人が働いています。嘉手納基地は地元民を二六八〇人しか雇用していません。普天間基地は二〇〇人足らずです。普天間はハンビーの一一倍の面積ですから、少なくともハンビータウンの一〇倍の雇用が見込めます」

――しかし県内移設が条件では、差し引き同じですね。

「SACOが返還を予定した一一施設のうちの七施設を県内移設としたのは厳しすぎると、私たちは以前から言いつづけていました。そんな考えがおかしいというならば、自分で見てくれと言ったのです。これ以上基地を県内に造れないのは、だれの目にも明らかだと。クリントン大統領が来日したとき、私は一言だけ話しました。大統領、沖縄に来て、自分の目で基地の状況を見てくださいと申し上げました」

「嘉手納基地の場合、嘉手納町の土地の八三％を占めています。残りの一七％の地域に一万四〇〇〇人が住んでいます。町などと言えたものではないのです。人間生活ではないのです。SACOは二一％の基地面積を返還すると言いますが、中部と南部の都市地域に隣接した民有地を返してくれと求める私たちの願いに反して、山原《やんばる》の森林地帯にある国有地内の演習場を返すということなのです。願いと違いますよと率直に申し上げてきました。仮に二一％が返還されたとしても、現在七五％ある在日米軍専用基地面積の七〇％は沖縄に依然残ることになります。だから基地の整理縮小をやってもらわねば沖縄の自立・発展はあり得ないと、返還を訴えました」

――産業誘致も進めていましたね。

「国際都市形成構想ということで、新たな産業誘致を謳っていました。自由貿易地域といった新しい制度の導入だけでなく、沖縄にふさわしい新しい産業を確立する、それはマルティメディアぐらいしかあるまいと考えました。これは日本ではまだ一、二の都道府県が尖端を走っているだけで、他は停滞しており、これならば同じ出発線に立って闘えると思ったのです。いちばん効果的で、若い世代にも合います。失業率は一〇代、二〇代に高いのですが、この世代は電脳が得意です。これを生かすにもふさわしいので、構想の柱にしようとしました。当時の橋本首相と梶山官房長官が非常に熱心にやってくれたおかげで、いま順調に進んでおり、とても喜んでいます」

――大型の構想は、構想倒れの心配を常に孕んでいますが。

「国際都市形成構想については、過去に何百という提言があったにもかかわらず、ほとんど実らなかったのです。自立的発展に結びつかなかったからであり、その大きな原因は、基地問題に触れずにきたことです。沖縄開発庁もまったくと言っていいほど目を向けなかったのですが、いまは庁内に跡地利用をする部門があります。しかし跡地利用の前に環境浄化、利活用の在り方、責任、法整備などの問題がたくさんあります」

ある日基地は去る

――社会的問題もあったはずですが。

「国際都市形成構想と米軍基地整理縮小問題を同時並行的に解決していこうとしたところ、三つの大きな障害に直面しました。一つは、三万余人の軍用地主たちの多くが高齢化していることと、大方が年間二〇〇万円以下の地代しかもらっていないことでした。彼らには就職は不可能で、地代が唯一の収入源であって、返還は収入源が断たれることを意味します。彼らが不安になるのはもっともです。地代をあてにして住宅ローンを組んだ人もいます。そこで地主の不安解消が第一です。県内五三市町村中、二六くらいに基地があります。半分ですね。それらの自治体では過去半世紀、基地収入に頼って予算を組むことが構造化しています。これを改革する必要ありますが、難題です。もう一つの問題は、軍雇用員の再就職です」

——具体的な手段を講じましたか。

「三問題に本格的に取り組むため、一期目に各市町村長にうるさくお願いしました。たとえば土地代の一部を積み立てて基金とし、いざというときに困らないようにしようとしました。難点は、米国は自国の財政やその他の理由で、沖縄側の問題の有無にかかわらずいつでも一方的に基地を引き揚げる立場にあることです。フィリピンの例を見ても、米国のペンタゴンや政府高官はフィリピンの基地の存在はアジア太平洋地域の平和を保障する上で不可欠と言いつづけていながら、あっというまに引き揚げました。私は訪米で、そのことに触れました」

「沖縄に三問題があるから基地問題解決を伸ばし伸ばしにしていいかと言えば、そうではありません。北朝鮮問題が解決し、台中関係が友好的になっていくかどうかはわかりませんが、近隣地域の問題がなくなり二国間安保でなく多国間の安全保障問題や、国家でなく国民を主体にした人間的な安全保障、さらには環境問題などを含む構想を展開しながら、米軍は基地が必要なくなればある日突然引き揚げるから、これをも考えねばならないと言わねばなりません」

「経済問題が厳しいから基地問題は後回しにすればいいと言っても、国際情勢が安定すれば、こちらがお願いしても基地はとどまってくれません。互いに矛盾する二面性があります。米国内でも基地閉鎖は、反対運動があろうが、容赦なくやっています。すでに一三〇ぐらいの基地が閉鎖され、あと七〇ないし一〇〇カ所の基地閉鎖が予定されています」

「こうした二面性を見据えながら、かってなかった国際都市形成構想をつくり、基地問題を着実に解決していくことこそ、沖縄が達成できていない自立的発展に結びつくという考えで、努力していたつもりです」

——北朝鮮問題をどう見ますか。

「韓国の金大中大統領は、北朝鮮が暴発した場合、最も危険なのは韓国だと言っていますが、韓国は理性的、包括的に太陽政策という言い方をしながら、北朝鮮と付き合おうとしています。日本は、以前あっていま中断している国交樹立の方向になぜもっていこうとしないのでしょうか。日本人拉致《らち》問題があるならば、なぜそれを国交正常化のための交渉過程で話し合って解決していこうとしないのか。第一に国交樹立を目指して交流すれば、相手が危険であるのかそうでないのかが本当にわかるようになります。外交努力が積極的に行われてしかるべきです。国家の面子の問題ではなく、国民一人一人の安全の問題として考えれば、もう少し違った進み方が日本政府はとれるのではないでしょうか」

「まず国交正常化を積極的に推進すべきです。非核三原則の問題と絡んで、日本などに寄港する際、米艦船から核を外すことはありえないというラロック証言（七四年）がありました。そのラロック（米海軍退役少将）が二年前に来沖し、会いました。自分は北朝鮮訪問から戻ったばかりだが、みなが懸念するような北朝鮮ではなく、戦争能力も意図もないことが、自分で確かめてみればわかると言っていました」

「戦時中に、鬼畜米英と、一度も彼らに会ったことも話したこともないのに、一方的に洗脳され信じ込まされました。戦場で実際に会った米兵は個人的には誠実で、多くの沖縄人が命を救われました。不必要に敵対関係を煽《あお》るようなことは避けるべきです」

「懸念されるのは、ガイドライン問題が出てきたときに、日の丸・君が代法制化問題、北朝鮮脅威論が強調されていることです。相互に関係ないとは到底考えられません。ガイドラインとの関連でそのような問題が出てきているのではないかという懸念と不安を、少なからぬ国民が抱いています。いまのような時期には冷静になって、北朝鮮との対話を積極的に推進するとか、市民レベルの交流を盛んにするとか、文化団体の交流を活発化させるとか、努力が必要です」。[〇〇年四月、政府は平壌で北朝鮮との国交正常化交渉を七年五カ月ぶりに再開した。大田は翌五月、沖縄平和友好訪問団の団長として訪朝した。]

知事八年の意味

――知事時代を総括してください。

「一昨年ヨハン・ガルトゥング先生を招きました。ノルウェー生まれの国際的に超有名な平和学者で、国連でも各国の平和をどう実際に図るべきかということで提言をしている人です。二七、八歳のころ、オスロに国際平和研究所をつくっています。私はとても感動し、あなたはなぜ若いときにそれをつくったのかと訊ねました。第二次大戦中、父親がナチに引っ張られた際、こんな世の中でない世をつくってほしいとの言葉を残したそうで、その言葉を大事にして研究所をつくったということでした」

「私が知事になった意味があったとすれば、平和の礎《いしじ》をつくったことです。私自身がソウルの国立図書館で、日本に連行され死んだ韓国人の名簿を探しだし、日本名になっているのを韓国名に直す作業を、たいへんな努力と苦心をし資金と時間をかけてやりました。さらに沖縄戦は米国軍が攻勢に出て展開されたと一般的に解釈されていますが、英国の艦隊も、チャーチルがルーズベルトに掛け合って、英国の戦後の対日立場を有利にするため沖縄戦に参戦した史実があります。ルーズベルトは安請け合いしましたが、米軍司令官たちは反対しました。そこで仕方なく沖縄本島攻略戦には参加させず、先島《さきしま》攻略に参加させたのです。英軍は戦車さえ出動させました。私はロンドンで、英軍の先島攻撃に関する論文などの資料を入手しました」

「これらを踏まえ、台湾から日本軍に参加した人々も含め、全国に散らばっている在日遺族を探しだし、その了解をとりつけ、日本名から祖国の名前に戻して礎に刻銘したのです。沖縄だけの平和を守るというものではありません。最近のコソヴォでの戦闘の様子をテレビで見て心が痛みます。罪のない人々が殺戮《さつりく》され、難民となった子どもやお年寄りの顔を見ていると、戦時中が思い出され、何ともいえない気持になります」

——平和行政が際立ちましたね。

「沖縄の伝統的な思想や平和を大事にし友好関係を築き上げるという努力をしたことでしょうか。どんなに文化や宗教の違いがあっても、互いに違いを認め合い助け合って生きていくという生き方、共生こそ沖縄の伝統的な生き方です。しかも人間同士ばかりでなく、自然との共生も含まれています。農耕社会だったから、これも根づいていました」

「かつての独立王国時代の、近隣諸国との友好関係によって安全を図るという生き方を回復・再生させたいと努めた点に、知事になった意味があったと思います。十分には成功していませんが。ガルトゥング教授が言い残してくれたのは、民衆を信頼しなさいの一言でした。その後ガンジーの孫が沖縄に来たので会ったところ、同じことを言われました」

「沖縄の民衆はいろいろな動きをするかもしれませんが、最後は平和を大事にし、問題を暴力的でなく話し合いで平和裡に解決し、共生する生き方を踏襲するでしょう。そんな民衆を信頼していきたい。その信頼を高める形を、生涯をかけてつくり上げていきたい」

稲嶺県政について

――稲嶺県政は発足四カ月たちますが、二〇一五年構想はどうなっているのでしょうか。保守知事の登場は、それを選んだウチナーンチュたちは本気で基地が要らないとは考えていないのではないかとの疑念を本土人に抱かせますが。

「人は経済的に苦しむと、明日の幸せよりも目先の、きょう食べていくことが大事だと考えます。庶民の立場として当然のことだと思いますが、沖縄の経済的自立問題を考えると、いまのように政府の資金や基地収入だけを頼りにしていていいのでしょうか。自立しえなければ、若者の就職などは厳しくなっていくでしょう」

「何よりも人間はパンだけで生きるのではなく、心の豊かさ、平安を求めます。過去半世紀の戦後生活を振り返ると、沖縄にはユイマールという相互扶助的な助け合いの伝統が根づいているわけで、戦争直後、廃墟のなかで、県外から戻ってきた赤の他人を、むさ苦しい自分のテントに迎え入れて一緒に暮らしていたということがあります。私も自分のテント小屋に、身も知らぬ台湾帰りの家族に入ってもらって一緒に生活しました」

「当時の希望は、貧しくとも互いに助け合って平和に人間らしく生きていくことでした。その思いが心から消えません。二度と戦争をしなくていいというところから出た希望でしょう。戦時中、非人間的生活を強いられ余儀なくされていたからこその希望です。摩文仁《まぶに》など戦場での、むごたらしい親、きょうだい、親類の死にざまを見て、二度と悲惨な状況を沖縄で繰り返してはならないということが沖縄人共通の願いになりました。だから戦後、何もない貧しい時代に生き生きと働き助け合っていけました。しかし過去三〇年の歩みを見ていると、助け合いよりも自分だけの利益、所属する階層・集団の利益だけを目指し、沖縄全体の将来を見据えるという点が弱いのに気づきます」

「ただ現県政については、選挙で発足したものであり時間があまりたっていないこともあって、いまは何も言いたくないのです。県内各地から経済と引き替えに基地を引き受けてもいいという声が出ていますが、浦添への那覇軍港移設、普天間移設など中味が具体化してくると、簡単ではないと思いますよ。いまは問題が表面に出ていないだけです。自分の家の隣に基地が来るとなった段階や、どのような基地になるかがわかったとき、沖縄人はこれ以上基地はご免だと言うでしょう。新県政を支持した人々のなかにも反発は相当根強くあるわけで、日米両政府がいま好意的に見ているような状況で事態が推移すると見るのは甘いと思います」

「せっかくここまで米国政府に対し言うべきことを言って理解を深めてきたにもかかわらず、情報収集が放置されているようです。直接の情報取得がすべてです。政府、外務省経由というようになれば、沖縄県の主体的な解決の糸口が狭められる恐れが出てきます。これを懸念しています」

——稲嶺県政は大田県政の遺産でやっているとか、大田県政の圧迫感を感じつつやっているという意見がありますが。

「だれが沖縄の行政責任者になろうと、沖縄を二度と軍事的な標的にさせるような施政をしてはいけないということです。まかり間違っても基地を固定化、恒久化し、増大させることをやってはいけません。それは歴史を裏切ることになります。過去にも、主席公選運動や土地闘争が華やかに盛り上がったときに、県民の意向に反する形で主席任命を受け入れようとする人たちが出ました。どの国にも買弁《ばいべん》勢力（外国の手先）や、強力な権力の下で自分の地位・利権を強化しようと考える者たちがいるものです。それが大衆の願いと一致していればよいのですが、多数派の願いに反する場合、あとあと懸念される事態が出てくると思います」

3

非武の文化

——沖縄の最大の財産は何でしょうか。海でしょうか。

「一言でいえば、沖縄は日本で出生率がいちばん高く、したがって青少年の数が多いのです。これが県のいちばんの財産です。しかし沖縄は主権国家の一部でありながら、県土の一〇％が米軍基地に使われています。那覇軍港を含め沖縄の二九の海域、二〇の空域（沖縄空域の四〇％）も米軍管理下にあります」

——深刻な失業問題は解消できるのでしょうか。

「沖縄の財産である青年たちのうち、一〇代から二〇代前半の失業率が一〇％以上に及んでいます。若者が仕事に就きたくとも就けない現実があります。だから私は、失業問題を解決するいちばん手っ取り早い方法は、広大な基地を民間に転用し活用することだと考えました。いまの経済状況では、本土から経済効果を挙げる企業に来てほしいと招いても、なかなか来てくれません。法人税をある程度下げたくらいでは、他の出費がかさむため収益が大きくなりません。台湾も沖縄への関心は高いのですが、特別の利点がないとやって来ません」

「いちばんいい例は、米国のフェデラルエクスプレス社を私が直接本社に出向いて交渉して誘致した件です。彼らは最初から利点がなければ撤退すると念を押していました。利点があればこそはるばる遠い沖縄に行くのであって、利点がなければ行くのは経済的合理性からあり得ないことだと。だから利点をつくれと言われました。私は空港税をできるだけ安くするなど利点をつくる努力をしましたが、彼らは撤退してしまいました。以遠権問題も橋本首相の好意で解決しましたが、それでも引き合わないということでした。将来、条件が整えばまた来るとは言っていましたが」

「というわけで、失業問題を早く解決し、沖縄の自立、発展を図るには、これまで可能なかぎり読んだいろいろな提言からも、基地を転用することが第一です。若者が希望と夢を抱けるような平和な沖縄をつくることが、二一世紀のあるべき姿だと思います。しかし単に沖縄から基地をなくすというだけでなく、東南アジア諸国と友好関係を結び、人事交流や物流を盛んにしなければなりません。この点、各地で物産公社を通じて県産品を売っています。特に国内の六カ所でうまくいっています」

——独立論や自立論が最近また出てきていますが。

「沖縄の知的階層が内面的に、かつての独立時代の再現を描かないことはないと思います。政府が認めざるを得ない形にもっていって独立するという考え方は、沖縄で表れています。市井《しせい》の独立論とは異なり、喧嘩別れするのではなく、政府にその方が双方のためによいなと思わせるような形にもっていって独立する方策です。自治労からは、特別自治区などの構想が出ています」

——大田さんも沖縄の知識人ですから、どこかにその気持があるわけですね。

「そうですね。沖縄の自立を強調する前に、自立とは何かということを突き詰めていけば、自分で自分の責任をとる、自分の運命を自分で決めるという立場だとわかります。ハワイにはそのような立場の人が多く、われわれはいつもおしかりを受けています。日本のためにもいい方向での沖縄の自立は是非図っていきたいですね」

――集団安保体制構築の展望はどうですか。

「多国間の力を合わせた安全保障、個々の国家的な安全保障の集合体などを超えて、大げさに言えば人類規模の環境問題をみなで力を合わせて解決していくことで人類の安全を保障するという全地球的《グローバル》な安保が理想です。それへの過程として集団安保体制の構築があるでしょう。それとても丸腰の一般市民の安全を保障することを優先させねばなりません」

「ロバート・マクナマラがヴェトナム戦争回顧録で、あの戦争は間違いだったと告白しています。二一世紀にはみなが懸念している以上に核戦争の危機があると書いています。そうなると、沖縄の基地をなくすとかいう次元と違ってきて、人類規模の問題となります。あらためて日本、日本国民の安全をどう守るか、アジア太平洋地域、世界の平和と安全はどのように守るのか。それぞれの立場で真剣に議論し、政策をつくっていくしかないでしょう。私の沖縄にかける期待、思いは平和な社会をつくっていくことです。何としても平和憲法を大事にしていくこと。これに尽きます」

平和の琉球弧

――ガイドライン的状況下で、日中の平和の懸け橋としての琉球弧になれますか。

「知事在任中、福建省とも交流を深めました。一二階建ての友好会館を建て、県産品を売っています。省長らとも会っています。北京、南京とも交流しており、非常にいい関係です。中国からの帰国途上の機内で、中国人乗務員が、いまの良好な関係を継続すべく頑張ってくださいとの日本語のメッセージをくれました。中国はどこに行っても沖縄事情を知っていて、激励されます。日米、米中関係で、私などのできることは限られていますが、精一杯やりたい。台湾ともいい関係もっています。北京では外相や日中友好協会会長らに会いました。何らかの形で懸け橋になれるのではないかと思います。少なくとも努力を惜しむべきではなく、精一杯やるべきです。懸け橋としてやれるならばやりたい」

「米国人学者たちは、研究の中心が中国に移っていると言いながら、沖縄が懸け橋になる可能性が強いとも言い、励まされています。力は小さいが、人間らしく生きるため、精一杯努力したい。軍事力を用いての国家の安全保障は核時代に本当に可能かと、あらためて真剣に考えるべきです。これはガイドライン、有事法制の問題と関連させていつも私が思っていることですが、日本という狭小な島国に原発が五〇基以上あり、こういう状態で有事になれば、一般の市民、国民を守るのがどう可能なのでしょうか」

「島社会で展開された沖縄戦時にはすべて補給が閉ざされて、ひどいものでした。本土も生活物資やエネルギー源を外国から輸入しています。沖縄は生活必需品の八〇％を県外から入れています。有事になって周辺を閉鎖されると、自滅するしかないのです。昭和初期に沖縄の日本軍司令官らが言っていたことで、沖縄戦で証明されました。このことや原発などの問題を含め、国家でなく国民を守る観点から、多国間の友好、文化交流の協定を結ぶ方が実りあると思います。及ばずながら、私もその面で全力を尽くしたい」

――その考えを国会の場で打ち出すのはいかがですか。衆院選に出馬しますか。

「私は一六年も米国に通って集めた資料をまとめないうちに知事になりました。当時、本にしようとした資料などをいま整理しています。出馬などということを考えるゆとりはありませんが、副知事をした吉元君は選挙に出ました。やはり国会に出て言うべき事は言わないといけません。多数決ですから。七五二人いる国会議員中、沖縄代表は八人しかいません。その声が一致していればいいのですが、残念ながら党派に分裂しています。沖縄の庶民の意見を国会でうまく代弁できていません。そのあたりは吉元君が当選して、ものをきちっと言ってくれたらいいなと応援しましたが、残念ながら当選しなかったのです」

「私はいまのところ、米国のシンクタンクなどから、これからが大事だから一緒に協力して問題解決に当たろうと言ってきているので、彼らと手を取り合って、いわば米国の良識に訴えて問題を解決していこうと考えています。米国もいまのまま覇権主義的な生き方をすると、非常に厳しい状況がでてくると思う。この点も米国の研究者たちと率直に話していきます」

——衆院議席の確保という点では。

「そうですね。いまは、あまりも忙しい。知事をやめてから八つの県を講演などで回りました。こうしてジャーナリストとの会見にも応じなければなりません。執筆時間が少なくなって困っているところです」

日の丸・君が代問題

——日の丸と君が代を法制化することを政府が計画していますが。

「沖縄には、それをめぐるさまざまな問題があって、他府県と同一に論じられません。米占領軍は四五年、ニミッツ（初代沖縄軍政長官）布告の第二号で、日の丸掲揚、君が代斉唱を禁止しました。だから沖縄の子どもたちは、自分たちがどこの国民かわからなくなってしまったのです。四六年ごろの調査では、ごくわずかが日本国民と回答したため衝撃を受けた教職員たちは、日の丸を本土から取り寄せて配布しました。その後、占領統治に対する抵抗の象徴として、民族的象徴としての日の丸が用いられました」

「ところが島ぐるみの土地闘争などを経て復帰運動が高まるにつれて、みなが求めていた平和憲法への復帰ではないことがわかると復帰不安が高まって、今度は日の丸・君が代は戦時中の象徴として表面化するようになり、反対運動が強まったのです」

「しかし現在、小中高校で一〇〇％近く日の丸が掲揚されるようになっています。教師たちがよく話しているのは、形式的には掲揚してはいるが、われわれはまだ納得していないと。私が一般論として明確に言えるのは、これは法的に規制すべきものではないのではないかということです。仮に法律で国旗・国歌を定めるにしても、その掲揚、斉唱を教育の場で強制的にやらせようとするのはいかがなものかと懸念します。内面的な問題であり、自発的に受け入れるのならいざしらず、権力の側が強制してやらせるのは好ましいとは言えません」

——法制化まで進むと思いますか。

「国旗・国歌を国民が選ぶための議論をしつくしてから選定して、それを法制化するのならばいいでしょう。しかし侵略戦争の、あれほど国民大衆に犠牲を強いた戦争の象徴として使われた日の丸・君が代を、そのままの形で強制的に、特に教育の場で強制するのは、内面の問題に抵触するものであり、憲法規定からもいかがなものかと思います。だから好ましいとは思っていません」

（国旗国歌法は九九年八月成立した。）

——マスメディアへの注文はありますか。

「いちばん感じるのは、教育界でもそうですが、戦争を知らない記者や教師が圧倒的に多くなっていて、戦争の恐さへの認識が不足しています。安全保障問題で閣僚や国会議員に勇ましいことをいう連中がたくさんいますが、そのほとんどは戦争を知らない者たちです。私たちがいつも首を傾げるのは、自分だけはいつも安全な場所に居て、弱い立場の者に前に出ろと他人を犠牲にする形で、自分の安全を確保・維持しようとすることです」

「基地問題でも、沖縄に過重負担をさせていながら、特措法の改悪（九七年四月）がなされました。安保条約にも地位協定のどこにも沖縄に基地を置くとは書かれていないのです。だが在日米軍専用基地面積の七五％は沖縄にあります。一方で、安全保障の重要性を強調しながら、自らは基地を引き受けようとしないのです。基地を引き受けてくれれば、沖縄人もある程度納得できるのですが、沖縄に一方的に基地を押しつけたまま安全保障を口にするのはおかしい。つまり、他人を犠牲にして自分の安全を図るのは、沖縄的生き方、発想からすれば非人間的です」

「このあたりを、どうしてわかってもらえないのでしょうか。マスメディアは、戦争とは何だったかなど基本的な問題を、きちんと整理していくべきではないでしょうか。戦争責任の問題についても、米国では、日系人が戦時中被った損害について大統領が謝罪し、政府は補償しました。カナダでもドイツでもしかりです。日本だけが依然あいまいなままです。メディアもそれを是とするかのような報道をしています。これは戦争を体験していないことから、戦争を表面的にしか考えない立場の報道人が多くなっているからではないかと心配しています。もう少し慎重に戦争の問題、有事態勢、ガイドライン法案について内外で調査・取材し報道していくべきではないでしょうか」

暴力の文化

――沖縄で基地に対するテロがほとんどないことは驚きだとする見方がありますが。

「沖縄でも最近（安室奈美恵実母殺人事件など）悲惨な事件がありましたが、これは例外的であるにせよ、暴力の原因を分析する必要はあります。沖縄文化は、ハワイ大学のウィリアム・リブラ―教授が言ったことですが、本土の文化と基本的に違うというのです。本土の文化は戦士（侍）の文化であるのに対し、沖縄の文化は『アブセンス・オブ・ミリタリズム』（非武の文化）だというのです。やさしさの文化というようなものでしょうか」

「沖縄では、暴力で問題を解決するのを忌み嫌う伝統があります。尚真王《しょうしんおう》時代の武器廃棄令がありますし、尚真王の夫人や娘らが琉球全域の祭祀を司る聞得大君《きこえおおぎみ》という最高の責任者だったという、女性の地位が高かった史実があります。非武で文化面を強調することによって女性の高位が維持できたわけです」

「だが戦時体制になるにつれて、女子供、年寄りとなど『非警備の六者《りくしゃ》』に含まれて、戦場には向かないと分類されました。女性の地位は低くなったのです。伊江島の反戦平和運動の闘志として知られている阿波根昌鴻《あはごん・しょうこう》さんが『剣によって立つ者は剣によって滅びる』と言っています。非暴力での国造りが最良だということです」

――積極的な平和づくりとはどういうものですか。

「平和を考えるとき、単に戦争をなくしていくということだけでなく、ガルトゥング教授が言う『構造的な暴力』としての差別問題、人権の問題、経済格差の問題、社会的不公正の問題などを解決することによって、日常的に平和を生み出していくことです。米国では警察力で小学校を警備しないと安全が保てないという状況が広まっていますが、日常生活の場で暴力が発生するのは、軍事力で国際紛争を解決するという空気が強まったときに顕著になるようです。全身に癌細胞が浸透するのと同じように、軍事力に依存する事態になると、国内の経済、教育、文化などに浸透していくのです。これはジョン・ガンサー（米国人ジャーナリスト）だったかが言ったことだと思います」

「米国内で暴力問題が深刻化しています。現在、NATO軍を率いてユーゴスラヴィア空爆をしているように、米国の意思に従わないから、価値観が違うからと、覇権主義的な形で軍事力を行使する在りようは非常に危険です。米国人の良心に訴えたいですね。私としては、沖縄の伝統的な平和思想をいま一度活性化させて、武力でなく友好関係によって平和をつくっていきたいと強く思います」

——そのコソヴォについてですが。

「双方とも非戦闘員を殺害して省《かえり》みないということは、人道的にも許せません。対立の根底にあるのは何かと分析し、話し合いによって解決していく道を開かねばなりません。道は遠いかもしれませんが、それによってしか解決できないと思います」

信念を支えるもの

——生きるうえでの信条は何ですか。

「宗教的なものはほとんどありません。おこがましい言い方ですが、学生時代に米国でM・L・キング師らに惚れ込んだし、若いころガンジーにあこがれて、彼の足跡をたどって歩いたりしました。

南アのネルソン・マンデラを尊敬しました。苦境にありながら不可能と思われていたことに取り組んで人々に一途の光りを与えたガンジー、キング、マンデラですが、あれだけ苦労しながら最後のにこやかな顔つきはいかにも人間的です。これにはほだされます。彼らの足跡をかじりながら歩きたいという気持でした」

「米国人のなかに沖縄問題を理解してくれる人々が増えています。何百人もの人々が連署してクリントン大統領に沖縄問題の善処を要請したり、ハワイ州上下両院が決議したり、横へ横へと広がってきています。けっして解決への望みを失ってはなりません。米国政府・軍部の高官は、日本政府が正式に要請するならば聞きますと絶えず言います。なぜ政府はそれをしないのでしょうか」

――信念がない者は弱いと言われますね。

「経済的にいまのように苦境に陥ると、冷戦が終結していることもあって、従来左翼的と思われていた人々が方向性を失って右旋回し、とてもたちの悪い右翼になるということが懸念されますね。経済が苦しくなると、手っ取り早く金を摑むことができる軍事産業、軍備強化の方向で経済の安定を図ろうとします。大規模な基地の建設も同じ発想です★3」

「日本の戦後の経済発展は文字通り、朝鮮戦争とヴェトナム戦争のおかげでした。森島通夫は、二〇五〇年の日本が心配、いまの若い世代を見れば将来が分かるのだと言っています（森島通夫『なぜ日本は没落するか』岩波書店）。若い世代の物の見方、考え方を見れば、国の将来が予測できるということです。好むと好まざるとにかかわらず、いまの若者たちが日本を背負っていく。だからこそ暴力を肯定するような教育ではなく、互いに助け合っていくことを学ばせる教育が不可決です。軍事産業に頼らず、経済を地道に発展させるのが大切だと書いているわけですが、全面的に賛成です」

「いまの危険性はと言えば、政治が憲法改悪の方向へ進む気がしてなりません。憲法が公布される前に国会で行われた議事録などを読むと、結構、日本人も主体的に憲法を評価して取り入れたことが分かります。憲法をぜひとも大切にしていきたい。ガイドラインを考える際、米国にもこれに反対する人々が多くいることを知ったうえで、もっと議論をしていくべきです。単に数で決めない、本当の意味の民主政治が敷けたらなと念願します」

★3　社大党書記長を辞めて稲嶺県政の「政策参与」になっている比嘉良彦は、保守県政擁護の発言者として一部メディアから重宝がられている。海兵隊が普天間代替基地を一五年使用した後も居つづけるという場合を仮定して、比嘉は「別の代替基地を提供することも考えてもいいのではないか」（〇〇年一一月二日読売新聞「サミット後、沖縄の今」）と述べている。

4 沖縄サミットへの注文

私は〇〇年五月二六日、大田平和総合研究所で大田昌秀前知事に二時間半に及ぶ二度目の長いインタビューをした。大田は冒頭で「いま本を五冊同時に書いている」と言い、多忙な身であることを強く示唆した。五冊の本がどんなテーマなのかを訊ねた。

「一つは沖縄戦での米軍の心理作戦について。大学時代から資料を集めていたテーマで、当初は独ソ両軍の相互の心理作戦、日中両軍との間など、世界的規模で書こうと思っていました。しかし膨大になるので沖縄戦に限定しました。二つ目は最近の基地問題を整理したもので、三冊目は英文で書いたエッセイのまとめです。四冊目は沖縄人のアイデンティティーの問題です。英文エッセイ集は『エッセイズ・オン・オキナワ・プロブレムス』(結《ゆい》出版。邦訳「沖縄問題とは何か」)が近著ということになりますかね」

このやりとりにつづいて、本題に入った。沖縄サミット開催まで二カ月足らずの時点であり、質問はサミットからはじめた。

サミット開催の思惑

――沖縄サミット開催の決定をどう評価しますか。

「サミット自体が目的で開かれるのなら、沖縄の大方の人々は賛同するでしょう。沖縄の実情を見てほしいと。だがサミットは普天間絡みの取引だとか、政治的意味をもった沖縄開催なのかという疑問が出ています。小渕さん（故小渕恵三首相）がどこまでそういう側面を計算したのかは知りませんが、県民世論は一体ではありません。市町村長や一般人に政治性を念頭に置かずサミットを歓迎しようという立場がある半面、労組などにはサミットが及ぼす、サミット後の展開への影響を懸念する声があります。急進派にはサミット粉砕の主張もあります。県議選と総選挙も近く、簡単には割り切れない問題です」

――小渕首相がサミット会場を沖縄に決めたのは、なぜだと思いますか。

「小渕さんはひょっとすると、サミット開催決定に際して政治的配慮をし、二兎《にと》を追おうとしたのではないでしょうか。一つは沖縄開催によって、沈滞している基地問題、分裂している県民世論、県民感情を一つにまとめるのが可能だと計算したことではないか。普天間返還と県内移設の実行には県民世論の一体化が必要です。名護では市民投票に次いで市長選がありました。政府は世論分裂の危険性の意味をじゅうぶん学んだのです。もう一兎は、普天間移設問題受け入れさせるのに開催は有利だという計算でしょう」

「政府は両者は別だと言っていますが、決してそうではなく、クリントン発言★4などからも明らかです。政府が関係ないと言っても県民の多くは関係ありと見ています。昨日、与党三党幹部が来沖し、衆院選での与党候補当選がサミット成功につながると発言しました。ではサミット成功は次の

★4　九九年六月二五日。普天間移設問題が片づかなければ沖縄に行きたくないといった趣旨の大統領発言。

問題である基地移設の成功につながると考えたのではないか。この線が浮かび上がります。したがって二兎を追おうとしたのではないかと言えるのです」

――しかし普天間問題を出しすぎると、反発が強まるでしょう。

「そう、痛しかゆしで、サミットを成功させるためには、サミット終了まで移設問題をそっとしておかねばならない。大方の県民がサミット開催を喜び、首脳に沖縄のいい印象を持って帰国してほしいというきわめて素朴な県民感情がありますが、サミット終了後には直ちに取りかからねばならない工法、規模、環境、住民地域との関わりなどの決定、検証があります。すると、与党の政治的思惑がうまくいくかどうかは疑問点が多いですね」

――大田県政だったならば沖縄開催が決まったでしょうか。

「政府計画に沿った普天間移設日程が明らかになっていますが、サミット開催が移設と取引であることが露骨になったとしたら、私は知事であれば開催受け入れを控えていたでしょう。サミットは三日間の会議で、その後の基地問題は長くつづきます。引き換える価値は沖縄には乏しい。しかし政府は基地建設をサミット以上に政治的に優先課題にしていたので、私が知事だったとしても開催を働きかけてきた可能性はあったでしょう。サミット開催は準備段階で庶民にわかりやすいインフラ整備を伴うもので、政治的な効果を狙った政策でもあります。移設と引き替えに本島北部に資金が一〇〇〇億円投下されるということも庶民にはわかりやすく、入り込みやすい。逆にみれば、危険なことです」

アジアが注目

――サミットを取り巻く国際環境をどうみますか。

「国際的にはとくにアジアがサミットに注目しています。アジアとの関係でサミットが成功するかどうかが重要でしょう。アジア人が在沖米軍基地をどう見ているかという問題と関わってきます。その見方は肯定的、否定的の両者に分裂しています。今月初め北朝鮮に行きましたが、彼らは沖縄人と同じように平和で平穏な生活を求めている、ある意味で素朴な人たちだとよくわかりました。日本人は北朝鮮脅威論を言いますが、向こうは在日米軍に恐怖と不当性を感じています。サミットは地域問題を議論しませんが、たとえばエネルギー輸送路の安全確保は共通問題であり、そのために在沖米軍基地は有用だと仮にも確認することになると、問題になるでしょう」

「北朝鮮に行く前、韓国に行き、シンポジウムに出ました。金大中大統領の太陽政策を支持し、軍事力行使に反対することで一致しました。いまや六月中旬の南北首脳会談に期待が集まっています。平和的統一を図り、体制の違いは両国の同一民族間で解決すればいいという考えや、南の軍事力を減らし北も平和路線に移行するのがいい、という話もありました。私らには奥の奥まではわかりませんが、少なくともそういう発言がありました」

――朝鮮半島情勢は日米安保体制とも密接に絡みますね。

「そういう観点から言えば、安保条約を廃棄せよと私は言っていません。しかし二国間の軍事同盟の安保よりも、アジア諸国を包み込む多国間の、食糧問題、環境など軍事力では解決できない諸問題に取り組む総合的な安保政策の方が必要であり、これをシンポジウムで主張してきました。比国の米軍基地はアジア太平洋地域の安全に不可欠だと過去には言われていましたが、クラーク、スービック両基地の返還後、重大な安全の危機はありません。南沙（スプラトリー）諸島問題は起きましたが、あれは地域全体にとってとくに深刻な問題というのとは異なります[★5]」

——日本は総合的安保をサミットで打ち出せるとみますか。

「サミットでアジアが求めているものに配慮することこそ、日本が信頼を得るための近道ではないでしょうか。IT革命もありますが、途上国と先進国との格差が大きい。そういう問題もさることながら、地雷除去、食糧、医療、人口などアジアが抱える問題を前面に打ち出すべきです。そうなれば、途上国もサミットへの認識を改めるのではないか。だから議題の決め方が重要です。公式議題にならなくとも、晩餐会などで打ち出すとかすれば意味が出てきます。私は、人間の命を保障する本来の安全保障が必要だと考えます」

共生の枠組み

——広域安保体制の可能性はどうですか。

「NATO、EUなどは東アジアでは不可能だと決めつけるような言われ方がなされますが、私はアジア諸国を訪れて、そうではなく逆に相互に協力して安全を守りたいという考えが諸国にかなり浸透していることがわかりました。サミットにはアジア代表で日本だけが参加しますが、沖縄の労組には中国の江沢民国家主席を招こうかという意見もありました。その裏には、仮想敵国を次々に想定して軍事態勢を維持しようとする傾向に歯止めをかけ、新たな多国間の協力の枠組みをつくっていこうという狙いがあります。沖縄は、県政の基本理念に共生を打ち出していました」

――米軍一〇万人展開体制はどうなりますか。

「米国の研究者には、一〇万人体制は根拠がなく時代遅れだという意見があります。安保再定義（九六年四月）は、ナイ報告の一〇万人体制と在日米軍四万七〇〇〇人体制の両方を確認する方針だと首相官邸から聞いたので、とくに在沖米軍の数が固定される懸念が強いので在日米軍の数字を出さないでほしいと官邸に求めました。しかし一〇万人体制の方は確認されました。数字を明記すると自縄自縛で動きが取れなくなるのです。私は、最近ではアジアでもNATO、EU型安保ができる可能性があるという見方にパトリック・クローニン（クローニンとマイケル・グリーンが編集した『日米同盟』＝九九年、勁草書房＝では、主として日米安保を補完する形でのアジア多国間安保協力体制構築の可能性が議論されている）ら米国の研究者が変わってきているとみています」。

［大田は〇〇年一〇月二一日の沖縄タイムス、琉球新報両紙で「朝鮮半島の緊張緩和や米軍一〇万人展開体制の見直しの気運などは、知事時代に主張していた通りになっている」と述べた。］

普天間返還構想

――沖縄では保革ともに基地整理縮小を望んでいるとみますか。

★5　島根県北西一六〇キロにある面積二三ヘクタールの竹島（韓国名・独島）は日本が一九〇五年同県に編入したが、韓国は李承晩政権時代の五二年領有権を主張し五四年七月から警備隊を常駐させ国旗を掲げている。韓国は金泳三政権時代の九五年一二月竹島に近い鬱陵島で接岸施設工事を開始、施設は九七年一一月完成し、金泳三大統領は「大韓民国東端」と刻まれた記念碑を除幕した。日韓は米国を間に挟んで軍事同盟関係にあるが、歴史的な対立関係もあって韓国は軍事力で竹島の実効支配を開始、それを四七年もつづけている。日中間には尖閣諸島領有権問題がある。

「そうは必ずしも思いません。口では縮小と言いながら、基地がなくなれば地代を失う軍用地主、自治体予算に深く食い込んでいる基地関連の補助金を失う自治体、失業する基地従業員などがあります。全駐労（全駐留軍労組沖縄地区本部）も基地撤去を言わなくなっているし、『沖縄イニシアティヴ』[★6]も安保肯定論です。したがって皆が基地縮小を望んでいるわけではありません。琉球処分[★7]以来、沖縄人が嫌がっていた基地誘致を現県政（稲嶺恵一知事）はやってしまいました。[★8]このことからも整理縮小を本気で望んでいるとは言えません。沖縄人は琉球処分直前に熊本鎮台沖縄分遣隊がやってくるのに反対しましたが、受け入れさせられました。警官隊と分遣隊増派による威圧の下で琉球処分が実行されたのです。戦後は沖縄戦体験があって、基地は認めない、自分の土地は基地でなく生産の場にしたいという意思が存続してきました」

——普天間基地返還構想はどのようにして生まれたのですか。

「橋本首相は諸井さんの伝言[★9]とは関係なく、普天間返還を考えていたと思います。なぜ首相はそう発想したのか。佐藤守さん（航空自衛隊南西航空混成団の元司令）の論文によると、防衛庁も無関係でした」

「公開された資料によると復帰当時、米軍は軍の再配置を検討していました。私たちは最初の訪米から米側に普天間返還を求めていたのです。最後の訪米には宜野湾市長も同行しました。人の体で言えば、那覇を頭として普天間は胸の当たり。体を健全にしたいので普天間を返せ、というような言い方をしました。しかし実現困難とみていたため、三事案（那覇軍港返還、読谷補助飛行場での落下傘降下訓練打ち切りと同飛行場の返還、県道一〇四号線越えの実弾砲撃演習の打ち切り）に的をしぼりました。こうした経緯から、首相の耳に普天間問題が入っていたのは、じゅうぶんあり得ることでした」

――代替基地建設の狙いは最初から米側にありましたか。

「当初、米側は普天間返還に伴う移設条件をもっておらず、浮体移動工法（メガフロート方式）の実験をやりたいと提案していたのです。ハワイのカニホエ基地に普天間を移設する計画だったという資料さえあります。言えることは、米側は県民感情を調査し、普天間で少女暴行事件級の事件や重大事故が起きれば、米軍は沖縄にいられないようになると考えていたということです。一方で米国には、日本政府は大田に乗せられており、普天間を返せば次は嘉手納を返せと言うはずだと書いた論文も登場したのです。それがいまは米側は移設条件をもっていて、ゼネコンやメーカーのせめぎ合いとなっているわけです」

三者協議強化を

――稲嶺知事は普天間代替基地の使用期限を一五年とする条件を主張していますが。

★6　〇〇年三月、稲嶺県政ブレーンである高良倉吉（歴史学）、真栄城守定（経済学）、大城常夫（同）の琉大の政府協調派三教授が打ち出した提案。日米同盟支持、歴史見直しなどを訴えた。一種の改憲論だと、琉大助教授島袋純はみる。
★7　一八七八年の琉球廃藩・沖縄置県。これによって沖縄は日本に併合された。一九七二年の沖縄の日本復帰を「再併合」とする捉え方がある。
★8　海兵隊普天間航空基地の返還に伴う代替基地の県内建設を九九年秋、受け入れた。
★9　九六年二月、秩父小野田セメント会長（現・太平洋セメント相談役）の諸井虔がひそかに大田知事と会い、訪米する橋本首相を通じ米側に伝えてもらいたい最大の関心事は何かを訊きたいと持ち掛け、知事は普天間返還だと答えた。首相はクリントン大統領にその旨を伝えた。

「これは、一つには行政手続き上の問題です。知事時代に七度の訪米で思い知らされたのは、安保絡みの基地問題には日本政府が正式に申し入れれば柔軟に対応すると、米当局者が判で押したように言うことです。だが政府は要請しない。少女事件後、SACOができ、その上にある日米安全保障協議委員会（日米の外務・国防担当相会議で通称「2プラス2」）が決定機関となりました。本来そこで日本側は言うべきことを言うべきなのです。沖縄はSACOにも入っておらず、言いたいことが山ほどあっても、ままなりません」

「安易に『一五年問題は日沖間の国内問題』[★10]などと口にする者がいますが、とんでもないこと、あり得ないことです。一五年問題は安保条約にも関わる問題です。しかも米軍の計画では普天間代替としての海上基地は使用四〇年、耐用二〇〇年を目標に建設されることになっており、米側が一五年条件に応ずることはない。これができるのなら、基地はとっくに縮小されているはずです」

「現県政ブレーンによる『沖縄イニシアティヴ』は、安保を認め基地の有効性を認めています。同じ県政が一五年期限を主張するのは矛盾します。日米政府の好まない立場を唱えていることになるからです」

――基地問題の解決には何がいま必要ですか。

「三者協（県知事・那覇防衛施設局長・米四軍調整官で構成）を強化することです。この協議会では、米側は小さな問題を議題にせず排除するばかりです。私は知事時代、排除すればかえって基地問題は悪化するから、問題を取り上げそれぞれの責任を明確にすべきだと主張しました。だが彼らは聞かないので、橋本首相に強化を頼んだのです。協議をせず問題を放置すれば環境汚染問題などが解決せず基地問題は悪化し、民意は米軍からさらに離れ、政府に大事な安保が傷つくばかりか日米友好関係が損なわれると伝えました。そこで橋本首相は協議強化のため沖縄駐在大使を派遣しました。しかし依然強化されていません」

――稲嶺公約の代替基地の陸上案と軍民共用案はどうですか。

「民間との共用と言うが、利用者はいないでしょう。伊江島の米軍補助飛行場の一部には海洋博用に民間滑走路も建設され、一時使われた後、利用がなく廃止されました。★11 一九六五年ごろから米軍は、辺野古沖を埋め立てて三〇〇〇メートル級の滑走路を建設する案を検討していました。復帰後、在沖米軍をどう扱うかという観点からの政策検討で、那覇軍港なども移して辺野古沖に機能を一体化させた大規模な基地を造るという案でした」

「この計画を見ると、稲嶺県政の計画はまさにこれだと思われます。当時は軍民共用はうたっていませんが、現県政は米軍が作った計画に乗って共用条件を付け加えただけでしょう。米軍は昔から、はるかに先を展望して考えています。先手主義です。その米国人たちが『マリンコー・ガゼット』などで、移設は安保と関係ないゼネコン同士の利権争いの問題だと言っているのですよ。計画が白紙になって失望するのは、ゼネコンなど企業だけです。佐藤守さんもそう書いています」

★10 振り上げた一五年条件という公約の刀の収め所に悩む稲嶺知事の意向を受けた政策ブレーンが、公約を曖昧にするため〇〇年初頭、訪米して打ち上げた一種の打診気球。
★11 大田は〇〇年一〇月二一日沖縄タイムスで「(軍民共用というのならば)伊江島飛行場がなぜ利用されないのか」と疑問を呈した。

5 自立への道程

基地と経済

——政府は代替基地建設の引き替えとして、北部に一〇年間に一〇〇〇億円を投下すると決めましたが。

「基地が経済発展に結びつくか否かという問題の結論は、過去半世紀以上も基地を負担してきて証明済みです。結びつきません。政府は沖縄経済の自立的発展の基盤づくりを政策にしてきたはずですが、援助は第三次まできているのに依然、基盤はできていません。県民所得は全国最下位で、東京の半分以下です」

「基地整理縮小を図らずに経済の自立的発展を図れるかと言えば、問題が多い。土地がない。都市開発ができない。都市計画ができないからです。沖縄の街は表はきれいだが、裏に入れば消防車も救急車も入れない路地の街が至るところにあります。嘉手納町の場合、基地に市面積の八三％が占められ、残る一七％に市民一万四〇〇〇人がひしめいているのです。人間らしい生活など、できるわけがありません。宜野湾市は普天間基地で分断されています。沖縄では土地も海も空も自由に使えません。沖縄の二九水域、空域の四〇％が米軍管理下にあります」

――軍用地料をどうみますか。

「軍用地代は復帰後、六、七倍、場所によっては一〇倍に上がっています。軍用地主にはいいだろうが、軍用地周辺の地代をつり上げる要因になっているのです。工場を誘致しても、地代が高く引き合わない。そこで海を埋め立てることになる。それだけ環境が破壊されます。基地は雇用も招かなくなっています。軍従業員は最高時五万五〇〇〇人いましたが、基地はほとんど減らないのに従業員はいま八〇〇〇人くらいでしょう。一九六二年ごろまでは沖縄に外部から投入される資金のうち基地関連収入は五三％もありましたが、いまは五・二％にすぎず、一六〇〇億円くらいです。それでも、数兆円は投下しないと得られない収益だと言われたものです」

――農業はどうですか。

「かつて基幹産業だった砂糖キビの生産は、一七〇万トンだったのが今日九〇万トンに落ちています。農業収入は二〇〇億円しかなく、収入の穴を観光で埋め合わせている状態です」

――いまの基幹産業は観光ですね。

「そうです。知事時代、二〇〇一年までに観光客を一〇〇万人増やす計画を立てました。一人当たり一〇万円落とすと計算すると、一万六八〇〇人くらいの雇用創出が可能と試算しました。軍労働者の二倍で、失業対策などで即効性があります。そこで観光インフラ整備に七五億円をかけました。いま観光客は年間四五〇万人で、やや停滞しています。五〇〇万人の大台達成が可能かどうかです」

――非伝統産業の育成面はどうですか。

「われわれの県政は、従来なかったような産業を誘致しようと考え、マルティメディア・アイランド構想などを実行しました。高知県が以前からやっている深層水の産業化にも着手しました。久米島（大田の出身地）で深度六〇〇メートルの海中から汲み上げて塩分を抜き、上質の水にします。農業水、飲料水、工業用水など用途が多い。薬草は知念村などでやっており、久高島（知念村所属）でアセローラをやっています。ウコン茶は最近よく売れています。わしたショップ（沖縄県営のアンテナショップ）で売る。東京など国内六カ所と台北、福建省、シンガポール、ソウルの国外四カ所に店を出しました。県産品を売り込んでいるわけです。こうした努力が自立的発展につながるのです」

「むずかしいのは、自治体財政に構造的に組み込まれている基地補助金です。これから抜け出すのは大変です。一部を積み立てて将来の必要に備えてほしいと言ってきました。依然、基地収入に頼らざるをえない段階にとどまっているのが頭痛いですね。沖縄は土建屋が産業に占める率は東京より六、七％も高いのですが、公共事業は先細りです。土建業就業者をどう食わせていくかも課題です。いまの県政に新しい試みは何もない」

——環境問題も無視できませんね。

「もちろんです。人権問題にも結びつきます。二一世紀の沖縄の最も深刻な問題は環境でしょう。辺野古沖は環境保存優先地域の筆頭です。米側報告には、海上基地では環境破壊は防げないと正直に書いてあります。基地はアジア太平洋地域の平和と安全に寄与しているとされるますが、沖縄では日常的に人々が生活を脅かされています。人権侵害、事件事故被害が絶えません。基地が人間の安全、すなわち人権を守ってくれるならば、喜んで守ってもらいたいのですが、実際は県民、住民は基地に反対しています。信頼がおけないからです」

「県民のうち軍用地主には異なる思惑があります。地代のために人権問題に目をつぶるのです。軍転法保障期間が短いからとか理由を付けてです。県人口一三二万のうち軍用地主はほんのわずかです。民主社会では少数派の意思を尊重しながらも、多数派意思を尊重せねばなりません。一九五五年に朝日新聞が、沖縄のひどい人権状況の実態を暴露しました。以来、貧しくとも人権が守られる沖縄をつくっていこうと考えてきました」

特別自治区を

――沖縄の理想像はどのようなものですか。

「一つは、アジアの若者たちの交流です。留学交流などで、通訳も養成しました。香港、台北、ソウル、シンガポール、福建には県事務所を設置しました。マレーシア、タイ、インドネシア、ヴェトナム、フィリピンに県職員を派遣していました。このように東南アジア諸国を中心に交流のネットワーク作りを進めました。沖縄、インドネシアのバリ島、中国海南島、韓国済州（チェジュ）島の知事が持ち回りで『観光サミット』を毎年開きました。こうしたことが二一世紀に向けての大事なことなのです。第三次振興で文化に寄与する特色あるものを興す方針が打ち出されました。平和発信、東南アジアとの共生、伝統重視、自然との共生。これこそが知事時代に築いたソフトパワーの精神です」

――沖縄の自立はなぜ困難なのですか。

「かつて沖縄は琉球王国でした。独立国だった誇りがあって、その誇りを源として自由に自決したい、貧しくても自立したいという気持ちが出てきます。過去への郷愁でなく、往時の発展はどのようにして成し遂げられたのかということを見直すのです。いまは学卒者が多く、伝達手段も発達しているのに自立困難だが、これはなぜだろうか。復帰前、日本に返るのではなく、特別県として独自の形態を保ちつつ日本に参加するのがいいとする考え方がありました。いまも、なぜ正面から捉えなかったのかと後悔していることですが、復帰前に西野照太郎という国会図書館外務調査室にいたと記憶する人物が復帰前に来沖し、ある料亭に招かれました。彼は世界の小独立国の研究者で沖縄復帰に関する論文（「国際環境からみた沖縄復帰―島嶼住民の自決権と自治権」）を書いていて、なぜ沖縄は独立しないのか、本当に復帰したいのかと私に問いました。世界には人口五万人足らずの独立国があると言いながら」。（人口五万人以下の独立国は〇〇年末現在、オセアニアのナウル、ツバル、パラオ、カリブ海のセントクリストファー・ネヴィス、欧州のモナコ、サンマリノ、リヒテンシュタインの計七カ国とみられる。）

「当時、私は比嘉幹夫君（西銘県政副知事）らと琉大で特別県政構想を研究していました。知事になってから国際都市形成構想と基地返還行動計画をやっていてつくづく思ったのは、沖縄は四七都道府県の一部であるということでした。訪米しても当事者としては扱われず、基地整理縮小など安保絡みの問題は政府が言うべきことだと米側からにべもなく言われました。一方、フィリピンは基地返還で誇りを回復しています。大分県の平松守彦知事は道州制を考えていますが、沖縄は九州の付け足しになるわけにはいきませんから、独自の特別自治区という構想を、自治労を中心に議論していました。そのままになっていますが、あきらめはしません」

北朝鮮訪問

——北朝鮮訪問もアジアとの交流政策の延長線上にあるわけですか。

「琉大にいたころ、招かれながら都合で行けないということがありました。県政を離れてから吉元君（大田県政副知事・吉元政矩）がまず行き、交流を進めようということになり、私たちが行ったわけです。リチャード・アーミテージ（レーガン政権国防次官補）が、在沖基地を減らすためには米国に対してでなく北朝鮮で軍事脅威を減らすようじかに談判すべきだと、ある記者に言ったことがあります」

「この度の私たちの訪朝団にジャーナリストの参加は査証の関係で認められなかったのです。交渉で沖縄の記者は一時許可されたのですが、最終的にはそれも駄目になりました。北朝鮮が、日本のプレスの報道を一方的だと受け止め不信感を抱いていると感じました。団員は総勢一二四人でした。平壌の本屋で、故金日成主席と共同通信社長との会見のパンフレットが売られているのを見つけて、買って読んだら、金日成さんはごく普通のことを言っていました。素朴な主張です。貧しくても自分たちで国をつくるのだと。自決であり、主権国家の在り方ですね。平凡でも平和で人々が融合し合える生活を求めているというのが、北の人々の印象でした。やさしく親切でおとなしい。隠し立てをしないということが印象的でした。節電を見たし、食糧事情の悪いことを率直に話してもくれました。牛を飼わないのは食糧不足のためで、代わりに山羊を養っているということです」

——沖縄訪朝団への特別待遇はありましたか。

「私たちを迎えてくれた最高位の人は最高人民会議副議長です。会った当局者たちは、日朝国交正常化交渉については、日本は本質的でない拉致疑惑などを持ち出すが、そのような問題は国交樹立後幾らでも話し合えるのだから、いま持ち出すのは、本当に国交を樹立したい意思があるのかどうかを疑わしくすると話していました。順序が違う、枝葉と本質を混同しているのだと」

「同じころ日本人がたくさん平壌にいたのに、受け入れ側は私たちの沖縄訪朝団には他の団体を扱うのと違う気持ちで対応していたと聞きました。沖縄戦、基地被害、反基地を訴えているということで、親しみをもって対応してくれたのだそうです。この種の交流は積極的にやっていきたい。北朝鮮では子供たちを大切にする。高度な技術教育を受けている。窃盗する児童はいるが、事件となれば親たちが批判されることになるため、親たちや学校の子供教育は厳しいと聞きました。学級崩壊はありえないそうです」

――社会主義体制をどうみましたか。

「教育や医療は無料で、家賃五〇〇円程度です。芸術家は作品を売れば歩合をもらえます。年金は国・党への貢献者は引退後一〇〇%支払われます。冷戦終結で資本制が社会主義に勝ったと喧伝されましたが、そうとは言い切れないことを身にしみて感じました」

払いすぎた沖縄

――「沖縄イニシアティヴ」をどう受け止めましたか。

「書いた三人のうち高良君を除く二人は西銘県政でもブレーンでした。かれらがブレーンとして沖縄経済の発展に寄与したか否かはわかりませんがね。高良は琉球王国は学んだけれど、近現代史はわかりません。国際情勢や、各自の専門分野ではわかるかもしれないが、アジア諸国の実情はわかっていない。韓国でも基地政策が動き、南北首脳会談が近くあるというのに、依然冷戦的発想で安保肯定とはどういうことですか。北朝鮮は在沖基地があるから統一が阻止されていると主張しています。そういう相手の立場を考えずに、アジアとの関係を深めるといっても無意味でしょう。矛盾だらけの内容です。安保を肯定するのなら、日常の基地問題、人権問題をどうみるのか。『新しい歴史教科書をつくる会』とそっくりの発想ですよ。歴史認識もまともに議論すべきものではない。いずれきちっと（批判を）書いてみようと考えています」

――高良氏は知事選出馬の意欲があると巷間で言われていますが。

「政府の権力者たちに会っていることを得意がっているようです。しかし学者だから知事になれるかといえば、とんでもない。要は蓄積の問題です。学問の世界にもやっかみがあります。若い世代には戦争体験がなく、これが私たちとの決定的な違いです。某氏から『原理主義』呼ばわりされましたが、私がもしそうであるならば、恩納村のゲリラ訓練施設を撤去させたり、シーメズクラブを武道館にすることなどできませんよ。沖縄は、薩摩時代から日本に払いすぎです。いま政府が沖縄を例外扱いしていると言うのは不勉強です。沖縄が払いすぎだったのです」

――民主党から衆院選に出馬するとの噂が巷間に流れていますが。

「国会の場で沖縄の正しい立場を明確に堂々と言う必要はあります。しかし民主党は改憲を口にします。私は護憲です。これは絶対的な立場であり、譲れません。沖縄護憲派の議席確保については社民党の土井たか子（党首）さんに、吉元君が社民党の比例区上位になっていればよかったのにと言っておきました」［大田は社民党の反対などにより、〇〇年六月の総選挙には出馬しなかった。だが新たに〇一年七月の参院選に社民党から出馬する可能性がささやかれている。］

――沖縄国際平和研究所（〇〇年七月那覇市内に設立）について。

「知事時代に県の施設として設立したかったのですが、できなかったので、個人でもつくりたいと考えていました。私は現在、小さいですが大田平和総合研究所を主宰しているわけです。今日的な一般論として考えれば、たとえば民主党が研究所設立を支援し、できた研究所が民主党のシンクタンクの役割を果たすという形もあり得ると思います。政権を狙う政党にはシンクタンクが不可欠ですから」

第四章 宴のあと

1 「沖縄イニシアティヴ」論争

二〇〇〇年七月二一日から二三日まで名護市でG8首脳会議が開催された。この年三月、政府系の会合で飛び出した「沖縄イニシアティヴ」は、安保体制を容認し、基地の存在を評価し、沖縄人に日本帰属意識をしっかり持ち「日本のために何ができるか」を考えよと呼び掛ける内容だった。当然のことながら沖縄の知識人たちから猛反撃をくらい、三教授がほぼ一方的に攻めまくられる形の論争ないし「論撃」は沖縄サミット後の九月までもつづいた。

認同の闘い

高良らの登場は以前から予感されたものだったが、日本の思想的先兵として沖縄の内側に明確な姿を現し、沖縄の一層の日本同化を促すため沖縄のアイデンティティーを壊しつくり変えていこうとしはじめたところが、以前にはなかった現象だ。アイデンティティーは中国語で「認同」というが、ある存在・民族・価値・思想・信条などと自らのそれが同じであると感じ認識することだ。伝統的なアイデンティティーを破壊しようと志す者たちは、新しい認同を築こうとの意図をもつのだろうが、アイデンティティーは長い時間をかけて少しずつ形成された、鍾乳洞の垂れ下がる鍾乳石のようなものだ。人工でたやすく形成できるものではない。

いずれにせよ、沖縄戦展示物の改竄事件を暴き改竄を葬った沖縄の市民的抵抗が、知識欲を権力欲に結びつけたがっているようにみえる認同改竄主義者たちと政府との連合の動きをどこまで食い止め、流れの方向を変えることができるのか。これが世紀末から新世紀初頭にかけて沖縄知識人が直面した厳しい課題である。伝統的アイデンティティーの希薄化で生じた空白に、水が高所から低所に流れるように、大衆の脳裏に宣伝文句は流れ込んでいく。沖縄戦体験者が沖縄人の一三％に激減し、「伝承された体験」が風化しつつあるいま、沖縄人のかなりの部分は歴史に無頓着になりつつあって、その改竄を結果的に受け入れてしまう形となっている。

一方で四月ごろから市民運動、労組、女性、NGO、知識人、アーティスト、ジャーナリズムなどが組織するサミット対抗行事やサミット関連討論会がサミット期間中まで絶え間なくつづいた。

高良倉吉

私が那覇支局にいたころ、高良倉吉は新進気鋭の歴史家として頭角を現しつつあった。本人がトレードマークにしている「いかつい顔」も、当時は学究者が真理を求めて苦悩している表情に見えて、むしろ好ましかった。だが熱心な歴史家の印象がつよかった彼に会見するかどうか、という私の関心は薄かった。だから高良にインタビューしたのは、「沖縄イニシアティヴ」に四年先立つ九六年三月のことで、沖縄の自立・独立論がテーマだった。この論議には周期的な高低があって螺旋状に進んでいるように見受けられ、当時は高まる周期にあった。

――自立・独立論に歴史家としてどう取り組みますか。

「第一に、沖縄の足腰がじゅうぶんに鍛えられているかどうかです。復帰後二四年たちますが、蓄積は少ないですね。一〇年ごとに沖縄振興開発計画があって、いただき根性が定着し、経済自立は成功していません。自力更生を模索し、変わっていかねばなりません。それには、いろいろな条件を冷静に考えることです」

「安保体制、憲法、アジア安保構築、自衛隊基地の存在といった根本の問題をタブーなしに議論することです。いまは日本がつらいときにあり、沖縄は分派行動をするのでなく、ともにできることをやるべきです。沖縄人には安保がよく見えます。このノウハウを生かすのです。沖縄の痛みを、恨みつらみを超えて普遍化に結びつけるのです」

「第二は、ヤマトへの反感の問題です。まっすぐにヤマト離れをして独立に向かうのか、それとも、沖縄を問題提起者として、日本を見捨てずに、新しい日沖関係をつくるためともに考えていくのか、二つの立場に分かれます。私は、後者の立場です。ヤマトを見限るというふうに短絡することなく、複雑な方程式を立てて解決に取り組むのです。私はいま、そのために理論武装していま す」

――そういう立場で現状をどう見ますか。

「私たち自身は、自らを厳しく点検しつつ、外界を批判するという両輪を備えていますが、いまは自己主張する車輪の方が進みすぎています。自身を見つめ直す方の車輪が弱すぎます」

「マスメディアは主張の急先鋒です。軍用地主については、さまざまな地主がいて、さまざまな生活をしているという実相を伝えるべきですね。海兵隊の在りようの検証も必要です。外務省の対米交渉の実態を報じるべきです。交渉の際の布陣や方法論の取材が欠かせません。ただ、政府は駄目というのではいけません。マイク・モチヅキの安保や沖縄についての分析なども報じてもらわねばなりません」

――プレスの在り方とは別に、具体的に何がいま必要ですか。

「沖・日・米の三者対等の会議設立が不可欠であって、これを要求すべきでしょう。沖縄という当事者の意見を聞かない政府のやり方は、いかに政府に危機管理能力がないかを示しています。地位協定の問題も、沖縄の意見を聞かずに決めたところから起きている面もあるのです」

――政策立案のための機関も必要ですか。

「日本には独立したシンクタンクがなく、分析能力が欠けています。ユートピア的平和論は通用しません。安保体制下でさぼってきたことを、いまからでもやらねばなりません」

――政府の沖縄理解に変化は見られますか。

「政府・本土人が考えている安保体制と沖縄の基地問題との落差の大きさが、少女暴行事件以後、問題になっていて、落差がわかってみると、首相以下がそろって沖縄に同情します。ならばどうするのか。日本の国としての在り方にまで踏み込まないと、問題は解決しません。沖縄問題は、その取り組みのなかで収斂《しゅうれん》されていくべきです」

――沖縄側の在り方はいかがでしょう。

「沖縄の海洋型の国際交流も、同じ取り組みの枠のなかで位置づけていきます。沖縄県と福州との交流がつづいていますが、交流会館を建てるなどイベント型です。その館をどう戦略的に使っていくかという政策がありません」

「地元両紙の台湾問題の報道は共同通信に任せっきりになっています。なぜ両紙はじかに取材しないのでしょう。近隣の台湾のことを、どうして東京経由で報じるのでしょう。沖縄はなぜ発信基地にならないのでしょう。両紙は、中国・華僑資金の動きをも伝えるべきです。昔、琉球は華僑資金を最大限に利用していたのですよ。日本地区、沖縄地区の華僑の代表である人物も紹介してほしいですね」

「反基地闘争をしている指導者たちは、大陸中国と対峙する台湾を知っているのでしょうか。台湾や福建に行ったことがあるのでしょうか。そうした努力をせずに国際都市形成構想を打ち出したのだとすれば、付け焼き刃にすぎません」

——沖縄はどう発想すればいいのですか。

「まずは発想の自立が必要ですから、日本の枠組みからはずれたところで発想することです。日本のなかの沖縄と、日本から離れていく沖縄の両面を発想してから、両者を融合させるのです。沖縄は歴史上いつも、アジアの動向に規定され絡み合いながら生きてきましたし、今後も同じです。先人のもっていたダイナミズムを、子孫の私たちがもてないはずはありません。足腰の弱さは、そういう努力で補強できます」

タブーをなくせ

——アジア安保構想はいかがですか。

「それは日米安保の見直しの一部としてあります。平和憲法の理念を生かすには、どうすべきでしょう。平和主義徹底のためならば、改憲もあってよいのです。タブーをもたないことです」

――天皇制にはどう対応しますか。

「昭和天皇の死後、天皇制へのわだかまりはずいぶん変わり、反天皇論議は大きな問題ではなくなっています。沖縄対天皇制という問題は、平成天皇のもとでは大きな問題ではありません」

「昭和天皇は制度上、戦前の最高指導者で、戦後は象徴天皇として存続しました。この同一人物の継続に、沖縄は反感を抱いていました。沖縄の場合は、軍国主義の戦前と米軍支配の戦後がつながっており、昭和天皇がメッセージ[★1]を送ったことなどから、沖縄に複雑な感情があるのは当然です」

「日本は象徴天皇制をタブーにしてはいけません。議論を民主的におこなえる民主社会にしなければなりません。ガラス張りにすれば、右翼の付け入る隙はなくなります。少女事件をきっかけに光りが当たった沖縄の基地問題は、日本全体で考えるべきことです。大田知事は、沖縄人は差別されるのをよしとしないと明言しました。沖縄は差別にかちんときて、怒ります。それまで差別問題を取り上げるのはタブーでしたが、いまやタブーでなくなりました。沖縄にはタブーはありません」

――軍用地主の実態に光りを当てるのもタブーではないわけです。

「軍用地主にとり、土地料はビジネスになっています。米国は沖縄で産業を興さず、外から物を

★1　一九四七年の日本占領米軍の内部文書で、昭和天皇は米軍が沖縄をはじめ琉球の島々を軍事占領しつづけるのを対ソ戦略上望ましいと考えている、などと記されており、米国側は、天皇のこの希望は疑いなく私利に基づいている、と受け止めた。伊藤成彦は前出「冷戦終結後の沖縄」で、その「私利」を、戦争責任追及を免れ天皇の地位にとどまることだと解釈している。

入れる経済構造をつくりました。復帰してドルは円になりましたが、物は日本産を、格差是正金として日本から大量に流入する資金で買えばよいことになり、本質は変わっていません。沖縄人が自分たちでどうすれば稼げるのか、というのが自立論のテーマでした。日本からの援助をいまのような形で受け取りつづけていいのでしょうか」

——大田県政の舵取りはいかがですか。

「去年からの沖縄の主張は、沖縄が長年ため込んできたものを、大田知事を指導者として、昔のように突撃型でなく静かに抑え気味に訴えるようになっています。しかし根底には、沖縄の力強さがあります。それを含みながらの控え目なやり方でしょう。沖縄もいま、試されています」

歯切れの悪さ

高良は質疑の合間に、かつて沖縄大学学長だった歴史学の故・安良城《あらき》盛昭教授から、歴史家としての視点や、科学的な探求の方法論を学んだと述懐した。科学的な研究を厳しく実践している学者ほど、ジャーナリズムに対する批判は厳しい。だがジャーナリズムは、人文科学の末席を汚すにしても、権力や政治という堕落しきった存在に牙を向ける「道徳」でありたいのだ。道徳の発露は必ずしも科学的にはできない。

インタビューから半年後、沖縄で在日米軍地位協定見直しと整理縮小の是非を問う県民投票があった。その結果が出てから、私は高良と、その友人であるマイク・モチヅキに新聞配信用の評論原稿を依頼した。高良はモチヅキが沖縄を訪問したとき、斎場御嶽（知念村の崖上にある最高位の聖域）や、久高島を望む海岸で長時間さまざまな問題について語り合ったという。

モチヅキは一九五〇年、石川県金沢市に生まれ、米国籍を取得した。政治学博士で、ワシントンのブルッキングス研究所で外交政策立案を担当していた（九九年からはジョージ・ワシントン大教授）。高良より三歳若い。モチヅキが書いてくれた英語原稿の一部を紹介したい。［モチヅキは〇〇年八月七日付朝日新聞で「日本は、指導者不在の危機に対処するため大統領制を導入すべきだ」と提言した。この提言では天皇制の扱いについては一切論じていない。］

「在沖米軍の撤退は、日米同盟関係が空洞化するのでなく、強化されることによってのみ可能になる。残念ながら、日米双方の政策立案者たちは、安保再定義に重点を置き、憲法と安保条約をめぐる難題を避けることを決めてしまった。彼らは討論を抑制し、政策を公衆の目の届かないところで推進する方法を選んでいる。拡大主義は短期的には有効だろうが、長期的には不健全だ。民主主義の下では安全保障政策は、その国の市民の積極的な合意と支持を得るものでなければならない」

高良は、大城立裕らとともに沖縄海洋博の理念作りに参画したり、首里城復元に歴史家として関与したり、「琉球の風」というNHK大河ドラマの歴史考証をしたりしているが、これらの仕事を実績として強調している。大田県政時代には保守陣営の知事候補の一人だとうわさされ、稲嶺恵一が知事選に出馬するころから稲嶺のブレーンになっていた。米国では学者が政府の政策立案者になる「学政協同」は当たり前だが、高良はそれを積極的にやっている。

新平和祈念資料館の展示内容改竄事件が起きたとき、高良が地元紙に発表した意見記事はきわめて歯切れの悪いもので、これに対する批判が続出した。改竄は歴史解釈に基づくことから、歴史家でブレーンの高良の改竄関与も当然疑われることになった。NHKドラマに関わって以来、高良は姿勢がおかしくなったと指摘する者もいる。

だが依然、沖縄世論形成上の指導者の一人として発言している。琉球新報が〇〇年三月にはじめた「沖縄と世界、歴史から未来へ」という大型企画の最初の執筆者として、「総論」を歴史家らしい文章で書いた。琉球史は固有性を帯びてはいるが、アジア諸国や中日米の大国とのダイナミックなかかわりと向き合いのなかから積み重ねられてきたとして、「過去から将来に向かって吹く風の声を聞くためには、独りよがりに陥ることなく、徹頭徹尾視野を広げ、自らの開かれたアイデンティティーを基礎とすることである」と結んでいる。

この文章は歴史の鳥瞰図であるが、沖縄宿命論のようでもある。後日、この「総論」とも関連する高良らの提言が「沖縄イニシアティヴ」として姿を現すことになる。高良の言う「理論武装」のようなものだろう。

「一線を画す」三人組

高良らが「沖縄イニシアティヴ」のためにという提言をしたのは、三月下旬那覇市で開かれた「沖縄フォーラム」の会合だった。私は、この会合があったことを、会議に出席した朝日・産経両紙の上級記者の書いた論評記事で知った。私は、これはあまりにも独断的かつ独善的な主張がなされたものだと驚き、共同通信那覇支局経由で提言文を取り寄せて、それを基に以下のような評論を書いた。[★2]

提言は冒頭で「政府の最大の過失は沖縄の位置づけを国内論理でのみ処理してきたこと」と指摘

し、「沖縄がアジア太平洋地域でどのような役割を発揮できるか」などに関し「イニシアティヴを積極的に発揮すべきだ」と訴えている。稲嶺知事が最近東京などで行った発言内容と酷似しており、三教授が知事のブレーンの立場にあることを示す。

次に「歴史に対して過度の説明責任を求めたがる論理とは一線を画す」という立場表明がある。これは本土で九〇年代に目立った「自由主義史観」を連想させる。「その後、高良はこの部分の発言について、大田前知事のように歴史を使って現在の状況を説明することだけに偏らず、安保問題など現在の重要問題にも取り組むべきだという趣旨の説明をした（〇〇年五月一五日付朝日新聞）。」

前年夏大問題となった新平和祈念資料館の展示内容改竄事件で、改竄を導いた「理念」とも相通じるものがあるようにみえる。「反戦平和は普遍的な言葉で語るべきだ」とする部分には異存はないが、沖縄戦や広島・長崎の被爆には普遍的言葉では語り尽くせない特殊性があるはずだ。

三教授は日米同盟を評価し、在沖米軍基地の存在意義を認め、国連憲章に基づく軍事力行使を支持する。そのうえで「米軍基地問題は存在の是非を問うものではなく、効果的運用と住民生活安定をどう調整するかであり、基地運用を厳しく点検する」と強調している。すると基地整理縮小問題はどうなるのか。「存在の是非を問う問題ではない」と言い切るのは、独断的に過ぎまいか。「沖縄は来世紀に新しい日本に帰属しつつ、自己責任を果たす」というのは、反独立論でもあろ

★2　会合には内外の学者ら約四〇人が出席。沖縄訪問中だった小渕首相（当時）は一部会合に出席した。フォーラムは、財団法人・日本国際交流センターが運営する「アジア太平洋アジェンダ・プロジェクト」（ＡＰＡＰ）という耳慣れない組織が主催した。

う（高良はその後、反独立論の立場にあることを認めた）。

「ここに日本尽きアジア始まる」「ここにアジア尽き日本始まる」と刻んだ碑を将来沖縄に建てたいという。欧亜大陸最西端のポルトガル・ロカ岬の「ここに陸尽き海始まる」と書かれた碑の真似であるのは明らかで、感傷的だ。琉球王国の版図《はんと》だった奄美諸島の住民、「在日」アジア人、アイヌ民族を含む九州以北の日本住民のアジア帰属に関する立場は無視されるのだろうか。

沖縄イニシアティヴとは、沖縄が日本とアジア太平洋地域を結ぶ「知的な解決装置」として持つべき「ソフトパワー」[★3]によって、同地域の歴史問題解決を探る責任を意味する。こう提言は結んでいる。沖縄は、世界最強の米国の軍事基地の島として日本一、かつアジア有数の「ハードパワー」だ。この現実に正面から取り組まずに「ソフトパワー」を開発しようというのであるとすれば、イニシアティヴをだれが信用するだろうか。

出席者名簿を見ると、地元沖縄からはジャーナリストも、三教授以外の学者も参加していない。主催者は、七月の沖縄サミット開催の意義についての知的貢献が期待されると、フォーラムの意味づけをしている。だが出席者の顔ぶれからは、その意味づけは手前みそに過ぎると感じられる。

論争の展開

高良とその盟友の琉大教授たちを含む稲嶺側近・ブレーン小集団と、作家目取真俊《めどるま・しゅん》を筆頭とする根源（ラディカル）派や権力に接近しない学者・ジャーナリストたちとの対峙関係は、知事選、普天間基地問題、改竄事件を経て段階的に浮き彫りになり、「沖縄イニシアティヴ」をめぐって一気に鮮明になった。

沖縄両紙は私の評論掲載につづき提言全文を掲載し、両紙上で論争が展開されるようになった。伝統的アイデンティティーの破壊を勧めるイニシアティヴであり、それが沖日関係の根幹や平和主義に触れる重要問題だけに、論争はさまざまな形で展開され、くすぶりつづけるだろう。高良・真栄城・大城の三人は〇〇年九月、『沖縄イニシアティヴ』（ひるぎ社）という本を出した。「沖縄発・知的戦略」という副題が付いているが、三月の「沖縄イニシアティヴ」にも「知的」という言葉が頻出する。知性へのコンプレックスがよほど強いと見受けられる。この本の冒頭には、三人への批判が巻き起こったことについて「異議の多くは誤解、認識不足、憶測、曲解に基づく」とする解釈があるが、これこそ認識不足だろう。批判者たちは「沖縄イニシアティヴ」を真っ向から受け止め、読み捨てならぬと判断し、反論を加えたのだ。

しかし、目取真俊が宮里政玄、我部政明らとともに、現代沖縄で最も際立つ言論人になっている事実は、他の多くの学者や文化人やジャーナリストが政治的発言を控えていることと無関係ではあるまい。本土で七〇年代に見られたような「進歩的知識人」の地盤沈下が、世代交代と相まって沖縄で急速に顕著になりつつある。大田革新県政という思想的な「瓶の蓋《ふた》」が県政交代で外れたため、地元の右翼知識人はまだ少数派ながら「本土並み」に動きはじめたわけだ。

★3　この「ソフトパワー」の概念は、ハーバード大教授ジョゼフ・ナイ（国防次官補時代の九五年にナイ報告を書いた人物）らが九六年から提唱している。因みにソフトパワー論に照らせば、歴史改竄ほどソフトパワーを傷つけるものはない。

そのころ東京で会った長元朝浩（沖縄タイムス論説委員）は、問題点を次のように指摘した。

「沖縄戦の体験者が急速に減っていく一方で、左右両派の無体験者たちの間で沖縄戦の解釈論争や沖縄史の見直しが活発化しています。名誉回復運動も起きつつあります。こうした傾向は少女事件のあった九五年ごろから目立っています。しかし解釈には体験のような絶対性がなく、あくまで相対的、並列的であるため、一方的解釈や判断に立った史実の改竄や否定が行われるようになります」

「戦場体験は体験者が生きている間は、その個々人の核となって存在しますが、さまざまな人々の体験が集約され平均化されると、型にはまった陳腐なものになりかねず、体験の継承は建前化します。たとえば平和ガイド★4の説明がそうです。同じく反戦平和だけでは、基地拡大に賛成するいわゆる現実派の攻勢に対抗するのは難しく、住民に論理と、それを表現する言葉を学んでもらわないと、抵抗は崩されてしまいます」

西銘戦略の失敗

西銘順治知事時代の八七年、沖縄で「海邦国体」が開かれた。西銘は沖日間の歴史問題を清算する決意を固めており、どの国体でもお馴染みの開催地総合優勝を果たす目標と併せて、開会式に出席する昭和天皇の「お言葉」をもって沖縄の戦後に終止符を打つという戦略を練っていた。だが沖縄では天皇来訪への反対運動が起き、地元両紙は戦争責任や、沖縄を米軍の基地の島にした「天皇のメッセージ」についての天皇に対する質問状を提出した。これに宮内庁は激怒した。宮内庁とは、そういう役所なのだ。結局、天皇は病気ということで沖縄に行かず、西銘は総合優勝の目的しか果たせなかった。

当時私は南米支局にいて、海邦国体をめぐる沖縄の状況についてはほとんど記憶にない。西銘が戦後に終止符を打とうと狙ったエピソードは、沖縄のある著名なジャーナリストから聞いたものだ。フリーライターでウタキ研究者の安里《あさと》英子は、「沖縄の戦後の終了はいつなのかと訊かれるが、米軍基地がたくさんあって恒常的な半戦争状態にあるため、ポスト戦後という実感はない」と言う。

高良倉吉は、安保支持と歴史見直し主義を掲げ政府と協調する立場を明確にしたことで、自ら学者生命に見切りをつけたかに見える。これが、稲嶺の後継知事になるため、〇二年もしくは〇六年の知事選出馬を目指しているとの巷の噂を支えている。［高良は、日米関係の二一世紀の在り方を「森」に、沖縄の基地問題を「木」と例え、「沖縄が大木であることを堅持すること、そのためにこそ当事者としての強固な自覚を持ちたい」と、思い詰めたように語っている（読売新聞〇〇年一二月二二日「沖縄の基地、対極的議論を」）。］

学者知事大田昌秀の誕生で刺激を受けたはずの高良は、大田の「非武の思想」を否定して「基地の島・沖縄」の現実受け入れに傾斜し、一方で大田の沖縄主義と稲嶺の親政府主義を合わせて昇華させたような政策を遂行する知事になる野心をもっているのかもしれない。

私は安良城盛昭から、「歴史家は時間を最低一世紀単位でながめる。だが歴史を動かす一瞬の出

★4　沖縄戦の戦跡を案内し、靖国英霊主義でなく平和主義の立場から説明するバスなどのガイドたち。

来事の意味を見誤ってはいけない」と言われたことがある。時流に乗った弟子の高良は、改竄事件の意味をどう受け止めているのだろうか。

2 渦巻く利権

辺野古正念場

沖縄サミットが近づくにつれて、サミット後は普天間移設問題が実行段階に入ると盛んに言われるようになっていた。辺野古沿岸域での普天間代替基地の建設決定を受けて、次の大問題は、巨大利権絡みの暗闘、住民生活への影響、環境破壊問題が絡む場所と工法の特定となった。

政府（外務省）と海兵隊の好む案は、沖合に箱船（ポントゥーン）を並べて造る長さ一五〇〇メートル、幅六〇〇メートルの「メガフロート」。鉄鋼・造船など一七社の連合は九九年八月から〇〇年一〇月にかけて横須賀沖に長さ一〇〇〇メートル、幅六〇メートル、最大部分の幅一二〇メートルと小振りのメガフロートを浮かべて実験をした。これに辺野古住民を招いて、見学させた。「久志地域振興促進協議会」という利益団体が、メガフロート支持派の組織である。琉球エアーコミュター（RAC）の双発旅客機（定員三九人）による離着陸実験をやったときには、日米防衛当局者も見学した。住民たちが「建設決定という最悪の場合でも、沖合での建設ならば次悪として受け入れる可能性がある」と言っているのを、業者たちは拠り所としている。ただし大規模な防波堤の設置が不可欠なこともあって、環境破壊は不可避。米国企業も関心を示している。

これに対し、本土業界に技術と資本の両面で太刀打ちできない県内の建設業界は、利権団体「辺野古活性化推進協議会」を足場に、稲嶺知事が「陸上基地」と「民と軍の共用」を公約したのを大義名分として、辺野古沿岸を埋め立て陸地とつなげたうえで、大型旅客機などが離着陸できる二〇〇〇メートル級以上の滑走路を造る案を打ち出している。沿岸埋め立てだけの案と、沿岸に埋め立てと港湾施設を造り、これと沖合の埋め立てによる人口島を結ぶ混成案（ハイブリッド）などがある。この利権団体は、建設用地確保のため必要ならば地域住民の集団移転さえ辞さないという構えで、この点でも代替基地建設反対派やメガフロート派と対立している。

人口島案の港湾施設は当初、返還が決まりながら動いていない那覇軍港と、その有力な移設先と見なされている牧港補給地区一帯の機能を併せて移設するという計画だった。この案は工事が最大規模となり、その分だけ環境破壊も著しい。埋め立て案にも米国企業が参入の機会を狙っている。

利権に群がる業者たちの欲望が渦巻き激突する辺野古で、基地建設にあくまで反対する住民たちは、本土や国際環境保護団体と連携しながら闘っている。その合い言葉は「ジュゴンの海を守ろう」である。金城祐治ら地元住民の代表は〇〇年八月一〇日、日米両国首脳に普天間代替基地建設を県外もしくは米国領でやるように訴える請願書と二万人を超える署名を米国大使館と首相官邸に渡した。安保廃棄・米軍基地撤去を求めて署名活動を九五年から展開しているＮＧＯ「命《ぬち》どぅ宝ネットワーク」が〇〇年六月四日、米国大使館警備担当者に約五〇〇〇人分の署名書類を渡したところ、この警備担当者が大使館警備の日本の警察に同書類を渡し、権力の不当介入として問題化した。このＮＧＯは七万人を超える署名をそれまでに大使館に渡していたが、コピーなどのすべてが警察に回されていた。

元空将の意見

佐藤守空将は大田知事時代の九〇年代半ば、航空自衛隊南西航空混成団司令兼在沖自衛隊連絡調整官として那覇に駐在した。九七年退官し、現在、日本飛行機社の顧問をしている。合計三八〇〇時間の飛行時間を持つ戦闘機の飛行士だったが、『国際軍事関係論』（かや書房）という著書もある理論派だ。九八には海上基地建設案に異論を唱え、「橋本総理（当時）の面子とゼネコンのために一兆五千億円もの血税をドブに捨てるような真似をする意味がどこにあろうか」（前出『諸君』）と直言した。私は〇〇年六月東京でインタビューし、普天間移設問題を中心に考えを聞いた。

佐藤守退役空将

「航空管制上、那覇、普天間、嘉手納が並んでいて、管制官泣かせです。そこで普天間基地をどかせば少し楽になります。普天間運用上の問題は、離着陸面下に居住地域が広がっていることです。本土では航空法で厳しい建築規制がありますが、米軍時代、法適用がなかったため住民が住み着いたのです。復帰で法適用が可能になったのに、強制撤去などはなかった。飛行士泣かせの急降下着陸、急上昇離陸では燃料を少なくしたり積み荷を軽くしたりしてやっているため、非効率的です」

「そして事故があれば大災害を招きかねません。これまで大規模事故がなかったのは、海兵隊が緊張して使っているからでしょう。しかし管制上、運用上の問題があります。事故は常に起こりうるのです。ならば、どこに移すべきか。将校には家族と一緒の生活、独身隊員には歓楽街の存在などが必要です。さらには嘉手納弾薬庫から離れすぎてはいけないという条件があります。この弾薬庫は米西海岸、ハワイからアフリカ東海岸までの展開に必要な弾薬がすべて格納されていて、空軍のみならず各軍の弾薬搭載・積載に好都合にできているのです」

「嘉手納空軍基地への普天間統合は米軍とって利点にはなりません。米軍も陸海空・海兵四軍の間の対立は旧日本軍のそれよりもすごく、うまくいきません。空軍は陸軍航空隊を中心に戦後独立したという歴史もあって、とくに海軍・海兵隊とはしっくりいかないのです。空軍が統合案を拒否したのは、彼らには当然のことです」

「とりあえず移設決定を凍結すべきです。事実上、九六年の決定から四年以上凍結状態にあります。この認識に立って検証、再検討すべきです。大いに慎重にするという意味で凍結するのです。米国の次期政権が突然やめようと言い出す可能性だって否定できません。移設問題はいったん白紙に戻して、移転せざるをえない理由を洗い直すべきです」

「そもそも返還要求の前提が、橋本首相のパフォーマンスだったかもしれません。海上基地反対の市民投票結果もあるし、一五年条件も出てきて、状況が変わっています。県民も四年以上も分裂して悩んできました。長年、防衛政策に協力していた普天間の地主たちは、何の相談も受けずに移設が決定したことにいまでも怒っています」

航空法適用を

「第一に管制上複雑すぎる三空港の並ぶ状況を考慮するのならば、できれば移転が望ましい。離着陸時の問題はヘリコプターにはないけれど、Ｃ１３０輸送機など固定翼機が問題です。ＭＶ22オスプレイは、通常型ヘリコプターの速度の遅さを補う意味が大きいけれども、回転翼の傾斜時が不安定で、可変翼も重い。航空技術的に難しい機種です。ＭＶ22の離着陸時も安全性の確保が不可欠です」

「そこでに日本の航空法を適用し進入面下の建築物の高さを規制すれば、安全は確保できます。住民には手厚い保障をして立ち退いてもらうことになります。宜野湾市は時間をかけて地主の返還後の生活保障や地積明確化などの難題に取り組むことができます。交通障害面は基地に地下道を建設して、市域分断状況を解消することも可能でしょう」

「絶対に移転すべきなのか否かを決めるには、さまざまな条件を考慮して綿密に検証し、問題の本質を把握することが大切です。軍事専門家の意見を排除してはいけません。移転となれば、検証で浮かび上がる本質面がどう生かされるかが基準になります。利権屋議員らに翻弄されてはなりません」

「ペンタゴンや海兵隊は移転しなくてもいいという立場です。軍事植民地にいるだけ、という感覚ですから。彼らはただ軍務を果たせばいいだけなのです」

「宜野湾市の跡利用計画も肝要で、移設凍結期間中に宜野湾市も本音で返還がなくてもいいというこことになるかもしれません。多くの当事者が交代してしまうでしょうし、国際情勢も変化するでしょうから。現時点では公算は小さいですが、凍結期間中の再検討で移設なし、つまり返還取り消しの事態も排除できないでしょう」

「だが、どうしても移設しなければならないということならば、軍事的には安定した地面に足をつけたものが望ましい。つまり陸上です。一五年期限の問題は、移設基地が完成し運用開始となってから一五年後に再検討するということにすればよい。着工までに既に四年以上失なわれており、工事に一〇年かかるため、結局一五年後というのは少なくともいまから三〇年後になるでしょう。米軍は、一五年後再検討ということに継続使用の意味を認めるでしょう。密約などせずに了解が得られることです」

「中台海峡は水深の問題もあって日本輸送船の生命線ですが、台湾が自由圏なのでシーレーンが安定しているという認識が必要です。自民党守旧派は台湾国民党と絆を結んでいますが、いまは台湾人の天下であり、台湾人と絆を持つべきです」

「アジアに広域安保がなかったのは、第七艦隊をはじめ米軍の存在が強大であったからでしょう。それに各国の経済基盤の弱さ、南沙諸島問題に象徴される対中恐怖、かつての独裁政権の林立、朝鮮半島情勢、日本の立場の不確かさなどが要因になってきたはずです」

「沖縄は、台湾を含むアジア太平洋地域に安全感を与えています。米国の核の傘はアジア太平洋地域をも包んでいるのですから。その要《かなめ》が沖縄です。日本にある日米共用基地の面積の二四％が沖縄にあります。沖縄から米軍が撤退すれば、その軍事的空白を埋めねばならなくなり、どの程度の自衛隊の駐留が均衡維持に必要かということになるでしょう。在沖自衛隊はいま七〇〇〇人です。

ロシアの危険性は薄れていますから、北海道の自衛隊を南西に移す可能性をケーススタディでやるべきです」

「政府は、自衛隊が他国を侵攻しないという立場を明示し、瓶の蓋論が生んだ誤解を解く努力が必要です。それには報道が第一です。ジャーナリズムでの安全保障論は、宣伝戦の時代ですから、各国の政策立案に良くも悪くも影響するのです」

沖縄県議選が〇〇年六月実施され、公明党を自陣に加えた県政保守陣営が革新に大幅な議席差をつけた。保守側の組織力が、浮動票にも頼らなければならなかった革新に勝ったわけだ。月末の総選挙では沖縄三区で、社民党の東門《とうもん》美津子（大田県政副知事）が当選し、普天間代替基地建設に反対する名護市民を勇気づけた。また摩文仁丘での「慰霊の日」の県主催式典には、在沖米軍最高位のアール・ヘイルストン海兵隊中将（在日米軍沖縄地域調整官）が県から招待されて、米軍当局者として初めて公式に出席した。これは一カ月後の、平和の礎でのクリントン演説に向けての地ならしだと受け止められた。式典に出席した森首相は、その日移動した名古屋で、「式典では英霊の御霊に哀悼の意をささげた」と述べる問題発言をした。

3
朝鮮半島の変化

南北首脳会談

この月一三日から一五日まで、金大中韓国大統領が平壌を訪問し、金正日朝鮮労働党総書記（国防委員長）との歴史的な南北首脳会談が実現した。両首脳は一五日、金総書記の訪韓、民族のみによる自主的な将来の統一、離散家族相互訪問など早急に実施すべき具体的方策を盛り込んだ南北共同宣言に署名した。同一民族が殺し合ったという意味で内戦的側面もあった朝鮮戦争の勃発からちょうど半世紀後に、本格的な和解の道程がはじまったのだ。金大中は帰国後、もはや南北間に戦争はないと断言した。

統一問題の最大の障害とみられてきた在韓米軍の扱いについては、金大統領が、在韓米軍は将来、中日両国の朝鮮半島での覇権争いを防ぐ役割を担うことになると説明し、金総書記は中日露三国から囲まれた半島の地政学的状況に触れ理解を示した。これは首脳会談に出席した元駐米韓国大使・玄鴻柱が六月二六日ワシントンでの講演で明らかにし、その後、金大統領が確認した。だが半島の緊張緩和が深化すれば在韓米軍の規模は縮小を余儀なくされるのは必至で、韓国国防省は一〇月、在韓米軍基地一四カ所の返還・移転計画を盛り込んだ資料を国会に提出した。

南北首脳会談は、謎の人物とされていた金正日の人間像を国際社会に照らしだし、北朝鮮の閉鎖的外交体質を相当な程度氷解させた。韓国民は南北和解ムードに酔い、米軍犯罪や基地公害で世論の非難を招いていた在韓米軍への韓国民の風当たりは激しさを増した。金大統領は、南北統一には一〇～二〇年が必要とみている。

日米防衛当局は、従来の日米韓協調路線があったからこそ北朝鮮が韓国の立場を認めて首脳会談が実現したと解釈しながらも、朝鮮半島に緊張緩和の風が明確に吹きはじめたことから、在韓・在日米軍という「前方展開」を柱とする米国の北東アジア戦略の存在理由が根底から揺さぶられる事態を予感し、「現状維持」を強調しながら対策に取り組みはじめた。現状維持によって利益を得ていた安保マフィアは、危機感に包まれた。韓国誌『創作と批判』編集主幹・崔元植は「南北統一問題は決して日本と分離した問題ではなく、そこに関わることが日本の改革の問題につながることを、日本人にわかってほしい」と語る（『世界』〇〇年一二月号「統一時代に建設的連帯を」）。

北朝鮮の大陸間弾道ミサイルの脅威をも前提にした米国の本土ミサイル防衛（NMD）[★5]システムの導入計画や、日米間で研究されている戦域ミサイル防衛（TMD）構想の存立基盤も危うくなった。

ミサイル防衛構想

米国がNMD配備のための新たな理由付けをするには、「北朝鮮ではなく中国の戦略戦力こそが最大の脅威」という本音[★6]を国際社会に明示しなければならない。だが本音の明示は対中関係悪化につながり、日本の立場も難しくなる。（〇一年一月発足したブッシュ二世米政権はNMD推進をとなえ、中国を最大敵視している。）

防衛庁は七月末公表した〇〇年防衛白書で、「日本を射程に含む中距離弾道ミサイルを保有する中国軍」を警戒する立場を明瞭にし、「平時の有事法制整備が必要」と主張した。朝鮮半島の緊張緩和の動きには政策的にだろうが懐疑的で、白書に明記されてはいないが「統一朝鮮が中国の影響下に入って日米安保体制と対峙する可能性」を対中警戒の理由にしている。[★7]

レッテルの張り替え

米国はとりあえず、北朝鮮への「ならず者（ロウグ＝ROGUE）国家」というレッテルを〇〇年六月「問題国家」に張り替えた。[★8]これは従来の敵対戦略が変更を余儀なくされたことを象徴的に示している。［だがブッシュ二世政権は〇一年二月、『ならず者国家』の呼称を復活させた。］

★5　NMDはTMDと並ぶ弾道ミサイル防衛（BMD）の一環で、弾道弾迎撃ミサイル（ABM）制限条約によって禁止されている。米国はNMD配備を可能にするため同条約の修正を求めた。だが中露ばかりかNATO諸国も、NMDは従来の戦略防衛体制を弱体化させ、戦略兵器の軍拡競争を激化させるとして反対。クリントン大統領は九月、NMD配備決定は次期政権に委ねることを決め、同月の国連ミレニアム首脳会議中のプーチン大統領との会談でロシアのTMD開発協力で合意した。TMDは主として射程三五〇〇キロまでのミサイルの迎撃を目的とし、日韓や駐留米軍を北朝鮮のミサイルから守るとされるシステム。

日本政府は、イージス艦発射ミサイルで敵ミサイルを大気圏外で撃ち落とす「海上配備型上層システム」（NTWD）について九九年技術研究を開始した。イージス（EGIS）とは、ギリシャ神話の最高神ゼウスがアテナに授けた盾アイギスに因む。イージス艦は、レーダーと大型コンピュータを組み合わせて、同時に数十カ所の目標にミサイルを発射する機能を備えている。米軍はNTWDの配備を二〇一〇年に予定している。

『世界』〇〇年一〇月号掲載の米人専門家ジョージ・ルイス発言によると、日本はNTWDブロックII段階の開発研究に従事しているが、同段階の迎撃体はNMDセンサーシステムと合わせればNMDとして使えるという。政府は研究を五、六年つづけてから開発段階への移行の是非を判断する方針。開発には一兆円以上かかる見通し。だがNMD同様に「弾丸を弾丸で迎え撃つ」難しさがあって有効性は疑問。敵ミサイルが囮だったり多弾頭化した場合、有効性は一層落ちる。だが政府は「日米軍事同盟の信頼性確保の象徴」として研究を推進している。その後、開発判断は〇六年以降に持ち越された。

★6　米国はケネディ政権時代のキューバ危機直後の六二年末、中国の核開発に対抗するため自衛隊を核武装させる案を検討したことがある。

★7　韓国国防省は〇〇年一二月、北朝鮮を依然「主敵」とする国防白書を発表した。内容は①北朝鮮の主要戦力の五五％以上、戦闘機八七〇機の四〇％以上が韓国との軍事境界線一帯に集中配備。ミグ21戦闘機四〇機は両江道に配備②兵力は韓国六九万人、北朝鮮一一七万人（六七師団、一〇八旅団）③一ないし二個の初歩的な核兵器の生産能力をもつ④化学工場八カ所で生産した生物・化学兵器用毒物二五〇〇トンないし五〇〇〇トンを六カ所の施設に貯蔵⑤北朝鮮の〇〇年国防予算は一三億六〇〇〇万ドルで国家予算の一四・五％程度だが、実際は三〇％以上か―など。対北朝鮮政策の名称は「包容政策」から「和解・協力政策」に変更され、韓国兵士の教育は対北対決よりも国土防衛を重視。北朝鮮当局は「主敵論は南北共同宣言精神への背信」と強く批判した。

★8　米政府のウィリアム・ペリー政策調整官（前国防長官）は九九年五月訪朝し、一〇月北朝鮮政策を見直す「ペリー報告書」を発表した。北朝鮮に、ミサイル脅威を除去すれば日米韓との関係が好転するなど包括的アプローチを唱った報告書で、関係改善に貢献した。この延長線上にレッテル転換もある。

金正日総書記は南北首脳会談に先立ち訪中して、江沢民共産党総書記と会談し、九二年の中韓国交樹立以来こじれていた中朝関係を修復した（金総書記は〇一年一月にも訪中し、上海などで経済開放政策の現場を視察した）。七月には沖縄サミット直前に、北京で中露首脳会談をし江沢民とともにＮＭＤとＴＭＤへの反対を打ち出したウラジーミル・プーチン大統領を平壌に迎え、朝露首脳会談をした。プーチンは中朝歴訪で外交に勢いをつけて沖縄サミットに臨むことになる。北朝鮮の白南淳外相は、バンコクで同月開かれたＡＲＦ（ＡＳＥＡＮ地域フォーラム）でスターになった。

北朝鮮は七月、フィリピンと国交を樹立した。これで東アジアで北朝鮮と国交を持たない国は、韓国を除けば、日本とミャンマーだけになった。沖縄サミット前に宮崎で開かれたＧ８外相会議は、南北首脳会談を受けて、朝鮮半島の緊張緩和が進むことを希望するという声明を出した。このころ韓国からは、「朝鮮半島の和平はアジア全体の和平に貢献する。日本政府は南北両首脳にノーベル平和賞を贈らせるロビー活動を展開してもいいのではないか」（百瀬格・淑明女子大客員教授）という声が聞こえてきた。

日本は六月二三日、密約と違憲の塊のような日米安保改定条約（一九六〇年一月一九日ワシントンで調印）の発効四〇周年を迎えた。自衛隊は、陸自の前身である警察予備隊創設から五〇周年★9を迎えた。そんなときに南北首脳会談が実現し、否応なしに日本は、日米軍事同盟から「協調的安全保障機構」である東アジア多国間総合安全保障体制構築に向けて移行する長く険しい道のりに遅かれ早かれ入る選択肢をもたざるをえなくなった。

当分の間は日米安保のもつ「瓶の蓋」効果を多国間安保体制に委ねる方向でのみ、広域安保構築外交での活躍の場が日本に保障されることになるだろう。それには北朝鮮との国交正常化をまず果たさなければならない。そのうえで、防衛白書がうたうように日本国内に醸成された根強い対中敵《てき》愾心《がいしん》を和らげつつ、紛争を事前に食い止める予防外交に中国を取り込んでいく多国間の外交努力を率先して払わなければならない。同時に、北方領土問題で揺れつづける対露関係を安定させ、平和友好関係を堅固なものにしていかねばならない。

このような国際環境のもとで沖縄サミットは開幕に近づいていた。

★9　一九五〇年六月の朝鮮戦争勃発後の八月一〇日、GHQ命令で警察予備隊が組織され、五二年保安隊に改組された。五三年朝鮮戦争が休戦、五四年防衛庁が設置され陸海空自衛隊が発足した。〇〇年半ば現在、陸自は人員縮小に伴う部隊の再編成を進めており、那覇駐屯の第一混成団は旅団に格上げされる。陸自配備の重点が北から南西に移行しつつある。

4

民衆と国権と

少女猥褻事件

私はサミットを前に琉大で我部《がべ》政明教授にインタビューした。教授は「沖縄の基地問題は九〇年代半ば表面に出た。沖縄独自のエネルギーがマグマとなって地表に亀裂を生じさせるのでなく、日米関係の動揺で亀裂ができる。亀裂さえ生じれば爆発することには変わりない」と言った。この発言部分を含むインタビュー記事は、沖縄では七月四日付琉球新報朝刊の文化面に掲載された。その前日三日の未明に、日米政府と沖縄県政を揺るがす事件が起きていた。

普天間基地所属の一九歳の海兵隊上等兵が沖縄市内のアパートに侵入し、就寝中の一四歳の女子中学生の体に触るなどして住居侵入・準強制猥褻の現行犯で逮捕されたのだ。若い米兵は軍事訓練から解放される時間は、平凡な青年に戻って性や酒を求めて徘徊《はいかい》する。犯罪や事故は当然のように起きる。だが米軍に基地を提供している沖縄はたまったものではない。市民団体のほか、県・県議会、県選出全国会議員、沖縄市・市議会議会、そして政府が米軍に抗議し、E・ヘイルストン中将とロバート・ルーク駐沖・米国総領事が稲嶺知事に謝罪した。県・政府・米国の素早い対応は、事件がサミット時のクリントン訪沖の障害になるのを食い止めようとの強い意思が働いたからだ。だが森首相は「政府がどうこうという話じゃない」と、事件に関して「消極的」と受け止められかねない発言をして物議をかもした。

稲嶺は七日、県庁を訪ねた中川秀直官房長官に、「沖縄には戦後五五年の積み重ねがマグマのようにたまっており、穴が開けばすぐに噴き出す。その意識を強くもってほしい」と要請した。知事が、我部教授のマグマ発言を念頭に置いていたのは明らかだろう。

この新たな少女事件[★10]と前後して、沖縄市で空軍軍曹による轢き逃げ事件と海兵隊伍長による無免許飲酒運転・建造物損傷事故が起きた。米軍は基地内での夜間酒類販売や夜間外出を禁止する一時的な綱紀粛正策をとった。

宜野湾市海浜公園では一五日、労組員を中心に七〇〇〇人が参加して「緊急県民総決起大会」が開かれた。少女事件をはじめ一連の米軍犯罪・事故に抗議し、基地整理縮小、在日米軍地位協定見直しなどを決議した。だが稲嶺はクリントン来沖に配慮して出席しなかった。

一九日には、表に「守礼門」、裏に「源氏物語」の図柄を入れた初の二〇〇〇円札[★11]が発行されて、首里城守礼門の前で記念行事が行われた。西暦二〇〇〇年と沖縄サミットを記念しての発行とされるが、これも政府の沖縄懐柔策の一環であるのは明らかだ。喜納昌吉は、「守礼門が大事なら、沖

★10　那覇地検は保岡興治法相の政治判断を受けて裁判権を行使しないことに決め、犯人の身柄を海兵隊に引き渡した。海兵隊当局は七月末に軍事裁判所に起訴。九月上旬、被告は禁固二年、二階級格下げなどの実刑判決を受けた。
★11　二〇〇〇円札は使用可能な自動販売機が少ないことや、一〇〇〇円札二枚分という「存在価値」の小ささから不評で流通量が少なく、日銀は発行後間もなく大量の滞貨をかかえ頭を抱え込む羽目になった。

縄の玄関・那覇空港の両側を占める米軍基地と自衛隊基地をどかして、空港前に守礼門を移設すべきだ」と主張する。

国家プレゼンス

政府は七月半ばには、警官二二〇〇〇人によるサミット警備態勢を整えた。爆発物捜索犬三三匹も加わっている。各国首脳の車列には警察の警護車が一四台まで配備される。警官たちはサミット関連地域や主要道路沿線で戸別訪問、職務質問、検問を強化して、人権や言論の自由の観点から問題を起こして、沖縄弁護士会から抗議された。九州弁護士会連合会も、過剰警備による人権侵害がないよう警察に申し入れた。

海上保安庁は巡視船など一四〇隻を摩文仁、那覇から名護にかけての沿岸に配備した。★12

防衛庁は、陸自化学防護隊三〇人と防護車、除染車二台ずつを派遣した。また海自には、護衛艦や対潜哨戒機による海上警備を命じた。空自も警戒強化態勢をとった。消防庁も北海道からの大型消防車を含む県外からの六〇台を加えた九〇台の消防・救急車と、県外からの七〇〇人を合わせた一〇〇〇人の態勢を整えた。

厚生省は日本救急医学会と協同で救急医療チーム一七個を組織し、医師・看護婦一八〇人を派遣した。生物・化学兵器によるテロ事件さえ想定して、特殊な薬品類や防護装置までも用意した。重傷者がでれば、自衛隊機で本州の病院に運び出すことになっていた。

政府は過去に天皇・皇太子の訪沖、「7・30」（交通変更）などで沖縄に大警備態勢を敷いたが、警察・自衛隊・海上保安庁・消防庁が一体化してのサミット警備は、沖縄に日本の強大な国家権力の姿をあらためて認識させる意味をもった。

名護の名桜大学の講堂[★13]で七月一九日、「日本にとっての沖縄・沖縄にとっての日本――異質としての沖縄・その原点と方向性」と題したシンポジウムが、「ヤンバル・ピース・ウエーブ」の主催で開かれた（発言者は比屋根照夫、宮里政玄、武者小路公秀、前田哲男、姜尚中（ビデオ参加）、目取真俊、高里鈴代、長元朝浩、伊高浩昭）。

私は、発言のなかで、スペイン国内におけるカタルーニャとバスクの両自治州がもつ、欧州連合内でのスペインからの自立志向の動きについて紹介した。これは、主催者側の希望に沿ったものである。主催者側の玉城義和県議は「沖縄にとっての日本は何か」を問いつづけながら強い自治権をもつ「自治州沖縄」をつくることを政治活動の大目標にしている。沖縄が日本に貢献できる唯一の道は自治州化だという考えで、「沖縄県民統一党」の結党を将来構想として描いている。スペイン国内の両自治州民のアイデンティティーや自立精神が沖縄人に思想・心理面で参考になると、玉城は洞察している。

その翌日、周囲一七・四キロの嘉手納空軍基地を包囲する「人間の鎖」を直接感じ取るため、私

★12　サミット初日の二一日昼ごろ、国際的な環境保護団体グリーンピースの要員たちが、巡視艇の警告を無視して同団体所有の船「虹の戦士」からゴムボート四隻でサミット主会場の名護市部瀬名岬周辺の「航行自粛呼び掛け水域」に入り、上陸した四人が軽犯罪法違反で逮捕された。海保庁は「虹の戦士」を立入検査し、サミット期間中、那覇新港からの出港禁止処分とした。警戒水域内の航行禁止で地元漁民は休漁を余儀なくされた。

★13　島田懇資金で建設された。米政府は摩文仁でのクリントン演説のあった二一日、名桜大・米国諸大学間の留学・研究交流創設のための助成金制度を発表した。普天間代替基地建設と関連する地元大学優遇政策だ。

は名護からの参加者を乗せたバスに便乗させてもらい、嘉手納に行った。

人間の鎖

沖縄タイムスは一九日、長元朝浩執筆の社説を第一面に掲げて、「海兵隊を削減し、普天間基地を移設条件なしに返還することは、日米安保体制の枠内でも実現可能なはずだ」と指摘して、普天間代替基地の名護市辺野古沿岸域への建設計画を白紙に戻すよう提案した。これに対し、琉球新報の高嶺朝一編集局長は二〇日の第一面に「主張」を掲げ、「米兵関連事件の続発は在沖米軍基地をめぐる社会的混乱や政治・外交的な危機が近い将来確実に訪れることを示している」と前置きし、米日両政府に海兵隊撤収のシナリオ作成に取りかかるべきだと訴えた。「人間の鎖」の組織本部の置かれた「安保の見える丘」では、両紙の訴えが盛んに話題になっていて、反響の大きさがうかがえた。

琉球新報は二〇日の社説で、「沖縄が戦後五五年間負わされてきた痛みを内外に訴えるため県民にできることは、人間の鎖のようなパフォーマンスしかない」と書いた。沖縄タイムスは「人間の鎖は基地整理縮小が進まない現状へのいらだちであり、異議申し立てである」と位置づけた。

私はバスを降りてから嘉手納基地の周辺道路を二キロばかり歩いて久々に「安保の見える丘」に行ったのだが、最初にびっくりしたのは、基地の鉄柵の内側に高く厚い頑丈な鉄筋コンクリートの壁がベルリンの壁のように建てられ連なっていたことだ。防衛施設庁による騒音対策事業の一環だというのだが、必要以上に基地内を見せないという一種の基地隠しと、保守陣営の強力な集票先兵

基地廃絶の願いをこめて嘉手納基地を包囲した「人間の鎖」。

集団である土建業界を潤す狙いがあったのは確かだろう。

　次に驚いたのは、丘が立派な階段の付いた、米軍のイグルー（半地下式格納庫）型の大きな展望台に変わっていたことと、丘の名称が当局によって勝手に「安保の丘」と改称されていたことだ。壁建造と同時に丘の工事もなされたようだが、壁によって安保の実態を見えにくくしておく一方で、一点豪華な嘉手納基地展望台を「安保の丘」とずばり決め込むとは強引すぎる。しかし、その意図を逆手にとって展望台の上に嘉手納包囲の司令部を設置した市民運動は、さらに一枚上手ではないか。私は、植民地時代までのメキシコで、征服者が交代するたびに、倒した敵のピラミッドなどの宗教的建造物を破壊し、その上に自らの祭壇や寺院を築いていった史実を連想した。

　丘では平良修、山内徳信、佐久川政一、崎原盛秀、池宮城紀夫《いけみやぎ・としお》、金城睦、我部政明、安里英子、海勢頭豊、石川文洋らに会った。山内徳信（前読谷村長、大田県政出納長）は「過去四回の基地包囲（嘉手納、普天間各二回ずつ。嘉手納は八七年と九〇年に次いで三回目）よりも盛り上がっている。辺野古での代替基地建設を止めさせるためのエネルギーを具体的に示す第一歩だ」と評価した。

「沖縄の民衆はピクニックのように楽しそうに嘉手納に集まっていますが、平和の積極的醸成という大義のため鎖を組むことで、みな清められ高められ深められています。日本は北朝鮮に対し危険視する前に、戦争責任で謝罪せねばなりません。道義の問題です。いずれは朝鮮半島の緊張が解けて、平和の波が沖縄にも届くはずです」―平良修牧師の言葉である。

必死の輪

　基地包囲行動の指導者たちは必死だった。政府や右翼・保守派は包囲が成功すれば沈黙し、成果を無視する。だが失敗すればあげつらい、かさにかかって反基地闘争つぶしの攻撃を仕掛けてくるのは明らかだった。丘上の司令部の人々は、携帯電話や無線通話器で「人間の鎖」の弱い輪の部分への人員の充当に集中していた。

大田昌秀、島袋宗康、糸数慶子、平良亀之助、まよなかしんや、灰谷健次郎らもいた。北沢洋子は、最貧諸国の累積債務帳消しの「徳政」を要求するNGO「ジュビリー2000」[★14]の国籍のさまざまな仲間たちを率いて丘上でキャンペーンをし、「ウィー・シャル・オーバーカム」を合唱した。

「大規模沖縄人間の鎖デモンストレーション概要『私たちは在沖軍事基地は要らない!』」と題した英文の声明文が配られた。組織母体の「基地は要らない人間の鎖市民行動委員会」作成で、「私たち沖縄人は、沖縄島をアジア太平洋地域の主要軍事基地の島から、人間の安全があって軍事基地のない平和の基地、核兵器のない二一世紀の場所、戦争のない大地へと変えていくため世界中の人々に訴える」と書かれていた。

「人間の鎖」は一四時から一五時すぎまで二五分ごとに一回五分ずつ、計三回結ばれた。一度目は基地を向き、二度目は基地を背にし、三度目は再び基地を向いて鎖は組まれた。シンポジウムや集会に出席した本土人や外国人も手をつないだ。そのなかには、カリブ海プエルトリコ沖ビエケス島で反米軍基地闘争をしている女性もいた。

★14　西暦二〇〇〇年という「聖年」に合わせて重債務貧困国の債務免除（徳政）を促進するという意味。この国際NGOの本部はジュネーヴにある。

私は最初の鎖に接近し、米軍特約貨物機の離陸を最後に離着陸する軍用機の姿が意図的に消された三七〇〇メートルの滑走路を丘からながめたとき、近づいていたシドニー五輪の連想で、五つの人間の鎖の輪が脳裡に閃いた。

「人間の鎖」は在沖米軍基地の存在を象徴する最重要基地・嘉手納を包囲したことで、第一に安保条約、在日米軍地位協定、「思いやり予算」に支えられた日米軍事同盟を包囲した。第二には、ビル・クリントン大統領をはじめ、世界支配を共通の利益とするG8首脳たちのサミットと厳戒態勢を開催前日から覆ってしまった。

第三の輪は、普天間代替基地の県内建設受諾にみられるように、基地問題では県民意思を代表していない稲嶺保守県政と利権追求者たちを包囲した。第四の輪は、和解への挑戦を開始した朝鮮半島の人々や、ARF(ASEAN地域フォーラム)など東アジアの多国間平和醸成機構の努力を励ますと同時に、ASEANや台湾に対し「沖縄の基地過重負担は気の毒だが不可欠」とする立場について自問するよう促している。

五番目は、日米安保体制の存在理由とされる中国、インド・パキスタン、中東諸国の「軍事的野心」に対し、それを控え、軍備よりも紛争予防の外交努力に力点を移すよう諫《いさ》める輪である。

私は、ジャーナリストとしての取材は一回目の鎖だけにとどめた。二度目と三度目は市民という基本的立場に立って、鎖の輪に参加した。時代を包囲した沖縄民衆二万七〇〇〇人の感動を、内側から分かち合わせてほしいと願ったからである。

5 G8サミット

40年ぶりの訪沖

沖縄サミット前座の蔵相会議と外相会議はそれぞれ、七月八日と一二日に福岡と宮崎で開かれた。米国のマドレーン・オルブライト国務長官は、中東和平首脳会議[★15]に専念するため外相会議を欠席し、日本軽視との不満が政府に巻き起こった。このため長官は中東交渉失敗後の七月末、東京と宮崎を訪問した。

大統領自身も沖縄サミットよりも中東和平を重視し、土壇場まで来日日程は不確実だった。結局、日米関係をこじらせ森政権をさらに弱体化させるのは得策でないと判断してか、大統領は二〇日に東京入りして日米首脳会議を開く当初の予定を削って沖縄直行を決め、サミット初日の二一日早朝、娘チェルシー[★16]を伴って那覇空港に到着した。一九六〇年六月のドゥワイト・アイゼンハワー大統領

★15　ワシントン郊外キャンプ・デービッドで七月一一日開始。クリントン大統領、イスラエルのエフード・バラク首相、パレスティナ自治政府のヤセル・アラファト議長が出席。沖縄サミットを挟み続けられたが失敗した。

★16　ヒラリー夫人は上院議員選出馬で来日できず、他の首脳夫人たちも都合がつかない者がいて、G８首脳夫人の行事は中止となった。

平和の礎。

以来四〇年ぶりの米国大統領の沖縄訪問だった。大統領はただちに海兵隊の大統領専用ヘリコプターで摩文仁丘に飛び、「平和の礎《いしじ》」での演説という最初の公式行事に臨んだ。

沖縄人は天皇には依然、違和感や拒絶反応が強い。首相は次々に代わるうえ、沖縄の基地問題解決には冷淡であるため、親しみが少ない。何としても人気があるのは、米国の大統領なのだ。敗戦後二七年間、大統領は沖縄の宗主国の元首であったし、復帰後も沖縄が事実上の米軍植民地であるため、宗主国元首とあまり変わらない立場にあると言えないこともない。大方の沖縄人は、大統領への強い関心と愛着をいだきつつ、クリントン来沖を「沖縄への敬意の表れ」とみて歓迎したのである。だが政府は、国務長官の外相会議欠席に次ぐ大統領の東京素通りで、米国外交における日本の優先度の低さをあらためて痛感した。なのに政府は、米国に普天間代替基地の県内建設を押しつけられれば黙って従うのだ。

大統領は平和の礎入口で稲嶺知事に迎えられて、散歩するような形でゆっくりと礎中央の「平和の火」まで足を運んだ。知事は米政府との事前の打ち合わせどおり歩きながら、普天間代替基地の一五年使用期限条件や米兵の綱紀粛正などについて大統領に控え目な直訴をした。大統領は「できることは早期に全力でやりたい」と応えたという。

クリントンは宮古高校三年の川満町華から「輝かしい未来」という花言葉をもつというストレリチアの切り花一本を贈られ、知事の歓迎のあいさつを受けてから演壇に立った。可憐な女高生から花を受け取る場面は、九五年の少女暴行事件と起きたばかりの少女猥褻事件の悪夢を過去に沈澱させるための演出でもあったろう。東京新聞によると、川満町華は後で「本当は大統領に基地をなくしてほしいと言いたかった」と話した。後日、彼女は大統領から銀製の記念品を贈られた。

クリントン演説

「この平和の礎は敵味方双方の戦死者および非戦闘員の死者をまつった慰霊碑であり、沖縄戦にかぎらずあらゆる戦争の慰霊碑でもあります。過去半世紀、日米両国は共通の犠牲を追悼する礎の精神をもって協力してきました。同盟関係の強さ、友好関係の深さは二〇世紀の偉大な実話です」

「今日アジアがだいたい平和であるのは、日米同盟関係が大陸の人々に平和が堅持されているという信頼感を与えているからです。両国は礎のような慰霊碑を再び建立しないようにするため同盟を維持していかねばなりません」(「アジアの平和への貢献」を強調することで、沖縄の基地負担、さらには「思いやり予算」への理解を求めたようだ。)

「沖縄は同盟維持のため死活的役割を担ってきました。沖縄人が自発的にその役割を果たしてきたのでないことや、アジアの平和のために過重負担があったことも知っています。私は先刻、稲嶺知事が言われたことを確かに承りました。つまり私は皆さんの懸念を理解しているのです。私は五年前、在沖米軍基地の統合過程に着手しました。私たちは在沖米軍の『存在を目立たなくする』(足跡を減らす)ため、引きつづき可能な努力を払います」(「フットプリント(足跡)を減らす」という大統領発言は、共同通信国際局によると、米政府・米軍が数年来盛んに使っている用語で、基地を整理縮小するのではなく、基地存在や演習に起因する事件事故・公害などを少なくするという意味合いが強い。九月訪沖したジェームス・ジョーンズ海兵隊総司令官はグアム島など沖縄の外に海兵隊の「演習を移転」させる案に言及した。これも大統領が言った「足跡減らし」に含まれる。)

「私たちには『良き隣人』としての重大な責任があり、米国人としてこの責任を果たさないわけにはいかないのです」(抽象的表現ながら、米兵犯罪などへの遺憾の意の表明だと受け止められた。だがクリントンが過去の沖縄支配および復帰後の米軍絡みの事件・事故について謝罪することはなかったわけだ。同大統領は一一月ヴィエトナム戦争後初めて同国を米大統領として訪問したが、戦争について謝罪しなかった。クリントンは九九年のグアテマラ訪問時には、同国内戦中の米政府の関与が間違っていたことを認めた。)

「日米両国は、若い沖縄の大学院生たちをハワイの東西センターに留学させるため、新しい奨学金制度(沖縄教育イニシアティヴ)を設けることにしました」(〇〇年一一月に日米共同奨学金制度「小渕沖縄教育研究計画」として発足した。〇一年度に米側は沖縄から大学院生三人をハワイの東西センターを通じてハワイ大・大学院に留学させる。日本側は国際交流基金で沖縄の研究者三人を東西センターに派遣する。）

以上が一〇分間の演説の要旨だが、大統領は沖縄戦、沖縄の対外交流史、沖縄サミット開催の意義、沖縄への外国IT企業進出の勧め、琉球大学創設五〇周年、フルブライト米留計画の成功、「命こそが宝」という平和主義の願い、などにも触れた。稲嶺知事のブレーンらが演説草稿の作成に関係した形跡が読みとれる内容だった。だが核心はあくまで、米軍基地は必要で動かすわけにはいかないという米政府・軍部の意思の表明だった。

演説終了後、大統領は招待客たちに握手して歩いたが、ボランティア通訳の上江洲《うえず》かおるは目の前に大統領が来たとき、その汗が流れ落ちる顔をタオルで拭いてやった。警備陣がどきっとした場面だったが、根源的で率直な善意に基づくヒューマニズムに裏打ちされた沖縄人の心意気が上江洲のとっさの行為に表れた。大統領は、「ありがとう。とても暑くて」と感謝した。

政府や県の当局者は当然のことながら、演説を歓迎した。だが学者や知識人の反応は厳しいものだった。目取真俊は、日米同盟、基地継続、日米融和をうたった点などから「まるで高良倉吉らの『沖縄イニシアティヴ』の一節を読むかのようだ」と批判した。平和の礎を任期中に建立した大田

★17　歓迎あいさつの中での「在沖米軍基地の整理縮小を望んでいる」との発言などを指す。

昌秀前知事は、「基地問題の思い切った改善策がなく失望した。礎が基地の重要性を訴える場として使われたのは残念だ」と語った。

我部政明教授は「演説の核心は日米同盟の重要性を明確に示すことであり、基地は動かさないという米国の意思が打ち出された」と同様の見方をした。宮城篤実嘉手納町長と比嘉盛光宜野湾市長は、米兵犯罪・事故などへの謝罪がなかった点を批判した。沖縄対外問題研究会の宮里政玄代表は、「四〇年前来沖したアイゼンハワー大統領は、在沖基地は極東の緊張が緩和するまで保有すると、保有期限を付けていたが、クリントン演説はそうした制限が抜けており、在沖基地の無期限維持を強調するもの」と指摘した。

会議は踊る

首脳会議は「繁栄・安寧・安定」をテーマとして、名護市部瀬名《ぶせな》岬の万国津梁《しんりよう》館で二一日夜はじまった。出席者は森喜朗、米大統領ビル・クリントン、仏大統領ジャック・シラク、英首相トニー・ブレア、独首相ゲアハルト・シュレーダー、伊首相ジュリアノ・アマト、加首相ジャン・クレティエンのG7首脳と、露大統領ウラジーミル・プーチン。欧州連合（EU）欧州委員会委員長（EU首相格）のロマーノ・ブローディ（イタリア人）も首脳並に行事に出席する。米大統領以外の外国首脳たちも会議前、それぞれ県内の自治体に招かれて、歓迎と友好の行事[★18]に出席した。

G8会議に先立ちG7首脳は、世界経済、国際金融制度強化、国際開発金融機関改革、国際民間投機組織抑制、重債務貧困国債務削減、資金洗浄対策、原子力安全対策に関する声明を発表した。G8首脳会議は、南北朝鮮首脳会談後の朝鮮半島緊張緩和の動きを支援する朝鮮半島特別声明と、南アジア・中東・バルカン・アフリカ・キプロスに関する地域情勢声明を採択した。

国際社会の今サミットへの最大の関心は、債務国救済措置がどこまで進むかにあった。NGO「ジュビリー2000」は一九日から三日間、那覇のパレット市民劇場で沖縄国際会議を開いた。その間二〇日には東京で、G7首脳のうちの五首脳およびEU委員長と、アルジェリア大統領アブデルアジズ・ブーテフリカ（アフリカ統一機構＝OAU＝議長）、ナイジェリア大統領オルセグン・オバサンジョ（発展途上七七カ国グループ＝G77＝議長）、南アフリカ大統領ターボ・ムベキ（非同盟諸国会議議長）ら発展途上国代表が債務削減問題で会合した。G7側は途上国に自助努力を要請し、途上国側は開発か債務返済かのジレンマに陥っていると窮状を訴えた。

だが二一日のG7首脳声明は、債務削減問題で具体的な政策を打ち出せず、債務国側の要求を満たすものにはならなかった。NGOメンバーの一人は「G7は沖縄という離れ島に引きこもって貧者たちに背を向けた」と非難した。前年のケルン・サミットでG7は総額一〇〇〇億ドルの債務帳消しを約束したが、その後一年間に四一の重債務貧困国のうち九カ国の計一五〇億ドルの帳消しが実施されただけであり、失望がいっそう広がったわけだ。

二日目の二二日にはG8首脳は、情報技術（IT）の利益享受、情報格差是正などをうたった「グローバルな情報社会に関する沖縄憲章」（IT憲章）を採択した。この日の夕食会は、伝統文化の演出でつつまれた首里城北殿で開かれた。

★18　プーチン大統領は具志川中学三年の志喜屋周と柔道をしたが、〇〇年一一月、同君をロシアに招いた。一方、九九年～〇〇年に映画「ナビィの恋」が大ヒットして一躍名をあげた監督中江裕司は沖縄サミット体制に協力し、余興行事の演出を担当した。

G8首脳は二三日、「沖縄2000」と名付けられた共同宣言を発表して閉会した。宣言は「前文」で、「冷戦終結後のグローバル化は共同体という共通認識を生み出したが、依然多くの地域で貧困、不公正、紛争がある。G8は他の諸国、国際機関、民間部門、NGOなど市民社会と新しい連携を図る。安保理を含む国連改革は不可欠」とうたった。つづく「二一世紀の一層の繁栄に向けて」では世界経済状況、IT、開発、債務削減、感染症対策、初等教育充実、貿易多角化、文化の多様性に触れた。「二一世紀の一層の心の安寧に向けて」では、犯罪・薬物・資金洗浄など国際組織犯罪対策、高齢化、生命科学、環境、原子力安全などを取り上げた。「二一世紀の世界の安定に向けて」には、紛争予防、軍縮・軍備管理、テロ対策などが盛り込まれた。次回G8サミットはイタリアのジェノヴァで開かれることになった。(イタリア政府は〇一年一月、サミットの主要議題として貧困と疾病《しっぺい》、先進国・途上国間の技術格差、環境・エネルギー問題、世界の民主化、国際的な安全保障体制を挙げた。)[19]

簡単にまとめれば、沖縄サミットは政府の資金浪費への国際的な批判、地元沖縄の憧憬と善意と期待、隣の大国・中国への意識を伴いつつ進行し、身近な中国の軍備強化や中台問題にまったく触れないという虚構が目立った奇妙な会議だった。

琉球新報の高嶺朝一編集局長は「評論」で、「サミット開催地の役割を果たせたことは、県民にある程度の自身と誇りを与えたのではないか。しかし真の誇りと自信を勝ち得るのは、米海兵隊を沖縄の外に押し出し、基地問題のかなりの部分を解決したときである。(南北朝鮮の首脳会談など激動する北東アジア情勢を考えると)普天間移設で県民同士が対立しているのがひどくスケールが小さく情けないことのように思える」と書いた。

日米会談

森首相とクリントン大統領の会談は二二日朝、名護市内のホテルで行われ、在日米軍駐留経費負担（思いやり予算）のうちの光熱水料や基地外米軍人住宅費などに関する日本側負担額を〇一年度から三三億円減らすことで合意した。ＳＡＣＯ最終合意実施も確認されたが、普天間基地問題については、大統領が沖縄到着前から普天間の言葉を一切口にしない方針を決めていたため、米側から話題にされることはなかった。首相はもっと及び腰で、沖縄の普天間代替基地の一五年条件への理解を訴える絶好の機会を捨て、一五年という言葉を発することなく、単に「国際情勢の変化に対応して代替施設など軍事態勢を緊密に協議したい」と言うにとどまった。

政府発表では、大統領は少女猥褻事件で「申し訳ない。苦痛であり恥ずかしい」と陳謝したことになったが、米側発表は「遺憾の意を表明しただけ」とにべもなかった。

大統領はこの日深夜、海兵隊のキャンプ瑞慶覧《ずけらん》に集まった一万五〇〇〇人の在沖米各軍将兵の前で演説し、綱紀粛正を訴えた。また「世界の平和は日米安保と駐留米軍に負っている」と日米軍事同盟を礼賛した。大統領は二三日午後、嘉手納基地から帰国した。中東和平首脳交渉のためサミット前後の日程を縮小したことから、「遅刻・早退」と皮肉られた。

英国のロイター通信は一九日、日本政府が沖縄サミットに八一〇億円を費やしたと世界に向けて

★19　〇〇年九月の国連ミレニアムサミットでも内容がよく似た「ミレニアム宣言」が採択された。

打電していた。このため世界中で「巨費浪費サミット」の汚名が広まった。警備費用が最大の項目だった。外務省が名護市内の宮里公民館に開いたNGOのための「NGOセンター」は、九九年末シアトルで開かれた世界貿易機関（WHO）閣僚会議が場外でのNGOの抗議デモで大混乱した出来事などから、対応策としてでてきたもので、沖縄サミットでのNGO隔離の狙いがあり、これも警備費に加算されていい項目だ。

　あるリゾート会社は名護市内に、クリントン大統領の生家と外観・内装がほぼ同じ家をそっくり建造した。友好のためだというが、この絶望的能天気さとコピー精神にはやれやれだ。宮崎市長・津村重光が世論を無視して新設の市民ホール（G8外相会議場）に「オルブライトホール」と命名したのも、沖縄市が九〇〇万円を出し、米兵が土建作業をして嘉手納基地内の市有地に「日米友好広場[★20]」を造ったのも、やりきれない能天気ぶりだ。

　そしてサミット期間中の公式発言がほとんどすべて原稿の棒読みだった森首相も、国際舞台の一流首脳陣とはほど遠い能天気の象徴だった。稲嶺知事は〇一年二月、沖縄サミット開催に尽力したとして故小渕恵三の銅像を民間との協力で万国津梁館前に建立する計画を明らかにした。

6 民意なき迷走

白昼夢回転

沖縄サミットという宴は終わった。それから一と月後の八月末、普天間移設関連の組織が動きだした。稲嶺県政は代替基地の滑走路の長さを「中型ジェット旅客機の離着陸が可能な二〇〇〇メートルで、安全対策上、四〇〇メートルを加える」という構想を固めた。「北部新興協議会」と「移設先および周辺地域振興協議会[21]」、および、代替基地建設場所・規模・工法を決める初の「代替施設協議会[22]」が首相官邸で開かれた。九月上旬には「普天間飛行場跡地利用計画関連情報連絡会議[23]」が

★20 通称・クリントン広場。地元自治体・住民との友好による基地の安定使用という日米政府の政策に沿っている。

★21 いずれも代替基地受け入れとと引き替えに投下される政府資金の用途を決めるもので、政府・県・北部一二市長村で構成。

★22 政府（官房長官・外相・運輸相・防衛庁長官）、県知事、名護市長、東村・宜野座村両村長が出席。政府がこの協議会では一五年問題は議題にしないと決めたことから岸本名護市長は、一五年期限や基地使用協定など「七条件」を討議するため政府（内閣内政審議室・外務省・防衛施設庁）・県・市で構成する別個の協議機関「実務者連絡協議会」と、名護市・基地建設地元（辺野古・豊原・久志三地区）が協議する「連絡協議会」設置の必要性を表明した。

★23 政府（沖縄総合事務局・那覇防衛施設局）、県企画開発部新興開発室、宜野湾市で構成。

県庁で初めて会合した。第一回実務者連絡協議会は一一月下旬那覇で開かれた。

九月ニューヨークで、日米外務・防衛担当相による「日米安全保障協議委員会」（2プラス2）が開かれた。首相官邸や沖縄での動きと呼応して、普天間代替基地の実施計画を協議する「普天間実施委員会」（FIG）の早期再開が決まった。FIGは2プラス2の下部にある「防衛協力小委員会」（SDC）の一部門。新基地の設計・建設・使用試験・部隊移転などを検討。九七年一月発足。日本側は外務・防衛審議官、米側は国務・国防副次官補で構成。同年四回開かれたが、海上基地反対運動の高まりで中断していた。一〇月米国防省で三年ぶりに開かれたが進展はなく、普天間問題は次期米政権に持ち越された。他のSDC下部組織として「安全小委員会」（SSC＝安全保障高級事務レベル協議）がある。

「2プラス2」出席の河野外相も虎島和夫防衛庁長官も、朝鮮半島の軍事情勢は首脳会談後も変化していないという固定した見方をおざなりに打ち出し、在日・在韓米軍駐留継続の必要性を強調して米側を支援した。オルブライト国務長官もコーエン国防長官も部下たちも、クリントン政権が残り四カ月となっていたため、この対日協議では明らかにやる気を失っていた。沖縄が主張する一五年条件はまたも、真剣に討議されることなく埋没した。沖縄タイムスは社説で、「普天間実施委員会と代替施設協議会の意見が衝突したら、どう調整するのか」と疑念を示し、一五年条件問題についての政府の取り上げ方について「沖縄世論を意識した空しい儀式」と批判した。

日米両政府は一つ覚えのように「SACO合意の着実な推進」を口にし、この「2プラス2」も例外でなかった。沖縄タイムス（八月一四日付社説。長元朝浩執筆）は、普天間基地に関する部分のSACO合意を挙げ、海上基地案は名護市民投票で葬られたことと、稲嶺県政が掲げる民・軍共用案は「SACO合意の大幅修正となる」と指摘し、「SACO合意の着実な推進」とは何なのかと政府に異議を申し入れた。さらに「SACO2をつくり普天間の県内移設を見直すことが日米関係にプラスに働く」と訴えた。[★24]

首相官邸で一一月二九日開かれた第四回代替施設協議会で、防衛庁は「騒音対策に鑑《かんが》みた、辺野古集落から一・一キロないし一・四キロ離れた海上での滑走路建設」案をついに提示した。橋本竜太郎首相が九六年九月突然、普天間代替基地は海上が望ましいと言い出したのとそっくりだ〔橋本は沖縄担当相として〇〇年一二月訪沖し、海上案が依然有力だとの考えを示した（産経新聞〇〇年一二月二六日）。橋本は代替施設協議会を第六回から主宰〕。〇〇年一月の第五回協議で防衛庁は、水深二五メートル程度の海域で工事可能とし、移動式浮体工法（ポントゥーン＝メガフロート）、浮体栈橋工法（杭式栈橋）、埋め立ての三工法を提示した。

海上基地が名護市民投票で明確に否定された事実を忘れた「愚者たちの決定」が闊歩する。普天間問題は既設の軌道に乗って、環境破壊と土建経済振興の方向に歩みはじめた。政府は〇一年夏ごろには、代替基地建設の計画をまとめる方針という。既成事実を積み重ねて、なし崩しで建設に持ち込もうというきわめてずるいやり方だ。

★24　九六年一二月。①五～七年以内に移設・返還（この規定は既に実現困難）②代替施設は可能ならば海上基地とする③海上基地は沖縄本島東海岸に設置し滑走路を含む長さは一五〇〇メートルとする――こと。

米朝交渉

朝鮮半島情勢は緊張緩和に向かって動き、九月には南北国防相会談が実現した。米朝間でも一〇月反テロ合意発表を経て、北朝鮮国防委員会第一副委員長[★25]の趙明禄次帥が金総書記の特使として訪米し、クリントン大統領、オルブライト国務長官らと会談した。同国務長官は同月下旬、平壌を訪問し、金総書記と会談した。〇一年前半には金総書記の「(対南)寛容政策」に基づく訪韓が予定されている。金大中大統領は「太陽政策(包容政策)」による緊張緩和や対朝関係者の功績を評価されて、〇〇年度のノーベル平和賞を受賞した。[★26]

欧州諸国も対朝国交正常化に向けて急速に動きはじめ、米国の最大の同盟国・英国が一二月国交を結んだ。これで米朝は英国経由で意思を通わせることも可能になった。

日本は欧米に押される形で対朝国交正常化交渉に本腰で取り組まざるをえなくなっている。北朝鮮が厳しい対日公式発言をし、自国の軍事実態を透明化しないのは、対日交渉をより有利に進めるためにほかならない。日本政府はそのことをじゅうぶん知りながら、北朝鮮の軍事的脅威に対抗するため軍備、有事法制、TMD、日米軍事協力強化が必要との主張を変えない。現状維持に固執する者は、現状維持によって最大の利権を得る立場にある者だ。軍産複合体の利権、防衛当局と公安警察の組織生存本能が現状維持の基にある。「ブッシュ二世政権は脅威誇張型であり、この点で日本の安保マフィアは一息ついた。だが同政権は、在韓・在日地上兵力の展開変更を目的として南北軍事境界線からの北朝鮮軍削減を促進する政策に取り組んでいる。」

森首相は確固たる外交戦略のないまま八月、金総書記にひそかに親書を送り「二元外交」と批判され、一〇月には米五〇万トン（輸送費一〇〇億円を含め一三〇〇億円！）の支援を決めた。

日本の国庫は火の車だ。北朝鮮との国交正常化は、日本植民地時代への最低一兆円とも試算される巨額の賠償が不可欠だ。緒に付いたばかりの中国での旧日本軍遺棄化学兵器発掘・処理作業も、総額一兆円はかかるとみられている。普天間代替基地建設にも一兆円前後かかる可能性がある。普天間代替基地建設をやめ、その建設資金を北朝鮮への賠償に回せば、血税も生きるというものだ。

日本の防衛の最大の眼目は対北朝鮮戦略に置かれてきたが、だからこそ正常化すれば日本は最大の安全保障を獲得することになる。九二年に韓国が、朝鮮戦争を北朝鮮側で戦った中国と国交を正常化し、最高の安全保障を得たのと同じである。このとき極東の冷戦状況は終わりの始まりを迎えた。

以上のような状況を考慮せず、普天間代替基地建設計画を進める政府の態度は、白昼夢を強引に沖縄人と本土人に見せようとしているとしか言いようがない。

残るは有事立法

「2プラス2」は「日米調整メカニズム」（BCM）をも取り決めた。「日本有事や周辺事態発生に際し、米軍と自衛隊が迅速かつ円滑に共同作戦をしたり米軍支援をしたりするための枠組み」で、この取り決めによって「日米防衛協力新指針の運用態勢は、有事立法を残すのみでほぼ整った」と

★25　制服組最高位で金正日国防委員長（総書記）に次ぐ実質二位の実力者。

★26　映画監督・崔洋一は「金大統領の受賞は『核抜き本土並み』という嘘で『核あり本土以下』という実態を塗り固めた沖縄返還でノーベル平和賞を受賞した佐藤栄作元首相より十倍は価値がある」と語った。

される（森首相は〇一年一月三一日の施政方針演説で有事法制検討に着手すると表明し、有事立法過程に具体的に踏み込んだ）。ＢＣＭはまず既存の「日米合同委員会」[★27]、新設の「日米政策委員会」[★28]が同水準で並ぶ。その下に新設の「合同調整グループ」[★29]、さらに下部に新設の「日米共同調整所」[★30]がくる。

上下の組織構成は文民統制を意識している。だがＴＭＤ関係をはじめ重要な軍事情報のほとんどは米軍が握っているため、ＢＣＭの三段階・四組織による「調整」は従来通り米軍の思い通りになるということだ。憲法が安保条約に蹂躙されているように、文民統制も緊張時や戦時には効かなくなるだろう。

〇〇年一一月、日米共同統合演習が一七日間実施され、その一環として陸上・航空自衛隊と米海兵隊・空軍は合同で、初めての本格的な「在外邦人」救出・輸送（「非戦闘員退避活動」）訓練を実施した。同月末には、「周辺有事」の際、自衛隊が日本領海とその周辺で商船など船舶を臨検する「船舶検査活動法」が成立し、これで新ガイドライン関連法はすべて成立した。防衛庁と国家公安委員会は〇〇年一二月、自衛隊の治安出動時の警察との協力関係を定めた「治安維持に関する協定」を四六年ぶりに改定し、自衛隊が武装工作員によるゲリラ攻撃に対処できるようにした。

ＴＭＤ共同研究継続、「思いやり予算」三三億円削減、在日米軍基地の環境汚染対策強化も決まった。環境対策は、在沖基地などのＰＣＢ汚染や厚木基地のダイオキシン被害を日米双方が念頭に置いて決めたものだが、稲嶺県政が八月、環境汚染対策強化を盛り込むなど独自の在日米軍地位協定改定案を策定して政府に実現を働きかけたのが、ある程度奏効したとも言えよう。米軍は「日本環境管理基準」（JEGS）に基づいて基地内の環境を管理することになる。日米双方は二年ごとに基準更新のため協議する。米軍基地内への立ち入り調査も可能になった。日本側は米軍基地に起因する基地外の環境汚染に対処する。沖縄の施政権返還当時に制定されるべきだった合意だが、米軍側が合意を真摯《しんし》に守るかどうかは未知数だ。沖縄県は、米軍基地返還時の環境浄化義務を米側に課すよう要求しているが、この点は満たされていない。

視野拡大を

普天間問題では、沖縄人の問題意識がじゅうぶんでないため、日米安保とか「国策」という言葉をかざす事大主義に呑み込まれてしまった側面が大きい。視野の拡大が不可欠だ。「北東アジア非核地帯条約」★31、「東アジア・拉米《らべい》フォーラム」★32、「北東アジア経済圏」★33、「日米平和友

★27　外務省北米局長、在日米軍副司令官らで構成。施設・区域提供や空港・港湾使用などを調整。
★28　関係省庁局長級と米国務・国防同級当局者で構成。医療・輸送・警備などを調整。防衛庁が外務省に対抗して設立を主張した。
★29　ガイドライン・タスクフォース。関係省庁課長級と在日米国大使館・在日米軍同級当局者で構成。上部二委員会と下部の日米共同調整所の連絡機関。
★30　統合幕僚会議、在日米軍司令部などで構成。一九六三年の統幕会議「三矢研究」に盛り込まれた「日米作戦調整所」が具現化したもので、事実上の日米統合司令部。部隊配置・情報収集・後方支援について立案調整する。違憲である集団自衛権行使につながる可能性が強い。もしくは改憲要求の軍事的中核になるだろう。
★31　土井たか子社民党首らが推進。日本、南北朝鮮、モンゴル四カ国を対象とし米中露加四カ国が承認する「4プラス4」の条約。「不戦国家宣言」と並ぶ同党の北東アジア「総合安全保障機構」の柱。

好条約」[34]、「東アジア圏」[35]などの新しい構想がある。朝鮮半島に関しても「南北米中四者会談」、「四者・日露六者会談」、六者以上の会議などの構想がある。

こうした動きを熟知し把握することが必要だ。日本が関わる機構や条約であるならば、必然的に沖縄も関わらざるを得なくなるからだ。沖縄は、自らがどのような国際環境の変化に身をゆだねているのかを常に知っていなければならない。

米国軍事戦略の変化の兆しを見極め、変化に対応していくことも必須条件だ。米国の国防当局者や専門家の提言の内容に敏感であることも視野拡大の必須条件だ。

「東アジア多国間共同演習」[36]は、実現可能性の高い提案だ。「東アジアと米国—現状と向こう五年の展望」[37]も、米軍展開の変更に影響を及ぼす可能性がある。

日米呼応

無視できない重要性があるのは、〇〇年一〇月の「米国と日本—成熟したパートナーシップに向けて」という超党派[38]の提言だ。「日米同盟の再活性化」が目的で、内容は政治、安全保障、情報、経済、外交の五分野に及ぶ。重要なのは、次期米国政権が策定する「四年ごとの兵力見直し」（QDR、次回は〇一年九月ごろ）に影響を及ぼしうるからだ。

安全保障は、日米安保を米国の世界軍事戦略の中心と位置づけ、①日本の集団的自衛権不行使原則の撤廃は安保協力の効率化を図り、日本が平等の同盟国になるうえで望ましい②米英関係を日米関係のモデルにすべきで、有事立法を含む新ガイドライン履行、全面的なPKO参加と国連平和維持軍（PKF）参加凍結の解除、日米ミサイル防衛協力などが日本に必要③米国は尖閣諸島を含む日本領土防衛の意思を明確にし、在日米軍の足跡を減らし特に在沖海兵隊の配備と演習をアジア太平洋地域に分散し、SACO合意を実施する——が骨子。［筑波大教授進藤栄一は、集団的自衛権について次のような趣旨で批判する。「襲われると想定している米国は世界最大の核兵器保有国で

★32　EALAF。ASEAN一〇カ国、拉米（ラテンアメリカ）リオグループ一八カ国、日韓中豪ニュージーランドの計三三カ国が加盟対象。米国が含まれないのがみそ。〇一年三月チリ首都サンティアゴで第一回外相会議開催を予定。

★33　日韓中三国首脳が九九年一一月マニラでのASEAN拡大首脳会議の折、実現可能性の研究開始を決めた。三国と北朝鮮、モンゴル、ロシアで将来的に自由貿易地域をつくる案。

★34　日米安保条約の代替条約。日本の多くの知識人が運動を展開中。

★35　〇〇年一一月シンガポール開催のASEANプラス3（日中韓）首脳会議で、「東アジア自由貿易投資地域」設立のための作業部会設置と、「東アジア首脳会議」の創設検討が決まった。

★36　W・コーエン国防長官が〇〇年九月のアジア歴訪で打ち出した、人道支援と平和維持活動（PKO）の多国間演習。中台軍事衝突、パキスタン統治体制崩壊、インドネシア多島・他民族国家崩壊などの重大予測を前提に、集団安保体制を整えておくという構想。米国の狙いは、軍事プレゼンスを維持しつつ経済権益を守りながら、地域諸国に軍事行動をできるだけ肩代わりさせること。日本にとっては集団自衛権不行使原則や日米安保との兼ね合いが問題。

★37　米国の国家情報会議（NIC）がまとめた報告で〇〇年一〇月発表。米国が在日・在韓米軍駐留で現状維持をつづければ日韓両国で民族主義的反発を招き、経済関係にも悪影響が及び、米国と日韓との関係が悪化すると分析。

★38　ブッシュ父親共和党政権時代の国防次官P・ウォルフォウィッツ（ブッシュ二世政権国防副長官）、レーガン政権国防次官補R・アーミテージ（ブッシュ二世政権国務副長官）、クリントン民主党政権の元国防次官補J・ナイ（ハーバード大教授）、前国防次官補C・キャンベル（戦略国際問題研究所上級副所長）、マイケル・グリーン外交問題評議会上級研究員（ブッシュ二世政権NSC日本・韓国担当部長）ら一六人。キャンベルは〇〇年九月発表の論文「米日パートナーシップの活性化」で、計八万四〇〇〇人の在日・在韓米軍の一部を東南アジアや豪州に分散させることを提案。アーミテージも同月、南北朝鮮統一実現の場合は駐留米地上軍の大幅削減が可能になると発言。因みに、ブッシュ二世政権の東アジア太平洋担当国務次官補には、ジェームズ・ケリーが任命された。

あり、その米国を救うため反撃に出て殺す権利を憲法に明記する理由はどこにあるのか。しかも核大国ソ連がもはや存在しない今日にである。集団的自衛権のいかがわしさはそこにある。それは改憲論のいかがわしさに通底する。いかがわしい集団的自衛権と真の国益とをまず区別し、外交とは何かを考えることこそ、米新政権とのつきあいの第一歩ではないか」(信濃毎日新聞〇一年二月五日「集団的自衛権と真の国益」)〕

日本に防衛政策の大幅な変更と拡大を要求する一方、朝鮮半島緊張緩和の動きに合わせて在沖海兵隊削減が可能という提言をしたのが新しい。普天間移設を含むSACO合意の実施と海兵隊駐留削減とは矛盾するが、この矛盾を解消するための最も望ましい方策は、普天間代替基地建設なしの普天間返還による海兵隊の存在削減だろう。

逆に見れば、在沖米軍縮小・撤退は、日米防衛体制が「成熟するまで」は困難ということを訴えているようでもある。「米軍指導部は、朝鮮半島の軍事的緊張が緩和した場合、アジアに展開する米地上軍の削減ないし撤退が可能かどうかの検討を開始した。在沖海兵隊の移転候補地には豪州北部が含まれている」(〇〇年一二月九日ホノルル発時事電)との情報がある。

この超党派提言からは、防衛は「あなた任せ」という日本で米軍は基地使用や潤沢な思いやり予算でこれまでやりたい放題のことができたが、二一世紀はこのままではよくなく、自衛隊に軍隊としての役割分担をさせることで、新しい利害地域を視野に入れて展開の自由を確保したいという、米軍の狙いが読み取れる。〔自民党橋本派は〇〇年一二月、自衛軍保持、集団的自衛権行使、天皇元首化を柱とする改憲基本方針案をまとめた。一方、民主党は〇〇年一二月、PKF参加凍結解除とPKO参加五原則見直しを柱とする改革案をまとめた。鳩山由起夫同党代表は同月、中国に「東アジア不戦共同体」実現を呼びかけたが、不評だった。」

提言は、明らかに日本人専門家たちの意見を踏まえている。提言が報道と同時に既定の政策であるかのように日本で一人歩きしたことが、そのことを示している。提言には、沖縄の「新同化主義」とも波長が合う日本の九〇年代以降の新しい民族主義・国家主義をくすぐる狙いもあるようだ。米新政権登場と二一世紀開始の時点に合わせた防衛面の「外圧」であり、安保マフィアや石原慎太郎の系譜や歴史改竄派ら「くすぐられて刺激を受ける層」と、不特定多数の「大勢への順応派」の存在を前提にしているのだ。これに対し、反発する勢力はすっかり陰ってしまっている。［米大統領選は〇〇年一一月七日投開票で実施されたが、共和党ジョージ・ブッシュ（テキサス州知事）、民主党アル・ゴア（副大統領）の両候補が大接戦を演じ、米テレビの当確誤報も手伝ってフロリダ州内三郡の手作業集計結果を得票数への加算するか否かをめぐって訴訟合戦となった。連邦最高裁の裁定で投票から三六日たった一二月一三日にブッシュの辛勝で決着したが、この異常事態で「米国式民主主義は最高」という神話は崩れた。」

ジュゴンの嘆き

ヨルダンの首都アンマンで〇〇年一〇月開かれた国際自然保護連合（IUCN。七八カ国・一一二政府機関・七三五NGOが加盟。本部スイス）の総会は、日本自然保護協会や世界自然保護基金日本委員会（WWFJ）など日本の六団体が提案した辺野古沿岸を含む「名護市東岸でのジュゴン

（天然記念物）の生存を保障する手段を講じる」ことと、「ヤンバルクイナ（天然記念物）、ノグチゲラ（特別天然記念物）などの希少動物保護」を日米両政府に勧告する案を一〇日採択した。[★39]

ジュゴン関係の勧告案には当初、「普天間代替基地建設の見直しを求める」という趣旨の文言が入っていたのだが、日米両政府代表が参加した事前の調整作業で、その文言は外された。採択はコンセンサス方式だが、日米両政府代表は棄権を表明し、採択に加わらなかった。政府は一一月末に「沖縄の自然環境やジュゴン保護への国際的な関心の表れと受け止めている」との素っ気ない公式見解を示した。水産庁は、ジュゴン捕獲が禁止された九三年以降、沖縄沿岸でジュゴン混獲・死体発見が五件あったと公表した。

だが国際的に強い影響力をもつＩＵＣＮは過去に、石垣島白保の珊瑚礁を守るよう政府に勧告し、白保地区での新石垣空港の建設計画を廃案に追い込んだ実績がある。普天間代替基地建設に反対する人々は、ジュゴン保護問題の国際化を最後の拠り所にしてきた。政府は鉄面皮を決め込みつづけるわけにはいかなくなり、勧告案が採択される直前の一〇月初めに開かれた第二回代替施設協議会で、辺野古沖でのジュゴン生息数の予備的調査実施を決めた。一〇月末から三カ月間、航空機による海面観察と潜水調査を併せてやるものだが、代替基地建設を前提にしての気休めのような調査だ。本来、辺野古沿岸域を代替基地建設場所に決める前にやるべきことだった。ＩＵＣＮ決議が迫ってから調査を決めるとはあまりにも姑息でいじましい。それでもジュゴンが五頭見つかって、政府を困惑させた。

名古屋に本部のある日本環境法律家連盟の事務局長を務める籠橋隆明弁護士は〇〇年一二月那覇

で、米国の「種の保存法」に基づいて米国防省を相手に普天間代替基地建設差し止めを求める訴訟をワシントンで〇一年にも起こす方針だと明らかにした。勧告案から外された最重要部分の復権を求める訴訟であり、実現すれば大きな意味をもつことになるはずだ。

石川市在住の伊波章吉は、〇〇年六月一七日の琉球新報への投書で、「私はハブこそ、沖縄が天から授かった最高の天然資源だと確信する」と言った。いま沖縄に必要なのは、「ジュゴンこそ最高の隣人」と捉える世論だろう。名護市民投票三周年の〇〇年一二月、代替基地建設に反対する人々は名護市役所を人間の鎖で包囲し、市長に建設受け入れを撤回するよう要求した。

海兵隊削減決議

普天間代替基地建設や那覇軍港の県内移設の阻止を狙う「基地の県内移設に反対する県民会議」は九九年九月結成され、県民人口の半分を超える七〇万人の署名を集める運動の展開を決めた。目標が高すぎたのは明らかで、〇〇年一〇月までの一年間で一八万人の署名を集めたにすぎない同会議は目標を本土一〇万人を含む二五万人分に減らして集約する方針（琉球新報〇〇年一一月二二日）。普天間代替基地建設計画を白紙に戻すには、〇二年の次回知事選での「革新」勝利をも目指して、稲嶺知事の残り任期二年弱の期間に署名集めをはじめ大掛かりな運動を展開しなければならないだろう。それは国際環境保護組織、日本環境法律家連盟、本土人・米国人有志などと協同して

★39　北部訓練場部分返還に伴うヘリパッド七カ所と軍用道路の建設工事が進めば絶滅の危機が高まる。米国鳥類保護協会は〇一年一月、同建設工事用地を変更するよう米軍と防衛施設庁に求めた。

進めていけば強力なものになるはずだ。

那覇市長選でも敗れた「革新」に残された起死回生の道は、普天間代替基地建設計画を葬り去ることしかあるまい。米軍の海兵隊展開戦略の変更、稲嶺県政の一五年期限問題によるつまづき、沖縄での米軍絡みの大事件・大事故発生による反基地感情の爆発、あるいはジュゴンが「救世主」になることによって、代替基地建設計画が凍結される可能性が残されているが、何と言っても基本は沖縄人の建設反対世論を広く深く形成し、それを維持しつづけることだ。そのための決意とねばり強い闘いなしには、いかなる「他力本願」も意味をなさない。

県民会議が少女事件後の10・21県民大会から満五年後の〇〇年一〇月二一日、那覇の与儀《よぎ》公園で二〇〇〇人弱を集めて開いた代替施設建設計画の撤回を要求する「県民総決起大会」は新たな出発点となるべきものだった。だが沖縄人がエネルギーを出し惜しんだのか、それとも状況に対する諦めからか、結集が少なく盛り上がりに欠けていた。


新世紀が開幕した。ところが早々、安保体制を揺さぶる事態となった。〇一年一月九日、レイブン・ゴーゴルという二一歳の海兵隊伍長が金武町の路上で女子高校生のスカートをまくり上げて写真を撮り、強制猥褻容疑で逮捕されたのだ。県議会、那覇市議会、名護市議会などは、初めて海兵隊削減を求める抗議決議を全会一致で可決し、やむなく稲嶺知事も政府に削減への努力を要請した。政府は問題が広がるのを恐れ早期決着を図ろうと検察を通じて伍長の容疑を迷惑防止条例違反に切り替え那覇簡易裁判所に略式起訴し、簡裁は罰金五万円の略式命令を出した。

こうした事件が起きると、「総決起大会」をはるかにしのぐ政治的効果を生む。だが県議会や市

沖縄サミット期間中に辺野古の海兵隊基地キャンプ・シュワブ一帯を取材する著者。

議会の海兵隊削減要求決議は、一〇〇%本物とは受け止めがたい。もしそうであるならば、代替基地建設なしの普天間返還を同時に決議し日米両政府に要求してしかるべきだからだ。だが、この県議会決議は基地問題解決への「自力更生策」として画期的であり、全会一致のため形式的には沖縄人全体の意思を反映する。連合沖縄は同月、海兵隊削減に向けて百万人の署名を集める運動を展開することを決めた。（千葉県議会は、沖縄県議会の海兵隊削減決議を支持する決議をした。）

この諸議会決議は、在沖海兵隊にとって大きな失点となった。在沖米軍最高位（在日米軍沖縄地域調整官）で海兵隊中将のアール・ヘイルストンは県議会の海兵隊削減要求決議の後、よほど腹に据えかねたとみえて、部下の在沖海兵隊幹部たちに電子メールを送り、議会決議を為すにまかせた稲嶺知事らを「飼い犬に手を嚙まれた」とばかり「間抜け（Ｎｕｔ）で腰抜け（Ｗｉｍｐ）」とこき下ろした。これが二月、琉球新報にスクープされ、ニュースは日本中に広がり、大問題になった。軍事植民地住民を見下す宗主国軍地域最高指揮官の内政干渉に等しい無知で傲慢な態度が、これ以上ない形で暴露された。

本当に「間抜けで腰抜け」なのは、米国に安保面で何も言えない日本政府であろう。その道連れになった稲嶺こそ、哀れである。稲嶺とその信奉者たちは、この屈辱をどう晴らすのか。普天間代替基地辺野古沿岸域建設受諾破棄。これを宣言すべきほどの屈辱なのだ。

ブッシュ政権発足

〇一年一月二〇日、ジョージ・Ｗ・ブッシュ大統領の共和党米政権が発足した。中国を潜在敵国と明確に想定し、抑止戦略を信仰し、軍産複合体と密接な関係を持つ政権で、ＮＭＤ、ＴＭＤをはじめ、巨額の資金が要る軍備を急ごうとしている。日本に対しては、改憲を前提とする集団的自衛権行使をはじめ、ＰＫＦ参加凍結解除、新ガイドライン実施、ＴＭＤ配備など「安保効率化」を暗に求めており、〇一年七月の参院選後から秋にかけて要求が本格化する見通しだ。これらの要求を日本がのめば、代替基地なしの普天間返還や海兵隊大幅削減に応じることも可能だとする作戦だ。トーマス・フォーリー駐日・米大使は「安保問題ではたぶん、在沖海兵隊の存在を一気に削減すべきだろう」と語った（朝日新聞〇〇年一二月四日）。これが本音だとすれば、改憲さえ求める米側は、基地返還や兵力削減をできるだけ高く日本に売りつけようとしているわけだ。

対米弱腰と長年非難されてきた自民党政権の立場を柔らかく解釈すれば、改憲して安保体制を拡大強化するという政治的・外交的危険を冒すのを避けるため、米側に在日米軍削減や基地返還を求めず、思いやり予算を先方の言いなりに出してきたということになるだろうか。だがこの解釈は、政府や政治家たちの理想や哲学の欠如を覆い隠すことになる。

二一世紀幕開け直後にブッシュ政権発足と前後して沖縄世論が海兵隊削減を明確に求めたことは、沖日米関係の必然的結果だろう。稲嶺は三月、在沖米軍削減を米側と協議するよう政府に求めた。日本政府は従来、安保上の問題が起こると、促されるままに法制化を進めたり、沖縄に犠牲を強要したり、米国に安保資金と基地を提供したり、日米経済関係で米側に揺さぶりをかけたりして、その場しのぎをしてきた。だがいまや、沖米間の板挟みの深みに徐々にはまり込んでいる。

ここから脱出する道は、米国、中国、南北朝鮮との将来関係の在り方を軸とする、東アジアの多元的、広域的な安保体制の構築に向けて、政治・外交面で脱皮していくことしかない。日米共同で中国を抑止していくという伝統型の戦略ではなく、米国の軍事グローバル化から脱するため対米関係を将来的に中和化しつつ、中国が東アジアからはじめる可能性があるかもしれない自国影響力の「全球化」（グローバル化）にも与《くみ》しない、日本の生き方を遠大な理想として探り求めていくことにほかならない。その生き方は同時に、米中両国あるいは他の覇権勢力を諌めるものである。この方向に日本が動くときにのみ、沖縄は基地・軍事問題にかぎらず多くの問題で、日本もしくは本土とうまくやっていくことができるようになるだろう。

平和の橋頭堡へ

沖縄人は固有のアイデンティティーの存在を信じているようだが、それを守るには沖縄は最低限、普天間代替基地建設計画をつぶさねばならないと考える人々と、新基地の招致はアイデンティティーとは別個の問題と考える人々に分かれている。だが基地招致を認めるようでは、沖縄が復帰後どっぷり漬かってきた本土従属主義と土建国家主義的経済から抜け出すのは難しい。

抜け出せないとすれば沖縄は、高まりつつある日本の軍事的進行に一層取り込まれ、一方で著しい国庫疲弊で頼みの資金が先細りしていき、従属度が一層高まるという矛盾に直面することになる。高度成長期の日本モデルが破綻したにもかかわらず、沖縄県政・財界は愚かにもそのモデルの後追いをしているように思えてならない。高度成長経済政策の崩壊で日本人の心は荒れ放題だ。沖縄でも環境破壊は深刻だが、その深刻さが沖縄人の心の乱れを象徴している。これ以上、乱してはなるまい。

沖縄が日本に属しているからには、日本政府の一定の政策に巻き込まれるのは仕方がないかもしれない。だが沖縄が独自性を打ち出して毅然としているならば、巻き込まれる程度が小さくなり、日本を諌めることもできるだろう。沖縄人は沖縄のために、毅然とした県政を選ぶべきである。

沖縄は、政治・経済両面で対本土自立心を磨き強め、自らが置かれているアジア太平洋情勢に精通し、普遍的価値としての積極的平和構築主義と環境保護と人権擁護に徹していけば、小さいながら力のある「平和の橋頭堡」になることができる。この理想を実現するため、日本を突き動かすため、二一世紀の一〇〇年をかける価値があるだろう。

この理想の追求なしには、沖縄が「沖縄県」という体のいい名前のついた日米共用の軍事植民地である状態から自力で脱することは半永久的に不可能に違いない。

エピローグ　「双頭」はつづく

沖縄ではその後（〇一年一月）、カート・ビリーという二三歳の海兵隊上等兵が鬱憤晴らしのため北谷町で連続放火事件を起こし、放火罪で逮捕された。海兵隊当局は、この犯人が起訴されるまでは日本警察への身柄の引き渡しを拒否し、怒った北谷町議会は海兵隊撤退要求決議を可決！　県議会と多くの県内自治体議会は、日米安保条約の著しい不平等性・非対称性を象徴する在日米軍地位協定の改定要求を決議した。E・ヘイルストン中将は「間抜け・腰抜け事件」に次ぎ、放火犯引き渡し拒否で判断を誤り、在沖海兵隊プレゼンスの自壊作用をさらに印象づけた。その後も海兵隊員による犯罪はつづいており、プレゼンスのある限り、それは絶えないだろう。

少女事件後の九五年一〇月、地位協定一七条の「運用改善」で殺人・強姦犯の起訴前の身柄引き渡しが認められたが、他の凶悪犯罪の場合はあいまいで、その都度検討することになった。北谷町の事件では適用されず、「放火は凶悪犯罪でないのか」と問題になったのだ。だが沖縄の激しい改定要求に直面しながら、今度も政府は改定でなく「運用改善」で処理する弱腰の方針を沖縄に伝えた。

ヘイルストンが稲嶺らをこき下ろしたのは、知事以下の県内の保守陣営を利害が一致する「安保一家」の仲間と見る立場から、「裏切られた」と受け止めたからだ。政府に改定を認めさせることができない稲嶺には、保守県政と政府との間にもある「安保一家」意識に基づく遠慮があるだろう。だが、政権から引きずり降ろされる寸前で死に体の首相森には、改定などを真面目に求めても、実現は所詮無理な話だっただろう。

ヘイルストンは稲嶺に「間抜け・腰抜け事件」で謝罪したのだが、その直後の二月九日ハワイの真珠湾沖で、愛媛県立宇和島水産高校のえひめ丸という実習船が、海面に急浮上した「グリーンビル」という米海軍原潜に船体を破壊され沈没、九人が行方不明（事実上の死亡）になる、撃沈に近い大事故が起きた。日本軍の真珠湾攻撃の六〇周年に起きた悲劇である。

時を同じくして起きた沖縄とハワイの出来事は、普段はおとなしい沖縄人、日本人を怒らせ対米非難に向かわせて、日米安保体制をある程度揺さぶった。東西冷戦終結から一二年、世界情勢の実態にそぐわず歴史の流れに逆行する、図体ばかり大きな安保体制の非現実性への批判と矛盾が噴き出したわけだ。

沖縄世論は反海兵隊で、ある程度盛り上がった。それでも、日米軍事同盟を積極評価する「沖縄イニシアティヴ」のような主張が虚構にすぎないことを証明するには、じゅうぶんな世論の高まりだった。だが諸議会の決議は、利権と自然破壊の塊である普天間代替基地建設に反対せず、米陸海空三軍の駐留や自衛隊の存在にも言及していない。

そして、沖縄のある程度の怒りは、またも一過性のものにすぎないことが証明された。「代替施設協議会」という会合が三月六日、六回目の集いで普天間代替基地の滑走路を二〇〇〇メートル級（安全地帯を含め総延長二四〇〇メートルか）とし、民間共用部分を約一〇ヘクタールとするよう決めてしまったのだ。稲嶺は、「経済専門家の自負」をかなぐり捨て、ありもせず将来もありそうもない「民需」を基に、軍事空港の民・軍共同使用という、破綻国庫にさらなる負担をかけ、沖縄の自然を破壊する愚案を呑んだのだ。災い（普天間基地）を転じて福（返還）となす、のではなく、福（返還）を転じて災い（代替基地建設）となす、最悪の選択の深みに一層はまりこんだ。民と軍の共用の島・沖縄に、さらなるくびきが加わろうとしている。

稲嶺は、沖縄担当相とされる橋本竜太郎の意向に沿って、「海上でも埋め立てれば陸上になる」と詭弁を弄し、名護市民が投票で拒否した海上基地案さえ呑み込んで、自らの公約を裏切った。独り歓喜の唄を歌ったのは、欺瞞と利権である。地盤沈下が深刻で膨大な対策費がかかっている海上空港・関空の技術的失敗を繰り返すかもしれない愚案なのにだ。

稲嶺は九八年の知事選の際、血税を権力者がお手盛りで浪費する悪名高い「官房機密費」から、一億円以上の資金をもらっていた疑いが濃厚であることが報道で明らかになっている（毎日新聞〇一年三月七日「国家のウソ機密費疑惑―選挙資金に官邸の影」。沖縄両紙も報道）。その機密費の巨額浪費・横領事件の中心人物は、稲嶺誇りの沖縄サミットの裏舞台でも、賄賂事件を起こしていた。さらに七〇〇〇万円の出所不明の選挙資金が稲嶺陣営にあったことも明るみに出た。

元沖縄駐留海兵隊員で「米軍の論理」を知り尽くし、かつ津田塾大教授だったダグラス・ラミスは、「海兵隊は沖縄での居心地が悪くなりいらだっている。地位協定改正で軍人と県民が対等になると米軍は耐えられなくなり、自ら別の場所に行きたくなるだろう。普天間代替基地の一五年条件も、海兵隊が呑めない条件だからこそ、主張すべきだ。条件がきつすぎて海兵隊は他の場所を探しはじめると思う」と指摘する（〇一年二月一九日琉球新報）。絶望感がいかに深かろうとも、ラミスのような根源的な善人は、犍陀多《カンダタ》を救おうと垂らされた「蜘蛛の糸」のように、稲嶺に救いの知恵を授けようとする。ブッシュ二世大統領も、森首相に一五年条件は呑めないと伝えた。

〇一年三月一二日、沖縄本島で航空自衛隊二等空尉目黒博光（34）による少女強姦事件が起きた。米軍も自衛隊も、人権蹂躙で同罪であることが新たに実証された。この事件は、将来の沖縄人と自衛隊との関係を暗示するように思えてならない。

そんなころ、沖縄対外問題研究会の宮里政玄、高嶺朝一、長元朝浩、我部政明の四人は、沖縄人、日本人、米国人、その他の人々に対して、「二一世紀の日米関係と沖縄」（『世界』〇一年四月号「ブッシュ新政権と日本外交」）と題して、海兵隊撤収の必要を主張し、普天間代替基地の県内建設に反対し、日本政府に対米追随外交からの脱却を要求し、日米安保体制を絶対視せず相対化せよと唱え、日米友好を維持しながらも東アジアに多国間の重層的安全保障体制を構築し、対話による問題解決の文化を根づかせるよう訴える「問題提起」を、静かに淡々と打ち出した。これこそ沖縄人による沖縄と東アジア全域のための、本物のイニシアティヴであろう。

この提言に照らせば、「同盟の一層強化」をうたった三月一九日のワシントンでの森・ブッシュ二世日米首脳会談共同声明が時代遅れであることが浮き彫りになる。

グローバル化と電脳アナーキーの時代に、沖縄人のアイデンティティーは、たしかに多様化しつつある。だが憲法、安保、基地と経済の取引など大状況では依然分裂があって、双頭性を保っている。今回、ある程度の反海兵隊世論の形成であるにせよ従来の主張の正しさを立証した左頭が、物質的に大きな右頭を呑み込むことは、まずはありえまい。しかし、本土の思想状況と連動して右頭が左頭をいたぶる状況が今後もつづき、左右の頭の不均衡が長引こうが、双頭であるかぎり、沖縄はまだまだ健全なのだ。均衡の傾きをなおして健全な状態を回復・強化し、永続化させねばならない。ジャーナリズム活動の、一つの場はそこにある。

本書刊行に際し、沖縄滞在中いつもお世話になる山城興勝・美津子夫妻、宮里良雄・博子夫妻をはじめ山城・宮里両家のみなさん、私の取材を受けてこの本に登場してくれたすべてのみなさん、そして友人たちに感謝したい。また『メヒコの芸術家たち』につづき、この本を世に出してくれた太田昌国さんをはじめ現代企画室のみなさんに感謝したい。

沖縄が沖縄になることを祈りつつ、

新世紀元年二〇〇一年三月二一日、東京

伊高浩昭

【著者略歴】

伊高浩昭（いだか・ひろあき）

1943年、東京に生まれる。ジャーナリスト。67年以降、ラテンアメリカ、イベリア半島、沖縄、南部アフリカなどを取材。現在、共同通信記事審査室勤務。

著書――『青春のメキシコ』（77年、泰流社）
『南アフリカの内側』（85年、サイマル出版会）
『沖縄アイデンティティー』（86年、マルジュ社）
『Cuba―砂糖キビのカーテン』（92年、リブロポート）
『イベリアの道』（95年、マルジュ社）
『メヒコの芸術家たち』（97年、現代企画室）
『キューバ変貌』（99年、三省堂）

双頭の沖縄

アイデンティティー危機

発行……二〇〇一年四月一〇日　初版第一刷　一五〇〇部

定価……二八〇〇円＋税

著者……伊高浩昭

装丁……本永恵子

発行者……北川フラム

発行所……現代企画室

住所……101東京都千代田区猿楽町二―二―五　興新ビル302

電話03-3293-9539　FAX03-3293-2735

Email gendai@jca.apc.org

URL http://www.shohyo.co.jp/gendai/index.html

振替……〇〇一二〇―一―一一六〇一七

印刷・製本……中央精版印刷株式会社

ISBN4-7738-0107-7　C0031　Y2800E